Workbook/Laboratory Manual
to accompany

Motivos de conversación
ESSENTIALS OF SPANISH

Workbook/Laboratory Manual
to accompany

Motivos de conversación
ESSENTIALS OF SPANISH

Fifth Edition

Gustavo Medina

Robert L. Nicholas
Professor Emeritus
University of Wisconsin, Madison

María Canteli Dominicis
St. John's University, New York

Boston   Burr Ridge, IL   Dubuque, IA   Madison, WI   New York   San Francisco   St. Louis
Bangkok   Bogotá   Caracas   Lisbon   London   Madrid
Mexico City   Milan   New Delhi   Seoul   Singapore   Sydney   Taipei   Toronto

McGraw-Hill

*A Division of The **McGraw·Hill** Companies*

This is an  book.

Workbook/Laboratory Manual to accompany
Motivos de conversación
Essentials of Spanish

5 6 7 8 9 0 QPD QPD 9 0 9 8 7 6 5 4 3 2

ISBN 0-07-230918-0

Editor-in-chief: Thalia Dorwick
Senior sponsoring editor: William R. Glass
Senior development editor: Becka McGuire
Development editor: Ina Cumpiano
Senior marketing manager: Karen W. Black
Project managers: Natalie Durbin, David Sutton
Senior supplements coordinator: Louis Swaim
Senior production supervisor: Rich DeVitto
Compositor: Eisner/Martin Typographics
Typeface: Palatino
Printer: Quebecor Printing, Dubuque

Grateful acknowledgment is made for use of the following:

Realia: *Page 24* Reprinted by permission of Mead School and Office Products and of
BIC Corporation. BIC and Round Stic are trademarks of BIC Corporation.; *88* Used by
permission of Publix Supermarkets; *105* Used by permission of Gonzalo R. Salazar,
Atlantic Rose; *173* Designed and written by Moises Apsan, Esq. and Steven Tepper.
Used by permission; *237* Reprinted by permission from Editorial America, S.A.
d/b/a Editorial Televisa.

http://www.mhhe.com

Contents

Preface

This *Workbook/Laboratory Manual* is designed to accompany ***Motivos de conversación, Essentials of Spanish***, fifth edition. It is thematically coordinated with the chapters of the student text, presenting practice materials in one preliminary lesson (**Lección preliminar**) and fifteen regular lessons. Numerous exercise types, from controlled to communicative, are provided. Because of the unique lesson organization of ***Motivos de conversación***, these exercises allow students to use the new vocabulary and grammar at the beginning of each lesson.

Each chapter of the *Manual* is divided into two sections.

THE LABORATORY MANUAL

The audio program that accompanies ***Motivos de conversación*** consists of eight audiocassettes (or audio CDs) and is intended to develop pronunciation, listening comprehension, and speaking skills. It is also meant to give students a sense of the variety of ways in which Spanish is spoken in Latin America and Spain. Open-ended exercises are included so that students can answer personalized questions. Answers are provided on the cassettes/CDs for all single-response exercises.

Each *Laboratory Manual* section follows this format:

Gráficos: listening texts, dialogues, and activities based on the vocabulary of the corresponding section of the main text
Situaciones: listening activities that target the expressions and contexts of the corresponding section in the main text
Pronunciación: guided practice in pronunciation
Gramática esencial: exercises in listening and speaking with a focus on the grammatical structures presented in the corresponding section of the main text
Comunicación: listening and speaking activities that synthesize the vocabulary and grammatical structures of the chapter

An additional feature of the *Workbook/Laboratory Manual* is the *Glossary of Grammatical Terms* that follows this preface. Students will find the *Glossary* to be a useful reference tool as they study the text's grammar explanations. Grammatical terms used in the text are defined clearly in English, and bilingual examples are given where appropriate.

THE WORKBOOK

The *Workbook* includes a variety of written exercises covering vocabulary usage, grammatical structures, guided composition, translation, and other writing activities. Personalized questions and exercises appear at each lesson's end to allow students more freedom of expression. Answers to all but the open-ended exercises are given in the *Answer Key*.

Each *Workbook* section follows this format:

Gráficos: vocabulary exercises based on the vocabulary lists and dialogues in the **Gráficos** section of the main test
Gramática esencial: structural exercises based on the grammar points presented in the corresponding section of the main text as well as a short review of selected grammar topics from previous lessons
Comunicación: exercises providing a synthesis of the vocabulary and grammar of the chapter
Viaje por el mundo hispánico: activities that check comprehension of and review the information contained in the corresponding section of the main text
Prueba de práctica: brief self-test that measures progress in the key vocabulary and grammar of the chapter. (Answers are given in the *Answer Key* so that students can evaluate their own comprehension of the chapter material.)

Glossary of Grammatical Terms

The following glossary presents brief definitions of grammatical terms. A knowledge of these terms will help you better understand the grammatical explanations offered in *Motivos de conversación*, fifth edition.

ACTIVE VOICE   A sentence is in the active voice if the subject acts upon an object: *He* (subject) *bought the car* (object). **Él compró el coche.**

ADJECTIVE   An adjective expresses a quality or characteristic of a person, event, or thing: *a big house, a responsible person*; **una casa grande, una persona responsable.**

ADVERB   A word or phrase has an adverbial function if it qualifies or limits a verb, an adjective, or another adverb: *He returned rapidly.* **Volvió rápidamente.** *She is very nice.* **Es muy simpática.**

AGENT   This term refers to the person or entity that performs the action in a passive voice construction: *The door was closed by Mary.* **La puerta fue cerrada por María.**

AGREEMENT   This refers to the grammatical relationship between a subject and a verb or between an adjective and a noun. In the phrase *yo hablo* the subject and the verb agree: both are first person. In the phrase **casas grandes** the noun and the adjective agree: both are plural.

ANTECEDENT   This is the name given to the noun or noun-equivalent to which something refers: *Of all these presents, the ones on the table are the best.* The antecedent of *the ones* and *the best* is *presents*.

ANTONYM   A word opposed in meaning to another: *alive ≠ dead*; **vivo ≠ muerto.**

ARTICLE   This refers to *a* or *an* (**un/una**), the indefinite articles, and *the* (**el/la**), the definite articles.

AUXILIARY   The verb used in combination with another verb to form a tense or mood: *He has gone out* (present perfect). **Él ha salido.** *I am not working* (present progressive). **No estoy trabajando.** Common auxiliary verbs are *to have* (**haber**) and *to be* (**estar, ser**).

CARDINAL NUMBERS   These are the numbers *one, two, ten, fifty-two*, etc., as opposed to the ordinals (*first, second, tenth*).

CLAUSE   There are two kinds of clauses: (a) an independent clause, which can stand alone because it contains both a noun and a verb; (b) a dependent clause, which acquires meaning only in association with an independent (main) clause. Example: *He spoke* (main clause) *after the president arrived* (dependent clause). **Habló después de que llegó el presidente.**

COMMAND   A verb form that is used to give orders. Familiar commands relate to **tú** and **vosotros**, whereas formal commands are associated with **Ud.** and **Uds.** These are direct commands. *Come* (**Ven, Venga**), *Eat* (**Come, Coma**), etc. Indirect commands are introduced by *let*/**que**: *Let him/her enter.* **Que entre él/ella.**

COMPARATIVE   The form of an adjective that establishes a comparison by stating a higher or lesser degree of a quality: *He is taller (shorter) than John.* **Él es más alto (más bajo) que Juan.**

CONDITIONAL   A verb form that expresses possible or potential actions: *I would go.* **Yo iría.**

TO CONJUGATE   To give all the inflected forms of a verb within each tense: *I speak, you speak, he speaks* (**hablo, hablas, habla**), and so on.

CONJUGATION   The totality of inflected forms that a verb can have: *I come, she comes, he is coming, they have come*, etc. In Spanish all verbs belong to one of three groups: **-ar** or first conjugation (**hablar, preparar**), **-er** or second conjugation (**comer, vender**), and **-ir** or third conjugation (**escribir, vivir**).

CONJUNCTION   A word or phrase that links together words, phrases, or clauses: *John **and** Mary*; **Juan y María.** *He waited **until** the train arrived.* **Esperó *hasta que* llegó el tren.**

DECLARATIVE STATEMENT   A sentence that makes an affirmation or declaration (not a question).

DEMONSTRATIVE   An adjective or pronoun that points out something: ***that** tree, **this** one; **ese** árbol, **éste.***

DIMINUTIVE   A word that implies small size or the decreased importance of persons, things, or events: *Johnny,* **Juanito;** *birdie,* **pajarito.**

DIPHTHONG   A combination of a strong vowel (**a, e, o**) and a weak vowel (**i, u**) with the stress on the strong vowel, or a combination of two weak vowels with the stress on the second weak vowel (**ai, ei, oi; ui, iu** as in **baile, peine, oigo, cuidado, ciudad**).

DIRECT OBJECT   The person or thing identified by asking the question *who/what?* + main verb or *who/what?* + *is/are* + past participle. *He buys **the hat**.* **Compra *el sombrero**.* *What does he buy? What is bought?* → *The hat* (direct object).

FEMININE   Term applied to all Spanish nouns representing the female gender either literally or grammatically. **Universidad, hermana,** and **casa** are feminine in Spanish. See GENDER.

FUTURE   A tense that expresses what is yet to come, expressed in English with *will* and *shall*: *I **will (shall)** do it.* **Lo *haré*.**

GENDER   A grammatical term used to divide nouns into categories. Spanish nouns belong to two genders: masculine and feminine.

GERUND   The name often given to the present participle, the verbal form ending in *-ing* in English (*entering, coming*) and in **-ndo** in Spanish (**entrando, viniendo**).

IDIOM   A set expression (group of words) that is peculiar to a language (*in spite of, at random, it's raining cats and dogs*) and cannot be translated literally.

IMPERATIVE   See COMMAND.

IMPERFECT   A past tense in Spanish that expresses a continuing or repeated action: *He was walking (used to walk).* **Andaba.** See PRETERITE.

IMPERSONAL CONSTRUCTION   One whose subject is **it**: *It is important.* **Es importante.** *It must be so.* **Debe ser así.**

INDICATIVE   See MOOD.

INDIRECT COMMAND   A command referring generally to the third person and containing the word *let/***que**: *Let him enter.* **Que entre él.**

INDIRECT OBJECT   The person or thing identified by asking *for what/whom?* or *to what/whom?* something is done. *I gave **Mary** the money. To whom did I give the money?* → *To Mary* (indirect object). *I bought the present for **Louise.** For whom did I buy the present?* → *For Louise* (indirect object).

INFINITIVE   The form of a verb introduced in English by *to*: *to sing, to sell, to come.* In Spanish this form of the verb ends in **-ar, -er,** or **-ir** and is listed as the main entry in Spanish dictionaries: **cantar, vender, venir.**

INTERROGATIVE   This term refers to words and sentences that ask a question: ***Who** is she?* **¿*Quién* es ella?** ***When** did she come?* **¿*Cuándo* llegó?** *What? How? Where?* etc., **¿Qué? ¿Cómo? ¿Dónde?** etc.

INTONATION   This refers to the rise and fall in pitch of the voice in speech.

INTRANSITIVE Intransitive verbs are verbs whose action stops with itself and is not directed toward anything else: *Fish swim*. **Los peces** *nadan*. *All animals* **die**. **Todos los animales** *mueren*.

MASCULINE Term applied to all Spanish nouns representing the male gender either literally or grammatically. **Pan, hombre,** and **tren** are masculine in Spanish. See GENDER.

MOOD The name given to several groups of verb forms; for present purposes, two moods are contrasted here: (a) indicative mood, comprising five tenses (present, imperfect, preterite, future, conditional) and (b) subjunctive mood, comprising two tenses (present subjunctive, imperfect subjunctive). The indicative denotes action or states conceived as facts, whereas the subjunctive conveys commands, possibilities, wishes, etc.

NEUTER A term applied to words or constructions that are not associated with either masculine or feminine gender. In Spanish the demonstrative pronouns, **esto, eso, aquello,** are neuter.

NOMINALIZATION This term refers to words or phrases (adjective, articles, demonstrative and possessive pronouns, etc.) that substitute for nouns: *the only one* (**el único**), *the blue ones* (**los azules**), *these* (**éstos**), etc.

NOUN A word denoting an object, person, or event: *newspaper, lawyer, competition*; **periódico, abogado, competencia.** A proper noun is a capitalized name in English.

OBJECT PRONOUN A pronoun that can be a substitute for a direct object noun (*me, you, him, her, it, us, you, them*) or for an indirect object noun (*to me, to you, to him, to her, to it, to us, to you, to them*). In Spanish: **me, te, le/lo/la, nos, os, les/los/las.**

ORDINAL NUMBERS Numerals that point out an order or series: *first, second, third*, etc.

ORTHOGRAPHIC CHANGES Also called spelling changes. They are dictated by the need to preserve the original sound of a verb: **llego > llegué; saco > saqué; comienzo > comencé.**

PASSIVE VOICE A construction in which a thing or person is acted upon by an agent. *The examinations are corrected by* **Mr. Suárez.** **Los exámenes son corregidos por** *el señor Suárez.*

PAST PARTICIPLE The form of a verb that expresses a completed action or state: *seated, sung*; **sentado, cantado.** The past participle is the second component of all perfect tenses: *he has* **gone,** *she had* **written;** **ha ido, había** *escrito.* See PERFECT FORMS.

PERFECT FORMS Compound forms (there is one for each simple form) that combine the verb *to have* (**haber** in Spanish) and a past participle: *I have (had, will have, would have, etc.) finished*; **he/haya (había/hubo/hubiera, habré, habría,** etc.) **terminado.**

PERSON Each verb in a given tense has six forms that indicate the person involved in the action of the verb: singular (one person): *I* (first person), *you* (second person), *he, she, it* (third person); plural (more than one person): *we* (first person), *you* (second person), *they* (third person).

PLUPERFECT The name given to a tense that combines the imperfect of the auxiliary verb **haber** and a past participle: *I had gone* out. **Yo** *había salido.*

POSSESSIVE A word (adjective or pronoun) that indicates ownership: *my house, **their** son, a friend of **mine**; mi* **casa,** *su* **hijo,** *un amigo* **mío.**

PREPOSITION A part of speech that connects a word (noun, verb, etc.) to other words: *a cup **of** milk, she came **with** him;* **una taza** *de* **leche, vino** *con* **él.** Other prepositions: *to, in, for, on, at, over, from, by*, etc.; **a, en, para, por, sobre,** etc.

PREPOSITIONAL PRONOUN A pronoun that follows a preposition: *with **her,** for **him,** against **me**; con ella, para él, contra mí.*

PRESENT PARTICIPLE   The verb form that ends in *-ing* (*coming, doing*) in English and **-ndo** (**cantando, haciendo**) in Spanish.

PRETERITE   A past tense in Spanish that expresses an action viewed as completed: *He came.* **Vino.** *I did not see it.* **No lo *vi*.** See IMPERFECT.

PROGRESSIVE FORMS   Combinations of the verb *to be* (**estar**) and a present participle: *We are working* (present progressive). **Estamos trabajando.** *We were working* (past progressive). **Estábamos trabajando.**

PRONOUN   A word that takes the place of a noun: *they, us,* etc.; **ellos, nosotros,** etc.

PROVISO CLAUSE   A clause that stipulates a precondition: *I will do it **provided that you pay me**.* **Lo haré con tal de que me pagues.**

RECIPROCAL   A pronoun applied to constructions expressing a mutual relationship: *They see **each other**.* **Se ven.** *They talk to **one another**.* **Se hablan.**

REFLEXIVE PRONOUN   The six pronouns used with the six persons of a reflexive verb (**me, te, se, nos, os, se**).

REFLEXIVE VERB   A verb whose action is initiated by a subject and is received by the same subject: *I prepare myself.* **Me preparo.**

RELATIVE PRONOUN   A word that relates a person or thing to a following statement: *The boy **who** entered the house is my nephew.* **El muchacho *que* entró en la casa es mi sobrino.** Other relative pronouns: *that, when, where, which,* etc.; **quien, lo que,** etc.

SENTENCE   A statement with a subject and a verb expressing a complete thought: *Ann came.* **Ana vino.** *I bought a new suit.* **Compré un traje nuevo.**

SEQUENCE OF TENSES   The relationship between the tense of the main clause and the tense of the dependent clause: **Le pido** (present indicative) **que no venga** (present subjunctive).

STEM   The infinitive minus its **-ar/-er/-ir** ending. Also called the root: **habl-** (root), **-ar** (ending).

STEM-CHANGING VERB   Name given to Spanish verbs that change **e > ie, o > ue, e > i,** or **o > u** in the root in stressed syllables in certain tenses: **morir → mueren, pedir → pidió.**

STRESS   The greater emphasis placed on a given syllable, whether it bears a written accent or not.

SUBJECT   The word or words denoting the person, thing, or event about which something is said: *Robert works here.* **Roberto trabaja aquí.** *Traveling is fun.* **El viajar es divertido.**

SUBJECT PRONOUN   A pronoun that can take the place of a noun subject: *I, you, he (she, it), we, you, they.*

SUBJUNCTIVE   See MOOD.

SUFFIX   A letter or syllable added to the end of a word: *kindly, birdie;* **amablemente, pajarito.**

SUPERLATIVE   A form of an adjective or adverb that denotes the highest degree of a particular quality: *the most beautiful flower;* **la flor *más hermosa*.**

SYLLABICATION   This refers to the dividing of words into syllables: **es-pe-cial-men-te.**

SYNONYM   A word that has the same meaning as another: *simple = easy, rich = wealthy;* **sencillo = fácil, rico = adinerado.**

TENSE   Sets of verb forms (six in each tense) that express present, past, or future time. Spanish has seven simple tenses, made up of simple verb forms: *I buy,* **compro;** compound tenses have two or more verbs: *I have bought,* **he comprado.**

THIRD-PERSON VERBS   Spanish verbs that are generally used in the third-person singular or the third-person plural: **Me gusta el libro. Le interesan los viajes. Os encanta la televisión.**

TRANSITIVE   Transitive verbs are verbs whose action is directed toward a person or thing (direct object): *He opened the book.* **Abrió el libro.** *He sold the house.* **Vendió la casa.**

VERB   The part of speech that expresses the occurrence of an action or the existence of a state or condition: *he spoke, they will come, she is;* **habló, vendrán, es.** Some verbs are regular (they take a fixed set of endings); others are irregular (they deviate from the normal pattern of endings).

VOICE   See ACTIVE VOICE and PASSIVE VOICE.

LABORATORY MANUAL

Nombres y personas

A. Saludos y conversaciones. You will hear a brief conversation. First, listen carefully to the conversation for the gist of the ideas. Then, repeat each sentence after the speaker. Imitate speakers as closely as possible.

B. You will hear two times a series of questions based on the dialogue in exercise A. Then you will hear the following possible answers to each question. Circle the letter of the correct answer to each question.

1. a. Se llama Roberto Robles Jiménez.

   b. Se llama Alberto Pérez Guzmán.

   c. Se llama Roberto Guzmán Pérez.

2. a. No, es la profesora de español.

   b. Sí, es la profesora de música.

   c. No, es la profesora de filosofía.

3. a. Sí, es profesor de música.

   b. No, es actor.

   c. Sí, es profesor de arte.

Tú and usted

¿Y tú o Ud.? Listen to the greeting, then circle the appropriate response.

1. a. Buenos días. ¿Cómo estás?   b. Buenos días. ¿Cómo está Ud.?

2. a. Muy bien, ¿y tú?   b. Bien, gracias, ¿y Ud.?

3. a. Hola. ¿Cómo estás?   b. Hola. ¿Cómo está Ud.?

Situaciones

Listen to the commands your instructor might give in the classroom. Fill in the blanks with the letter that corresponds to the command. You will not be familiar with all the Spanish words in the command.

1. _____ 2. _____ 3. _____ 4. _____ 5. _____ 6. _____ 7. _____ 8. _____

a. Repeat the phrase.
b. Give the correct answer.
c. Do your homework.
d. Answer the question.

e. Complete the paragraph.
f. Say **"Buenos días."**
g. Pronounce the word.
h. Prepare the lesson.

Pronunciación

The Spanish vowels

Spanish **a** sounds approximately like the *a* in the English word *father*. Listen and repeat.

| a | da | la | ama | sala | casa |

Spanish **e** sounds approximately like the *e* in the English word *they*. Listen and repeat.

| e | de | me | Elena | elemento | Venezuela |

Spanish **i** sounds approximately like the *i* in the English word *marine*. Listen and repeat.

| i | mi | ti | Silvia | Lima | Misisipí |

Spanish **o** sounds like the *o* in *Coca*, but without the glide of *Cola*. Listen and repeat.

| o | lo | yo | oro | todo | modo |

Spanish **u** sounds like the *u* in *Julie*. Listen and repeat.

| u | tú | su | uno | luna | mucho |

You will hear a few words that are not printed in your Laboratory Manual. Repeat them after the speaker.

1. ... 2. ... 3. ... 4. ... 5. ... 6. ... 7. ... 8. ... 9. ... 10. ... 11. ... 12. ...

Repeat these sentences after the speaker.

1. Ana es norteamericana.
2. Es buena amiga de Carmen.

3. Elena es de México.

You will hear a few sentences that are not printed in your Laboratory Manual. Repeat them after the speaker.

4. ... 5. ... 6. ...

The Spanish Alphabet

Pronounce the letters of the Spanish alphabet in groups of three after the speaker. *Although **ch** and **ll** are no longer considered single letters, they are included here for practice.*

a	b	c		l	ll	m		u	v	w
ch	d	e		n	ñ	o		x	y	z
f	g	h		p	q	r				
i	j	k		rr	s	t				

Spanish *ch, ll, ñ; k, w, h, q*

Spanish **ch** sounds just like the *ch* in the English word *church*. Listen and repeat.

champán   chocolate   mucho   Chile

Spanish **ll** in most parts of the Spanish-speaking world is pronounced as a strong [y] sound. Listen and repeat.

me llamo   se llama   ella   Guillermo

Spanish **ñ** sounds like the *ni* in the English word *onion*. Listen and repeat.

niño   enseña   señorita   señor

The letters **k** and **w** appear in Spanish only in words of foreign origin; **h** is always silent, and **q** is always followed by a silent **u**. The **qu** combination is pronounced as a hard [k] sound. Listen and repeat.

kilómetro   wagneriano   hache   Honduras   Albuquerque   Quito   quien

Cognados

A. You will hear a number of words in English followed by the corresponding Spanish cognate. Repeat each Spanish cognate after the speaker.

1. ... 2. ... 3. ... 4. ... 5. ... 6. ...

B. You will hear six cognates in Spanish. Repeat each word, then write the English equivalent in the blank.

1. _____   3. _____   5. _____

2. _____   4. _____   6. _____

Asking Questions

You will hear a number of sentences. Repeat each sentence after the speaker, then restate each one as a question by raising your voice at the end of the sentence. Repeat each question.

1. ... 2. ... 3. ... 4. ...

Saludos y conversaciones

You will hear a conversation twice. First, listen carefully for the gist. Then, listen to the questions and answer them in Spanish. Repeat the correct answer.

1. ¿Cómo se llama el amigo de Jorge?
2. ¿Cómo se llama la señorita?
3. ¿De dónde es Mariela?
4. ¿Es mexicano Jorge?
5. ¿Quién es mexicano?

Me gusta / te gusta / le gusta

¿Te gusta? Respond to these questions about likes and dislikes according to your own preferences. You will hear the two possible answers on tape.

MODELO: ¿Te gusta la música clásica? → Sí, me gusta la música clásica.
No, no me gusta la música clásica.

1. ¿Te gustan los dramas?
2. ¿Te gusta la literatura?
3. ¿Te gusta la filosofía?

4. ¿Te gustan las matemáticas?
5. ¿Te gusta el tenis?

El calendario

	septiembre					
l	m	m	j	v	s	d
	1	2	3	4	5	6
7	8	9	10	11	12	13
14	15	16	17	18	19	20
21	22	23	24	25	26	27
28	29	30				

octubre

	noviembre					
l	m	m	j	v	s	d
						1
2	3	4	5	6	7	8
9	10	11	12	13	14	15
16	17	18	19	20	21	22
23	24	25	26	27	28	29
30						

lunes	martes	miércoles	jueves	viernes	sábado	domingo
			1 primero (uno)	**2** dos	**3** tres	**4** cuatro
5 cinco	**6** seis	**7** siete	**8** ocho	**9** nueve	**10** diez	**11** once
12 doce	**13** trece	**14** catorce	**15** quince	**16** dieciséis	**17** diecisiete	**18** dieciocho
19 diecinueve	**20** veinte	**21** veintiuno	**22** veintidós	**23** veintitrés	**24** veinticuatro	**25** veinticinco
26 veintiséis	**27** veintisiete	**28** veintiocho	**29** veintinueve	**30** treinta	**31** treinta y uno	

A. ¿Qué día de la semana es? You will hear a series of questions based on this calendar. Give the name of the day of the week. Repeat the correct answer.

1. ... 2. ... 3. ... 4. ... 5. ... 6 ... 7. ...

B. ¿Qué fecha es mañana? You will hear a date. State the date of the following day. Repeat the correct answer.

MODELO: (Hoy es el 2 de febrero.) → Mañana es el 3 de febrero.

1. ... 2. ... 3. ... 4. ... 5. ...

C. ¿Qué estación es? Listen to the date and tell the season in which that date falls. Repeat the correct answer.

1. ... 2. ... 3. ... 4. ... 5. ... 6. ...

D. Problemas de matemáticas. You will hear the following math problems. Complete each one, then repeat the correct answer.

1. 2 + 3 = _____

2. 3 + 14 = _____

3. 15 + 11 = _____

4. 27 + 1 = _____

5. 26 − 5 = _____

6. 13 + 10 = _____

Estudio de palabras: Interrogaciones

¿Cómo? ¿Dónde? ¿Qué? ¿Quién? You will hear several statements twice. Ask the question that would be answered by each statement. Repeat the correct answer.

1. ... 2. ... 3. ... 4. ... 5. ...

¿Qué hora es?

Look at the clock faces and listen as the speaker gives three possible times for each clock. Circle the appropriate letter, then repeat the correct answer.

1. a b c   2. a b c   3. a b c   4. a b c

Conversación

Diálogo. You will hear a dialogue between the man and the woman in the drawing. First, read the following questions, then listen to the dialogue for the gist. Listen a second time to answer the questions. Repeat the correct answers.

1. ¿Quién es el señor?
2. ¿De dónde es el profesor?
3. ¿Le gusta Chicago?
4. ¿Cómo se llama la señora?
5. ¿De dónde es la señora Vidal?
6. ¿Le gusta Chicago?

WORKBOOK

Nombres y personas

En la clase. Sarah and Robert are talking about the student who has just arrived. Read their dialogue and answer the questions that follow.

SARAH: Robert, ¿cómo se llama él?
ROBERT: Él se llama Pedro. Es mi amigo.
SARAH: ¿Es de Venezuela?
ROBERT: No, la profesora Aguirre es de Venezuela. Mi amigo Pedro es de Nueva York. Tú eres de Nueva York también (*also*), ¿no?
SARAH: No. Soy de Los Ángeles.

1. ¿Cómo se llama el joven (*the young man*)?

_____

2. ¿De quién es amigo Pedro?

_____

3. ¿Cómo se llama la profesora?

_____

4. ¿De dónde es la profesora?

_____

5. ¿De dónde es Pedro?

_____

6. ¿Es Sarah de Nueva York?

_____

Cognados

Opiniones. Give the English equivalent of the following statements.

1. El estudiante es idealista.   _____

2. La educación es importante.   _____

3. El actor es excelente.   _____

4. El profesor es americano.   _____

5. La senadora es popular.   _____

6. La clase es interesante.   _____

Interrogaciones

Your friend is talking on the phone and you hear his answers but not the questions he has been asked. Write an appropriate question for each answer.

1. Ricardo es de Santiago de Chile.

_____

2. La educación es necesaria.

_____

3. La profesora de español es excelente.

_____

4. Pedro es religioso y (*and*) sentimental.

_____

5. Tom Cruise es famoso.

_____

Saludos y conversaciones

One of your new classmates wants to know about you. Answer his questions.

1. Buenos días. ¿Cómo estás? _____

2. ¿Cómo te llamas? _____

3. Yo me llamo Patricio y soy de Buenos Aires. ¿De dónde eres tú? _____

4. Y, ¿de dónde es el profesor / la profesora? _____

5. Y tu amigo, ¿de dónde es? _____

Me gusta / te gusta / le gusta

A. ¿Le gusta(n)? Write a sentence telling whether you like or don't like the following things.

MODELOS: el tenis → Sí, me gusta (mucho) el tenis.

las bananas → No, no me gustan (nada) las bananas.

1. la televisión _____

2. la universidad _____

3. los museos _____

4. la música _____

5. las hamburguesas _____

B. ¿Te gusta(n)? Write the questions you would ask someone to find out if he or she likes the following things.

MODELOS: la literatura → ¿Te gusta la literatura?

los tacos → ¿Te gustan los tacos?

1. los vídeos musicales _____

2. la clase de español _____

3. la arquitectura moderna _____

4. las medicinas _____

5. los animales _____

El calendario

Ayer, hoy y mañana. Complete the following sentences according to this month's calendar. Write out the numbers.

MODELO: Hoy es sábado, el veintiuno de septiembre.

1. Hoy es _____, el _____ de _____.

2. Si hoy es _____, mañana es _____.

3. Ayer fue (*was*) _____, el _____ de _____.

4. El próximo (*next*) sábado es el _____ de _____.

5. El veintiocho de _____ es un _____.

Los números 1–31

Las matemáticas. Answer the following problems. Then rewrite them, spelling everything out.

MODELO: 6 + 1 = 7 → Seis más uno son siete.

1. $2 + 5 =$ _____

_____

2. $3 + 11 - 7 =$ _____

_____

3. $24 + 7 =$ _____

_____

4. $22 - 1 =$ _____

_____

5. $31 - 1 =$ _____

_____

Estaciones y meses

Complete each statement based on the scene.

_____, _____ y _____ son

mis meses favoritos porque (*because*) es _____.

El mes de _____ es el mes final del _____.

Las clases comienzan (*begin*) en el mes de _____. Es el

semestre de _____.

No me gustan los meses de _____, _____ y

_____ porque no me gusta el _____.

¿Qué hora es?

Write out the times shown, adding the phrases **de la mañana, de la tarde,** and **de la noche** accordingly.

1. _____

   _____

2. _____

   _____

3. _____

   _____

4. _____

   _____

5. _____

   _____

6. _____

   _____

Conversación

Hola. ¿Qué hay? Express in English.

ROSITA: Buenas tardes, Jacinto, ¿qué hay?

_____

JACINTO: Pues, nada de nuevo. ¿Y cómo estás tú?

_____

ROSITA: Así, así. No me gusta mi profesora de español. ¿Quién es tu profesor?

_____

JACINTO: El profesor Ramírez. Es excelente.

_____

ROSITA: Bueno (*Well*).... Hasta luego.

_____

JACINTO: Hasta mañana.

_____

Prueba de práctica

A. Complete. Write the appropriate pronoun.

ALBERTO: ¿Cómo _____¹ llamas? ¿Y cómo _____² llama tu amiga?

TOMÁS: Yo _____³ llamo Tomás y ella _____⁴ llama Elena.

B. Conteste. Answer these questions.

1. —¿Eres estudiante? —Sí, _____ estudiante.

2. —¿De dónde eres? —Yo _____ de Chicago.

3. —¿Es tu amigo argentino? —¿Sí, _____ argentino.

4. —¿Cómo está Ud.? —_____ , gracias.

C. Complete. Examine the calendar and complete the activities that follow it.

Febrero

lunes _____ miércoles _____ . _____ sábado _____

1	2	3	4	5	6	7
8	9	10	11	12	13	14
15	16	17	18	19	20	21
22	23	24	25	26	27	28

1. Write the names of the four days omitted from the calendar.

   _____   _____   _____   _____

2. Write out these numbers.

   15 _____   27 _____

   18 _____   30 _____

D. Estaciones. Name the season that corresponds to each of the following months.

1. abril _____   3. agosto _____

2. enero _____   4. noviembre _____

E. ¿Qué hora es? Write out the time expressed by each of the following.

1. 10:45 P.M. _____   3. 12:05 P.M. _____

2. 1:00 (on the dot) _____   4. 3:35 A.M. _____

F. Complete. Fill in the missing words.

JUAN: ¿ _____¹ estás, Carlos?

CARLOS: Así, _____.² Y tú, ¿qué _____³?

JUAN: Nada de _____.⁴

CARLOS: Bueno, _____⁵ luego.

Mis compañeros de clase

LECCIÓN 1

LABORATORY MANUAL

Gráficos

A. Study the drawing. You will hear the names of the lettered items. When you hear the name of an item, write down the letter that corresponds to it in the drawing.

1. _____   5. _____   8. _____

2. _____   6. _____   9. _____

3. _____   7. _____   10. _____

4. _____

B. Leticia pregunta. Listen to each of Leticia's questions twice, then circle the letter of the most appropriate response.

1. a. Estudiamos la lección dos.
   b. Trabaja en la biblioteca.
   c. Usamos un bolígrafo.

2. a. Enseña la clase de español elemental.
   b Tú pronuncias bien las palabras nuevas.
   c. No, es un libro fácil.

3. a. Prepara las lecciones de español por la noche.
   b. Es Carla, su amiga mexicana.
   c. Conversa con la profesora.

4. a. Sí, trabajo por la tarde.
   b. No, hay sólo una.
   c. Sí, hay tres estudiantes nuevos.

C. ¿Dónde? You've prepared your backpack to leave class. Now that you've put everything away, where are the following things, **¿en la mochila?** or **¿en la sala de clase?** Listen to the questions, then give the appropriate answer. Repeat the correct answer. You will hear each question twice.

MODELOS: (¿Dónde está la mesa?) → La mesa está en la sala de clase.

(¿Dónde está su diccionario?) → Mi diccionario está en la mochila.

1. ... 2. ... 3. ... 4. ... 5. ... 6. ... 7. ... 8. ...

Situaciones

Listen to these common questions. For each, write the letter that corresponds to the information requested. Not all words you hear are active vocabulary.

1. _____ 2. _____ 3. _____ 4. _____ 5. _____ 6. _____ 7. _____ 8. _____

a. When do you study?
b. How are you?
c. How many books do you have?
d. What language do you study?

e. Why don't you study Japanese?
f. Who are your favorite professors?
g. What's your phone number?
h. Where do you work?

Pronunciación

Accentuation

Words ending in a vowel, **n**, or **s** are normally stressed on the next-to-last syllable. Listen and repeat.

Sacramento   Virginia   Carmen   Dolores

Words ending in any consonant besides **n** or **s** are normally stressed on the last syllable. Listen and repeat.

Ecuador   Trinidad   Portugal   Paraguay

You will hear a few words that are not printed in your Laboratory Manual. Repeat them after the speaker.

1. ...   2. ...   3. ...

If a word ends in a vowel, **n**, or **s** but is not stressed on the next-to-last syllable, the word must carry a written accent mark. Listen and repeat.

Santa Bárbara   México   nación   inglés   América   Málaga

If a word ends in a consonant other than **n** or **s** but is not stressed on the last syllable, that word must also carry a written accent mark. Listen and repeat.

Cortázar   Cádiz   imbécil   azúcar   Gómez

A. You will hear these words twice. Underline the stressed syllable.

MODELO: compañero → compañero

1. famoso   3. José   5. Isabel   7. Portugal   9. Chile
2. Honduras   4. contestan   6. profesor   8. francés   10. Francia

B. You will hear these words twice. Write in an accent mark if necessary.

1. Acapulco   3. Panama   5. americano   7. terminar   9. dificil
2. Carmen   4. explosion   6. America   8. Hernandez   10. estacion

Diphthongs

A strong vowel (**a, e,** or **o**) and a weak vowel (**i** or **u**) join to form a single syllable. This combination is called a *diphthong*. Listen and repeat.

baile   auto   veinte   estudia   bien   gracioso

Two weak vowels together also form a diphthong. Listen and repeat.

> ciudad   triunfo

If an **i** or a **u** carries a written accent, it does not form a diphthong. Listen and repeat.

> María   dúo

You will hear a few more examples that are not printed in your Laboratory Manual. Listen and repeat.

> 1. ...   2. ...   3. ...

Two strong vowels together do not form a diphthong. Listen and repeat.

> Rafael   Bilbao

C. You will hear these words twice. Underline the diphthongs (four words contain no diphthongs).

> MODELO: estudia → estud<u>ia</u>

> 1. día   2. autor   3. diurno   4. Rafael   5. fraile   6. treinta   7. Mindanao   8. dúo

Linking

In spoken Spanish, words are linked or joined with each other according to several principles. Link a final consonant and an initial vowel. Listen and repeat.

> San Antonio   Los Ángeles

Link a final vowel and a different initial vowel. Listen and repeat.

> Pablo es profesor.   Escriba usted.

Link a final vowel and the same initial vowel. Listen and repeat.

> Es una alumna americana.   Escribe en español.

D. Listen as the following sentences are read twice. Show which words should be linked, as in the model.

> MODELO: Es un estudiante popular.

> 1. Rodolfo no es generoso.   4. Antonio es de Buenos Aires.
> 2. Cecilia es amiga de Enrique.   5. El comercio es importante.
> 3. Mateo es un nombre masculino.

Gramática esencial

1.2–1.3 GENDER OF NOUNS AND PLURALS OF ARTICLES AND NOUNS

A. Listen to the following words. For each, say the word with the definite article, then say it again in the plural form. Repeat the correct answer.

> MODELO: mesa → la mesa, las mesas

1.	pizarra	-	4.	bolígrafo
2	reloj		5.	calculadora
3.	borrador		6.	luz

Now follow the same directions, using indefinite articles.

MODELO: mesa → una mesa, unas mesas

7.	lápiz	10.	pared
8.	mochila	11.	cuaderno
9.	mapa	12.	ventana

B. ¿Qué pasa en la universidad? Restate the sentences you hear, using the plural form of the nouns and articles. Repeat the correct answer.

MODELOS: (Jaime usa un cuaderno.) → Jaime usa unos cuadernos.

(Jaime usa la calculadora.) → Jaime usa las calculadoras.

1. ...   2. ...   3. ...   4. ...   5. ...   6. ...   7. ...   8. ...

1.4 AGREEMENT AND POSITION OF ADJECTIVES

A. ¿Cómo son? Describe the following people according to the cues you hear.

MODELO: los profesores (famoso) → Los profesores son famosos.

1.	el estudiante	4.	los actores
2.	los jóvenes	5.	la señorita
3.	la profesora	6.	los alumnos

B. Listen to and repeat each of the following sentences, then restate the sentence using the cue. Make sure to use the correct form of the adjectives. Repeat the correct answer.

MODELO: Hablo con *un profesor* famoso. (profesoras) → Hablo con unas profesoras famosas.

1. Estudio con *un libro* español.
2. En la pizarra, uso *un borrador* especial.
3. En la pared hay *un reloj* nuevo.
4. Me gusta *el período* romántico.
5. Preparo *una lección* difícil.
6. Trabaja con *un texto* francés.

1.5–1.6 SUBJECT PRONOUNS AND PRESENT TENSE OF **-ar** VERBS

A. ¿Quién? Repeat each sentence, then replace the italicized word with the cue word given on the tape. Restate the sentence, making any necessary changes. Repeat the correct answer.

MODELO: *Tú* contestas en español. (yo) →   Yo contesto en español.
(nosotros) →   Nosotros contestamos en español.
(ella) →   Ella contesta en español.

1. *Tú* no conversas en la clase.
   a. ...   b. ...   c. ...

2. *¿Ellos* practican el español?
   a. ...   b. ...   c. ...

3. A veces *yo* no trabajo por la mañana.
   a. ...   b. ...   c. ...

4. *Uds.* no estudian aquí.
   a. ...   b. ...   c. ...

B. Las actividades de los estudiantes. Listen to each sentence and decide whether the subject is singular or plural. If it is singular, restate the sentence with a plural pronoun and verb; if it is plural, restate in the singular. Repeat the correct answer.

MODELOS: (Yo estudio por la noche.) → Nosotros estudiamos por la noche.

(Uds. hablan en español.) → Ud. habla en español.

1. ...   2. ...   3. ...   4. ...   5. ...

Comunicación

A. Compañeros de clase. You will hear a brief conversation between Mario, Tony, and Julia. Listen to the conversation the first time for the gist. Listen a second time to answer the questions. Repeat the correct answer.

VOCABULARIO ÚTIL

capitales de Europa	*European capitals*
deseo ser / desea ser	*I wish to be / he/she wishes to be*
intérprete	*interpreter*

1. ¿Qué estudia Tony?
2. ¿Qué lenguas estudia Tony?
3. ¿Qué desea ser Tony?

4. ¿Qué desea ser Julia?
5. ¿Qué desea ser Mario?

B. You will hear a series of questions based on the information in the chart. Listen carefully and circle the letter of the correct answer.

Universidad Central					
Alumno: Jorge Guzmán				Semestre: Primero	
número	**sala**	**nombre**	**día**	**hora**	**profesor**
31	20	geometría	lunes	7–8	Castro
25	8	español	lunes	9–11	Tolón
11	4	inglés	viernes	1–2	Klein
24	16	filosofía	martes	3–4	Borges
20	7	drama	jueves	7–9 PM	Bennett

1. a. La profesora Tolón.

    b. El profesor Klein.

    c. El profesor Bennett.

2. a. Jorge estudia a la una.

    b. Jorge estudia los lunes.

    c. Jorge estudia en la Universidad Central.

3. a. La profesora Tolón.

    b. El profesor Bennett.

    c. Jorge Guzmán.

4. a. El libro de geometría.

    b. El libro de inglés.

    c. El libro de filosofía.

5. a. Los alumnos del profesor Klein.

    b. Las profesoras Borges y Tolón.

    c. Los alumnos del profesor Castro.

C. Dictado: Mi amigo Jaime. You will hear a short paragraph about Jaime three times. First listen to the entire paragraph for the gist. During the second reading, use the pauses to write each sentence in the space provided. Then listen again to check what you wrote.

_____

_____

_____

_____

_____

D. Para ti. You will hear twice a series of questions about yourself. Answer them in complete Spanish sentences. No answers will be given on the tape.

1. ... 2. ... 3. ... 4. ... 5. ...

LECCIÓN **1**

WORKBOOK

Gráficos

A. En la clase de español. Complete the following paragraph by writing the word for each item or person numbered in the drawing. Blanks with a letter require a verb or an hour and are not illustrated in the drawing.

La _____ [1] Jiménez _____ [a] español en la universidad. Ahora _____ [b]

las preguntas de Armando, el _____ [2] nuevo. Cristina, una _____ [3] _____ [c]

las palabras difíciles en la _____ [4] con _____ [5] En la _____ [6] hay (*there is*)

un _____ [7] Son las _____ [d] También hay un _____ [8] de

Sudamérica. Armando _____ [e] los nombres de las repúblicas de Sudamérica. Armando usa un

_____ [9] y un _____ [10] pero la profesora Jiménez usa un _____ [11] Hay un

_____ [12] de español en la _____ [13] y un _____ [14] en una _____ [15]

En la _____ [16] de Armando hay una _____ [17] que él usa en la clase de matemáticas.

B. Gloria y Bárbara conversan. Read the dialogue, then answer the questions about it in Spanish.

Gloria entra en la biblioteca donde trabaja su amiga Bárbara y conversa con ella.

GLORIA: Bárbara, necesito practicar el vocabulario de la lección preliminar. ¿Trabajas mañana por la tarde?

BÁRBARA: Sí, trabajo aquí por la tarde, porque por la mañana hay clase. Sólo estudio por la noche. ¿Tú no trabajas?

GLORIA: Pues… ahora no. Bueno, ¿preparamos la lección mañana por la noche?

BÁRBARA: ¡Es una idea excelente! ¿A qué hora estudiamos? ¿A las ocho?

GLORIA: No, a las ocho y media. A las ocho hay un programa en la televisión que me gusta mucho.

1. ¿Dónde entra Gloria?

   _____

2. ¿Qué necesita Gloria?

   _____

3. ¿Cuándo trabaja Bárbara en la biblioteca?

   _____

4. ¿Cuándo estudia ella?

   _____

5. ¿A qué hora desea (*wish*) estudiar Bárbara?

   _____

6. ¿Por qué desea Gloria estudiar a las ocho y media?

   _____

C. Cosas que uso. Write each word under the appropriate heading, then for each heading, write a sentence using two or more words from that group.

bolígrafo	lápices	pared	preguntas
cuaderno	lección	pizarra	puerta
dibujos	palabras	plumas	ventanas

1. EN EL LIBRO   2. EN LA MOCHILA   3. EN LA SALA DE CLASE

   _____   _____   _____

   _____   _____   _____

   _____   _____   _____

   _____   _____   _____

1. _____

2. _____

3. _____

D. Una profesora simpática. Complete the dialogue with the most appropriate word(s) from the list. Do not repeat or alter words from the list.

cuántas	por qué	sobre	también
difícil	porque	sólo	varias

ELENA: ¿_____¹ clases enseña la profesora Sawanoi?

PEDRO: Enseña _____.² Es una profesora muy popular.

ELENA: ¿_____³? ¿Es fácil su clase?

PEDRO: ¡No! Es _____,⁴ pero ella es popular _____⁵ es muy simpática.

ELENA: ¿_____⁶ enseña japonés?

PEDRO: No, _____⁷ enseña una clase _____⁸ la cultura japonesa.

Gramática esencial

1.1–1.3 GENDER AND NUMBER OF ARTICLES AND PRONOUNS

A. Artículo definido. Complete the following sentences with the correct form of the definite article. More than one answer may be possible.

1. _____ profesora entra en _____ clase de español.

2. _____ joven de la Florida conversa con _____ amigo de _____ profesora.

3. _____ profesor usa _____ libros nuevos.

4. _____ estudiantes contestan _____ preguntas.

5. _____ alumna estudia con _____ estudiante nuevo.

6. Pronuncio _____ palabras nuevas en _____ clase de español.

B. Artículo indefinido. Complete the following sentences with the correct form of the indefinite article.

1. En _____ clase, necesito _____ lápices especiales.

2. _____ cosa interesante en la clase es _____ mapa grande de los países hispánicos.

3. Necesitamos _____ reloj y _____ pizarra nuevos.

4. Hay _____ ventana grande en _____ pared de la clase.

5. Los Ángeles es _____ ciudad grande con _____ universidades muy buenas.

6. María es _____ nombre español popular. Hay _____ profesora italiana que también se llama María.

1.4 AGREEMENT AND POSITION OF ADJECTIVES

¿De dónde es y cómo es? Complete the following sentences with the correct form of the adjective.

    MODELO: (francés) Es una compañera _____. → Es una compañera francesa.

1. (español) ¿Es _____ el señor Cardoso?

2. (español) No, pero las amigas de él sí son _____.

3. (inglés) Hay unos jóvenes _____ en la clase.

4. (francés) ¿Es difícil la lengua _____?

5. (alemán) La lengua _____ es más difícil.

6. (inglés, interesante) La lengua _____ no es fácil, pero es _____.

7. (importante) Las universidades de México y Guadalajara son _____.

8. (popular) La profesora Menéndez es muy _____.

9. (inteligente) ¡Y tú eres una alumna muy _____!

1.5–1.6 SUBJECT PRONOUNS AND PRESENT TENSE OF -ar VERBS

A. ¿Quién… ? Rewrite these sentences, substituting subject pronouns for the underlined words.

    MODELO: <u>Luis y Alonso</u> trabajan en la biblioteca. → Ellos trabajan en la biblioteca.

1. <u>Alina</u> pregunta qué hora es.

    _____

2. <u>Alex</u> habla con <u>Luisa</u>.

    _____

3. <u>Ramón y tú</u> trabajáis mañana.

    _____

4. <u>Alex y yo</u> estudiamos español mañana.

    _____

5. <u>Carmen y Ud.</u> preparan las lecciones nuevas.

    _____

6. ¿Conversas con <u>la profesora y el profesor</u>?

    _____

B. En la universidad. Give the appropriate form for each infinitive.

1. El profesor Becker (enseñar) _____ alemán.

2. A veces nosotros no (contestar) _____ las preguntas en clase.

3. Ellas (practicar) _____ el español por la tarde.

4. Los alumnos no (conversar) _____ en la biblioteca.

5. La profesora (preguntar) _____ las palabras difíciles.

6. Tú (pronunciar) _____ bien el inglés.

C. Los estudiantes. Substitute the correct forms of the infinitives given for the verbs in the following sentences.

1. Tú no conversas mucho por la mañana.

   (estudiar) _____

   (preparar las lecciones) _____

2. ¿No entran Uds. en la clase de español?

   (conversar) _____

   (practicar) _____

3. Nosotras no estudiamos alemán.

   (hablar) _____

   (enseñar) _____

4. La estudiante nueva sólo habla en inglés.

   (preguntar) _____

   (contestar) _____

5. Todos entran en la clase.

   (trabajar) _____

   (estudiar) _____

PARA RESUMIR Y REPASAR

Tres alumnos en el Instituto Internacional de Guadalajara. Complete this dialogue logically.

OLIVIA: Buenas tardes, Claudio. ¿Cómo _____[1] tú?

CLAUDIO: Pues, bien. ¿Y tú? ¿No hay _____[2] de nuevo?

OLIVIA: No. ¿Cómo _____[3] tu (*your*) familia?

CLAUDIO: Muy bien, _____.[4]

OLIVIA: Aquí está Jorge. Jorge, éste (*this*) _____[5] mi amigo Claudio.

JORGE: _____,[6] Claudio. ¿De dónde _____[7]?

CLAUDIO: _____[8] de Guadalajara. ¿Y tú?

JORGE: Estudio en Guadalajara, pero _____[9] de la Ciudad de México.

CLAUDIO: ¿Te _____[10] la Ciudad de México?

JORGE: Sí, me gusta mucho. ¡Es una ciudad estupenda!

Comunicación

A. Artículos escolares. Read the ad and then answer the questions.

VOCABULARIO ÚTIL

bajo precio	*low price*
¿Cómo es/son?	*What is it / are they like?*
hoja	*leaf*
libreta	*notebook*
pqte. (paquete)	*package*
punta	*point*
rayado ancho	*wide rule*
surtidos	*assorted*
tapa	*cover*
tinta negra/azul/roja	*black/blue/red ink*

Pqte. de 3
Libretas
• 100 hojas por libreta
• 7-1/2" x 9-3/4"
• Rayado ancho
0601-6866
$3⁹⁹
Bajo precio regular OfficeMax

1 asignatura
Libreta Five-Star "Fat Lil"
• 200 hojas perforadas
• Durable tapa de polivinil
• Colores surtidos
0601-9649
$1⁴⁹
Bajo precio regular OfficeMax

Pqte. de 12
Bic RoundStics
• Punta media o fina
• Tinta negra, azul o rojo
• Liviana, cilindro flexible
1001-1006
$1¹⁹
Bajo precio regular OfficeMax

1. ¿Cómo es el rayado de las libretas de composición?

   _____

   _____

2. ¿Cómo es la tapa de la libreta Five-Star?

   _____

   _____

3. ¿Cómo son los colores de la libreta Five-Star?

   _____

   _____

4. ¿Cómo es la punta de los bolígrafos Bic?

   _____

   _____

5. ¿Cómo es el cilindro de los bolígrafos?

   _____

6. ¿Cómo es la tinta de los bolígrafos?

   _____

7. ¿Cómo son los precios de OfficeMax?

   _____

B. (No) Me gusta. Name five things you like or dislike about your Spanish class, using the following verbs.

MODELO: contestar → (No) Me gusta contestar en español.

1. (usar) _____

2. (estudiar) _____

3. (entrar) _____

4. (conversar) _____

5. (practicar) _____

C. ¡A escribir! La vida (*life*) **de un estudiante.** On a separate sheet of paper, write a brief composition about student life. Build your paragraph by including some or all of the following information:

- Which classes do you like?
- With whom do you study?
- Where and how long do you study?
- How often do you speak to your professors?
- Do your professors answer your questions?
- What do you use in class? (pen, pencil, notebook, calculator, etc.)
- Do you work? Where and how much?

Viaje por el mundo hispánico: México

A. ¿Qué artista? Write the most appropriate name according to the information you read in the text about the Mexican artists Silvia Tomasa Rivera, Diego Rivera, and Frida Kahlo.

1. Self-portraits: _____
2. Traffic accident: _____
3. Cowboys: _____
4. Walls: _____
5. Anti-capitalist ideology: _____
6. Mexican history: _____
7. Veracruz: _____
8. Murals: _____
9. Physical pain: _____

B. Asociaciones. Fill in each blank in column A with the letter of the related phrase from column B.

A

1. _____ elementos comunes en los cuadros de Kahlo y Rivera
2. _____ tema muy común en los cuadros de Rivera
3. _____ *Duelo de espadas*
4. _____ el tema central de los cuadros de Kahlo
5. _____ el Teatro de Bellas Artes
6. _____ el mar

B

a. murales mexicanos importantes
b. colores vivos y figuras sensuales
c. No es una perla...
d. la experiencia personal
e. describe la vida rural
f. la herencia indígena

C. ¿Conoces México? Answer the following questions briefly. Then refer to the illustration and paintings on page 43 of your text. How do the ideas you have about Mexican people and culture compare to what you see in these works?

1. Describe what you think a typical Mexican looks like.

_____
_____

2. What would you expect to see at a Mexican party or celebration?

_____
_____

3. What ideas come to mind when you hear the phrase *Mexican Indians*?

_____
_____

Prueba de práctica

A. ¿El o la? Indique el artículo apropiado.

1. ___el___ borrador
2. ___el___ lápiz
3. ___la___ luz
4. ___el___ inglés

5. ___la___ pared
6. ___el___ profesor
7. ___el___ reloj
8. ___la___ clase

B. Complete. Exprese la forma apropiada del adjetivo en letra cursiva (*italics*).

MODELO: el amigo _____ → el amigo *español*

1. las amigas ___~~bonitas~~ bonitas.___
2. los profesores ___inteligentes___
3. el nombre ___interesante___
4. la nación ___inglesa___
5. las ciudades ___varias___

C. La concordancia. Cambie la forma (masculino o femenino) de los adjetivos y cambie las frases al plural.

MODELO: el estudiante (nuevo) → los estudiantes nuevos

1. la universidad (alemán) ___las universidades alemanes___
2. la nación (americano) ___las naciones americanos___
3. la pregunta (difícil) ___las preguntas difíciles___

D. Los pronombres. Complete con el pronombre correcto.

Juan es español y Marie es francesa. ___el___ ¹ es de Madrid y ___ella___ ² es de Paris. ___Ella___ ³ habla español y francés, pero ___ella___ ⁴ sólo habla bien el francés. Ahora ___ella___ ⁵ conversan un poco en español.

JUAN: ¿Por qué no estudias español con la profesora Jiménez? ___Ella___ ⁶ es muy buena y ___ella___ ⁷ necesitas mucha práctica.

MARIE: Muchas gracias, Juan, por la sugerencia.

E. La profesora y los estudiantes. Choose the appropriate word and write its correct form in the blank.

1. La profesora ___enseña___ y yo ___estudio___. (estudiar/enseñar)
2. Ella ___entra___ en la clase; unos estudiantes ___conversan___ en inglés. (conversar/entrar)
3. La profesora ___pregunta___ y mis amigos y yo ___contestamos___ las preguntas. (contestar/preguntar)
4. Yo ___(hablo)___ mucho el inglés, pero no _____ bien. (practicar/hablar) *practico*
5. Elena siempre ___prepara___ bien las lecciones, pero ella no ___pronuncia___ bien las palabras nuevas. (preparar/pronunciar)

1. ¿Quién hace sándwiches? / Ellos hacen sándwiches.
   a. ... b. ... c. ... d. ...
2. ¿Qué dice tu amiga? / Mi amiga dice «Buenos días».
   a. ... b. ... c. ... d. ...
3. ¿Quién viene hoy al centro? / Tú vienes hoy al centro.
   a. ... b. ... c. ... d. ...
4. ¿Quién tiene una cámara? / Yo tengo una cámara.
   a. ... b. ... c. ... d. ...

2.5 NUMBERS 20–1.000.000

You will hear some math problems in Spanish. Circle the letter of the correct answer.

1. a. 150 b. 400 c. 600
2. a. 6.000 pesos b. 7.000 pesos c. 8.000 pesos
3. a. 62 días b. 61 días c. 71 días
4. a. 90 b. 36 c. 40
5. a. 120 dólares b. 90 dólares c. 200 dólares

Comunicación

A. El parque de mi barrio. You will hear Carmen describing the park in her neighborhood. Then you will hear a series of questions. Both will be read twice. Circle the letter of the correct answer to each question.

1. a. un reloj antiguo
   b. muchos automóviles
   c. árboles y flores bonitas
2. a. en la fuente
   b. en la iglesia
   c. en los edificios
3. a. compra billetes de lotería
   b. mira el reloj
   c. lee el periódico
4. a. escribe una carta
   b. toma fotos
   c. mira la hora
5. a. son las diez de la mañana
   b. son las tres de la tarde
   c. son las cuatro

B. La carta de Laura. Listen for the gist the first time you hear the list of words and the letter Laura wrote to her friend Rosita. Then listen a second time to answer the questions. Repeat the correct answer.

VOCABULARIO ÚTIL

querida	dear
paso el rato	I am killing time
echo de menos	I miss
cariños	love

1. ¿Tiene Laura clases hoy?
2. ¿Qué hay en la Plaza Colón?
3. ¿Dónde trabajan muchas personas?
4. ¿Dónde compran muchos clientes?
5. ¿Dónde escribe Laura?
6. ¿Qué toma la gente en el café Las Delicias?

C. Dictado: El señor Ortiz. You will hear a short paragraph about Señor Ortiz three times. First, listen to the entire paragraph to understand the gist. During the second reading, use the pauses to write each sentence in the space provided. Then listen again to check what you wrote.

_____

_____

_____

_____

_____

D. Para ti. You will hear twice a series of questions about yourself. Answer them in complete Spanish sentences. No answers will be given on the tape.

1. ...   2. ...   3. ...   4. ...   5. ...

LECCIÓN 2

WORKBOOK

Gráficos

A. En mi barrio. Complete the following description by writing in the names of the items numbered in the drawing.

Mi barrio no está en el centro, pero me gusta vivir aquí. Hay un ____calle____[1] con

_____[2] y _____[3] de varios colores. También hay una _____[4] de

mármol muy bonita. Me gusta mirar el _____[5] de la fuente. Leo el _____[6] en

un _____[7] del parque y mi amiga Susana escribe una _____.[8] Una muchacha

toma fotos del _____[9] Luz con su _____[10] y un_____[11] vende

_____[12] en la calle.

No hay almacenes en mi barrio, pero hay un _____[13] y una _____[14] antigua.

Hay algunos edificios y también una _____[15] pequeña.

El tráfico en mi barrio es moderado. Muchas personas usan el _____;[16] otras personas

toman un _____[17] o un _____.[18] Yo prefiero (*prefer*) usar mi _____.[19]

B. En el Café Imperial. Read the following dialogue and answer the questions.

CLARA: ¿Por qué lees el periódico?
LUISA: Porque me gustan las noticias.
CLARA: Pues yo no deseo leer las noticias. Son horribles. No me gusta la política. No me gusta saber de los crímenes en la ciudad. Prefiero leer novelas románticas.
LUISA: Las novelas románticas son ridículas.
CLARA: No, no. Son interesantes y sentimentales.
LUISA: Bueno, si (*if*) te gustan… Pero, mira, un viejo vende billetes de lotería en la calle. ¿Deseas comprar uno?
CLARA: El número quinientos quince es bonito. Compro dos billetes. Uno es un regalo para mi amigo Pepe.
LUISA: Yo compro uno, pero mi número favorito es el ochocientos tres.

1. ¿Por qué lee Luisa el periódico?

   _____

2. ¿Por qué no desea Clara leer las noticias?

   _____

3. ¿Qué cosas no le gustan a Clara?

   _____

4. ¿Cuál es la opinión de Luisa sobre (*about*) las novelas románticas?

   _____

5. ¿Cuál es la opinión de Clara?

   _____

6. ¿Qué vende el viejo en la calle?

   _____

7. ¿Por qué compra Clara dos billetes?

_____

8. ¿Cuál es el número favorito de Luisa?

_____

C. En el café y en el centro. Write each word under the appropriate heading, then for each heading, write a sentence using two or more words from that group.

banco   camarero   cuadra   jugo   calle   cerveza   esquina   queso

1. CAFÉ   2. CENTRO

_____   _____

_____   _____

_____   _____

_____   _____

1. _____

2. _____

D. Nuestro barrio. Complete the dialogue by filling each blank with the most appropriate word from the list. Do not repeat or alter words from the list.

acuerdo   es verdad   para   todos
allí   noticias   política   verdad

SEÑOR CORDÓN: Nuestro barrio es muy bonito y bueno, ¿_____[1]?

SEÑORA LUMAS: Sí, _____[2] Pero hay problemas también. La _____[3] de esta

ciudad es fea.

SEÑOR CORDÓN: De _____,[4] pero las elecciones son este mes.

SEÑORA LUMAS: Deseo comprar un periódico _____[5] leer las _____.[6]

SEÑOR CORDÓN: Venden periódicos _____[7] en la esquina.

SEÑORA LUMAS: Gracias. Hablamos mañana.

SEÑOR CORDÓN: Sí. Estoy aquí _____[8] los días. Adiós.

Gramática esencial

2.1 MORE ON THE DEFINITE ARTICLE

Dos amigos. Complete the dialogue with the appropriate definite article when necessary. You may need to make contractions.

En _____ café de _____ centro, Pablito habla a _____ señor Gil, que lee

_____ periódico.

PABLITO: ¿Son interesantes _____ noticias?

SR. GIL: No. En _____ sección internacional dice que _____ presidente

viene a _____ Perú en _____ verano.

PABLITO: _____ Señor Gil, ¿le gusta _____ política a Ud.?

SR. GIL: No, no me gusta. Pero, Pablito, ¿por qué no comes? ¿No te gustan _____

sándwiches de _____ jamón y _____ queso?

PABLITO: Sí, me gustan. Pero necesito un poco de _____ catsup. En mi opinión,

_____ catsup es _____ complemento perfecto de un sándwich.

SR. GIL: Hay _____ catsup en _____ otra mesa. Pero, mira…

_____ señora vende _____ billetes de lotería. ¿Compramos?

PABLITO: Yo no. _____ billetes de lotería son caros.

SR. GIL: Yo compro, Pablito, uno para mí y otro para ti.

PABLITO: Pues, muchas gracias. Es estupendo tener _____ buenos amigos.

2.2 POSSESSIVE ADJECTIVES

A. Write the correct possessive adjective in the blank.

1. ¿Por qué no usas (*my*) _____ coche?

2. Me gusta (*your: fam. sing.*) _____ regalo pero no me gustan (*her*) _____ flores.

3. Bebo (*my*) _____ jugo de naranja y Ud. bebe (*your*) _____ cerveza.

4. Los apartamentos en (*our*) _____ barrio son feos y caros.

5. (*Our*) _____ edificios son nuevos pero (*our*) _____ iglesias son viejas.

6. El autobús número treinta y cinco es (*your: fam. pl.*) _____ autobús.

7. Rosita lee (*your: fam. sing.*) _____ cartas y el Sr. Gil lee (*his*)_____ periódico.

B. Al contrario. Answer negatively, changing the possessive adjectives if necessary.

MODELO: Pablito bebe tu leche, ¿no? → No, Pablito no bebe mi leche.

1. ¿Come Pablito su sándwich?

_____

2. ¿Bebe Pablito el vino del señor Gil?

_____

3. ¿Comen Pablito y el señor Gil en vuestra mesa?

_____

4. ¿Compra Pablito tus billetes de lotería?

_____

5. El señor Gil habla con nuestras amigas, ¿no?

   _____

6. ¿Lee el señor Gil mis periódicos?

   _____

C. Clarificación. Rewrite the sentences to clarify the third person possessive adjectives.

   MODELOS: Señor Gil, ¿cuál es su opinión? → Señor Gil, ¿cuál es la opinión de Ud.?

   Ana tiene una cámara nueva. Su cámara no es japonesa. →
   La cámara de ella no es japonesa.

1. Luis y Antonio tienen cartas nuevas. Necesito leer sus cartas.

   _____

2. Antonio dice que bebes su cerveza. ¿Por qué bebes su cerveza?

   _____

3. Felisa tiene flores, pero me gustan mis flores, no sus flores.

   _____

4. Mis padres tienen un apartamento grande. Ahora vivo en su apartamento.

   _____

5. Uds. tienen una casa nueva. ¿Es grande su casa?

   _____

6. Ud. vende cosas bonitas, pero sus relojes son caros.

   _____

2.3 PRESENT TENSE OF -er AND -ir VERBS

En el café del barrio. Write the appropriate verb form in each blank.

1. Mi amigo Pepe (beber) _____ cerveza, Julio y Olga (beber) _____ jugo de

   naranja y yo (beber) _____ leche.

2. El señor Gil y yo (leer) _____ el periódico y (discutir) _____ las noticias de hoy.

3. Una señora y Pablito (comer) _____ sándwiches. ¿(Comer) _____ vosotros

   sándwiches también?

4 El joven (abrir) _____ la puerta.

5. Una vieja (vender) _____ billetes de lotería y yo (escribir) _____ en un papel los

   números de los billetes.

6. —¿(Vivir) _____ tú en este barrio? —No, yo (vivir) _____ en el centro.

2.4 IRREGULAR PRESENT TENSE VERBS: hacer, decir, tener, venir

A. ¿Quién hace el café hoy? Complete the sentences with the appropriate form of the verb **hacer.**

1. Rolando, ¿no _____ tú el café hoy?

2. No, yo no _____ el café hoy.

3. ¿No _____ vosotros café todos los días en esta casa?

4. Sí, nosotros _____ café pero cada día lo (*it*) _____ una persona diferente.
   Hoy lo _____ Marta.

B. Y Ud., ¿qué dice? Complete the sentences with the appropriate form of the verb **decir.**

1. Por la mañana, los alumnos _____: «Buenos días».

2. En un bar, tú _____: «Me gusta la cerveza Modelo».

3. Cuando hablamos con un turista, nosotros _____: «Nuestra ciudad es muy bonita».

4. Si yo pregunto cómo se llama Ud., Ud. _____ su nombre.

5. Si el profesor pregunta los meses de invierno, vosotros _____: «diciembre, enero y febrero».

C. ¿Qué tienen? Complete the sentences with the appropriate form of the verb **tener.**

1. Yo _____ un coche nuevo.

2. Las casas _____ ventanas y puertas.

3. El parque _____ árboles.

4. Vosotras _____ cámaras.

5. Tú _____ un periódico viejo.

D. Minidiálogos. Complete the dialogues with the appropriate form of the verb **venir.**

TERESA: ¡Hola, Rosita! ¿_____ tú sola? ¿No _____ tu hermana?

ROSITA: No, yo _____ sola. Mi hermana tiene un examen mañana.

ALFREDO: Nosotros _____ al Café Imperial todos los sábados. ¿Qué día _____ vosotros?

RAMÓN: Yo _____ los domingos, pero Andrés y Arturo _____ todos los días.

2.5 NUMBERS 20–1.000.000

Complete the following sentences by writing out the numbers in Spanish.

1. Hay (214) _doscientos catorce_ ventanas en el Hotel Luz.

2. Vienen (59) _cincuenta y nueve_ personas en el autobús.

3. ¿Es verdad que hay (128) _Cientos veinte y ocho_ parques en la ciudad?

4. Ella vive en la Calle Colón número (316) _Trescientos dieciséis_

5. El parque es muy grande. Tiene (97) _Noventa y siete_ árboles.

6. En mi ciudad viven (3.000.000) _Tres millones_ de personas.

La ropa que llevo

LECCIÓN 3

LABORATORY MANUAL

Gráficos

A. Cati y Benicio. Cati and her husband Benicio are going to a party and make comments about the clothes they'll wear. When you hear one of their statements, write down the letter that corresponds to the item mentioned in the statement.

MODELO: Benicio, ¿por qué no llevas la camisa blanca? → j

1. _c_
2. _a_
3. _l_
4. _e_
5. _i_
6. _K_
7. _o_
8. _n_
9. _m_
10. _h_
11. _d_
12. _b_

B. You will hear groups of three statements twice. Say the one statement that is not related to the other two. Repeat the correct answer.

1. ... _B_ 2. ... _C_ 3. _C_ 4. ...

C. Listen to each sentence twice, then circle the letter that corresponds to the most appropriate response.

1. a. Es una joven alta.

   b. Estoy triste. *sad*

   c. Necesito comprar ropa.

2. a. ¿Por qué no buscas otra camisa? *look for* *shirt*

   b. No aceptan tarjetas de crédito. *we don't*

   c. Esta camisa es muy grande. *shirt*

3. (a.) Busco una falda roja. *skirt red*

b. Gracias, eres una buena amiga.

c. Es una chica triste, ¿verdad? *sad*

4. (a.) La camisa de cuadros cuesta mucho.

b. Es de seda italiana.

c. No me gusta la chaqueta. *jacket*

Situaciones

Listen to each expression twice, then fill in the blank with the letter that corresponds to the most appropriate response from the list. Do not repeat a response.

1. _____ 2. _____ 3. _____ 4. _____

    a. Es el siete.
    b. Están rebajados a treinta y dos dólares.
    c. No, para este estilo sólo tenemos desde la seis hasta la diez.
    d. Me gustan, pero me quedan pequeños.

Pronunciación

Spanish *r*

When **r** appears between vowels in Spanish, it sounds like the letters *d* and *t* in *Betty had a bit of bitter butter*. Listen and repeat.

    eres   naranja   cuarenta   claro   periódico

If **r** appears before a consonant, imagine that a slight [e] sound is present between the **r** and the consonant. Listen and repeat.

    largo   acuerdo   carta   verde   corbata

At the end of a word, **r** is pronounced with less force and is slightly less audible. Listen and repeat.

    prestar   ir   suéter   ayer   a ver

Spanish *rr*

The **rr** is pronounced as a strong trill. You need to arch your tongue. Let the tip of your tongue rest loosely just behind the upper front teeth while you puff out air to make the tip of your tongue flip up and down. Listen and repeat.

    turrón   marrón   ferrocarril   corro   tierra

You also pronounce the sound **rr** when a single **r** appears at the beginning of a word or a phrase or after the letters **l** or **n**. Listen and repeat.

    Rosa   Ricardo   Enrique
    el reloj   en realidad   un radio

A. Repeat these sentences after the speaker.

    1. Raúl recibe recomendaciones de Ramón.
    2. Don Ricardo es de Puerto Rico.
    3. La guitarra es de Rita Martínez.

LECCIÓN **3**

WORKBOOK

Gráficos

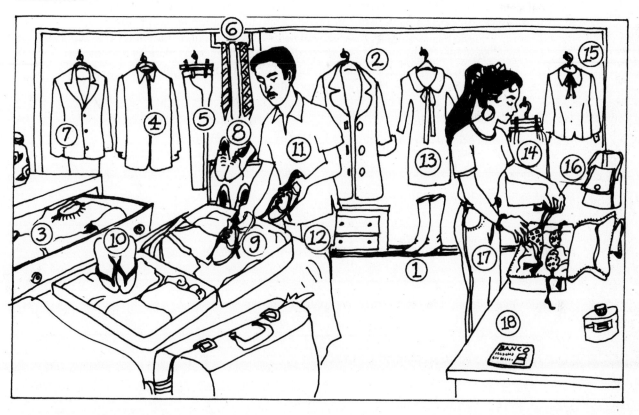

A. Vacaciones de verano. Complete the following text about Armando and Graciela's trip by filling in each blank with the Spanish word for the numbered item.

Armando y Graciela van de vacaciones y están haciendo las maletas (*suitcases*). No necesitan

_____,[1] _____[2] ni (*nor*) _____[3] porque es verano, pero Armando

lleva una _____,[4] un par de _____[5] buenos, dos _____[6] y un

_____[7] para ir a restaurantes elegantes. También va a llevar un par de _____[8]

para la noche y _____[9] y _____[10] para el día.

Ahora Armando está cómodo con su _____[11] y sus _____[12] cortos.

Para las ocasiones especiales, Graciela va a llevar un _____[13] bonito, una

_____[14] negra y una _____[15] amarilla de seda. También lleva un

_____[16] de piel fina. Por el día, ella va a estar cómoda con sus _____.[17]

¡Muy importante! A Graciela le gusta mucho ir de compras y va a llevar su _____ [18]

en su bolso de piel fina.

B. En el Almacén Elegancia. Read the following dialogue between Marisa and a saleswoman, then answer the questions that follow.

MARISA:	¿Cuánto cuesta el vestido azul marino?
DEPENDIENTA:	Está rebajado a $99,99.
MARISA:	¡Es muy caro! No soy rica, señora.
DEPENDIENTA:	Pero, señorita, está rebajado de $150. Es un vestido muy fino. Es de Italia y es de seda.
MARISA:	Es verdad que es precioso, pero no deseo gastar mucho. ¿Cuál es el precio del vestido de rayas color café y blancas?
DEPENDIENTA:	Pues, es mucho más barato y también es muy bonito. Sólo cuesta $49,95.
MARISA:	El precio está bien. Si lo compro, necesito unas sandalias color café.
DEPENDIENTA:	Puede usar sandalias o zapatos blancos. El vestido tiene también rayas blancas.
MARISA:	Muy bien. Compro el vestido. Tengo un par de zapatos blancos nuevos. No tengo tarjeta de crédito de Elegancia. ¿Aceptan otras tarjetas?
DEPENDIENTA:	Sí, señorita, todas las tarjetas importantes.

Marisa paga con su tarjeta y toma su vestido. Está muy contenta.

1. ¿Cuál es el precio original y el precio rebajado del vestido azul marino?

   _____

2. ¿Cómo es el vestido azul marino?

   _____

3. ¿Qué dice Marisa que va a necesitar si compra el vestido de rayas?

   _____

4. ¿Por qué el vestido también combina con zapatos blancos?

   _____

5. ¿Qué tarjetas de crédito aceptan en al almacén?

   _____

6. ¿Cómo paga Marisa?

   _____

7. ¿Cómo está ella?

   _____

C. Categorías. Write each word under the appropriate heading, then for each heading, write a sentence using two or more words from that group.

amarillo	cuadros	piel	seda
cansado	enamorado	rayas	triste
contento	morado	rojo	verde

Prueba de práctica

A. ¿Qué colores? Escriba el color apropiado.

1. una banana _Verde (en Costco!)_   4. un dólar _____

2. el café _negro._____   5. la leche _____

3. una naranja _anaranjada.____

B. *¿Ser o estar?* Write the appropriate form of **ser** or **estar** in each blank.

JUAN: Hola, Jaime. ¿Cómo _____[1] tú?

JAIME: Bien, en general, pero ahora _____[2] un poco triste. Mi profesor favorito

_____[3] enfermo.

JUAN: ¿_____[4] en el hospital?

JAIME: Sí... pero (él) _____[5] un hombre joven y su doctor _____[6]

excelente. Sólo necesita un poco de tiempo.

C. Antónimos. In each blank write the letter of the word in column B that has the opposite meaning.

A

1. _____ triste

2. _____ rico

3. _____ gastar

4. _____ dar

5. _____ joven

6. _____ delgado

7. _____ listo

8. _____ alto

B

a. ganar

b. viejo

c. tonto

d. bajo

e. aceptar

f. pobre

g. gordo

h. contento

D. Vocabulario. Write the letter of the correct answer in each blank.

1. ¿Qué cuesta menos? _____
   a. una camisa rebajada
   b. un traje elegante

2. ¿De qué son los zapatos? _____
   a. de cuero
   b. de poliéster

3. ¿Cuáles son más formales? _____
   a. los zapatos blancos
   b. las corbatas negras

4. Si un traje o vestido le queda grande, ¿qué necesita Ud.? _____
   a. una talla más pequeña
   b. una plaza más pequeña

5. La seda es _____.
   a. más cara que el algodón.
   b. más barata que el algodón.

6. El cielo es _____.
   a. rojo.
   b. azul.

E. **Traducciones.** Exprese en español.

1. What are they doing? _____

2. The boy is eating. _____

3. The old man is talking. _____

4. They are arguing (discussing). _____

5. What are you (**tú**) preparing? _____

Mi familia

LABORATORY MANUAL

Gráficos

A. De compras con Tina y Lola. Study the following drawing. You will hear statements about the lettered items. Write down the letter that corresponds to the item you hear.

MODELO: Me gusta comprar pan por la mañana. → d

1. _a_

2. _c_

3. _b_

4. _i_

5. _m_

6. _n_

7. _h_

8. _k_

9. _l_

10. _f_

B. You will hear a series of statements twice. Circle the letter of the phrase that you associate most closely with each statement.

1. a. Paco es primo de Juanito.

   b. Él es primo de Julita.

   c. Ella es tía de Juanito.

2. a. Su sobrino trae flores. _brings flowers_

   b. No está casada. _married_

   c. Conoce al esposo de Leticia.

3. (a.) Don Julio es el abuelo de Pedro. *grandfather*

   b. Don Julio es el tío de Pedro.

   c. Don Julio es su sobrino.

4. a. Hay una sorpresa para la sobrina. *surprise*

  (b.) Pedro es el padre de Juanito.

   c. Pedro es su primo. *cousin*

C. Listen to each word twice, then write it under the appropriate heading. Write each word only once. Then listen to each of three sentences, and write the letter of the sentence under the heading you associate with the expression.

1.   CUBIERTOS *spoon*

   la cuchera

   el tenedor *fork*

   el cuchillo

      B

2.   PARA BEBIDAS *pitcher*

   la jarra

   el vaso *glass*

   la taza *cup*

      A

3.   COMIDA

   la manzana

   el pan

   el plátano

      C

Situaciones

Listen to each statement two times, then respond with the most appropriate response from the list. Repeat the correct answer. Do not use a response more than once.

  a Igualmente.

  b Te presento a mi esposa, Leticia.

  c Mucho gusto en conocerlos.

  d Mucho gusto en conocerte.

1. **c**   2. **a**   3. **d**   4

Pronunciación

Spanish c

Before **a, o**, and **u**, Spanish **c** has a hard [k] sound. Listen and repeat.

      Caracas   cuarto   cómodo   muñeca

Before **e** or **i**, Spanish **c** actually has two pronunciations: it is pronounced like *th* in the English word *thing* in most parts of Spain, but like the sound [s] in the English word *hiss* in Hispanic America. These tapes will generally use the Hispanic American pronunciation. Listen and repeat.

      cenar   farmacia   César   sucio

The hard [k] sound before **e** or **i** is written as **qu** in Spanish. Listen and repeat.

      máquina   vaquero

Spanish x

In Spanish, **x** before a consonant is pronounced like the [s] sound in the English word *hiss*. Listen and repeat.

      expresión   excelente   explicación   excusa

When **x** appears between vowels, it sounds like the English *gs* or *ks* combination. Listen and repeat.

      exigente   exótico   examen   existencia

Spanish z

Spanish **z** appears before the vowels **a, o,** and **u,** but not before the other vowels. Like **c** before **e** or **i,** it has two pronunciations, but since the *ss* sound is used in most of the Spanish-speaking world, this is the pronunciation used on these tapes. Listen and repeat.

manzana   tiza   marzo   diez

You will hear a series of words. You will hear each word twice. Repeat each one and circle the letter or letters you think the word contains.

1. que / qui   3. c / z ✓   5. ce / que ✓   7. r / rr ✓

2. cu / ca ✓   4. g / x ✓   6. ch / c   8. que / ce

Gramática esencial

4.1 IRREGULAR PRESENT TENSE OF
conocer, saber, oír, poner, salir, traer, ver

A. ¿Quién? Listen to each phrase and cue. Restate the phrase as a complete sentence using the subject pronoun cue. There are three cues per phrase. Repeat the correct answer.

MODELO: conocer al primo José (tú) → Tú conoces al primo José.

Conozco
1. conocer a los nietos de Carlos   5. poner flores en la mesa
   a. ...   b. ...   c. ...   a. ...   b. ...   c. ...
2. no saber el nombre del perro   6. traer regalos para la familia
   a. ...   b. ...   c. ...   a. ...   b. ...   c. ...
3. ver a los abuelos los domingos   7. salir a comer los sábados
   a. ...   b. ...   c. ...   a. ...   b. ...   c. ...
4. oír música clásica
   a. ...   b. ...   c. ...

B. ¿Cuándo lo haces? Listen to each question two times, then answer the question using the cue. Repeat the correct answer.

MODELO: (¿Cuándo sales con tus amigos?) los viernes → Salgo con mis amigos los viernes.

1. por la noche   2. el día de la fiesta   3. mañana   4. los viernes   5. en clase

4.2 USES OF THE PREPOSITION a

A. First listen to and repeat each sentence, then listen to the cue. Restate the sentence with the cue. Be sure to include the word **a** if the cue words require it. Repeat the correct answer.

MODELO: Traigo *las flores.* (los tíos) → Traigo *a los tíos.*

a a mis padres
1. Traemos *a nuestros hijos.*   3. Veo *a unos perritos.*   5. La tía Rosa oye *las noticias.*
2. Conocemos *a sus primos.*   4. Ella ayuda *a su abuela.*
la ciudad

B. Listen to each question and answer negatively. Be sure to include the word **a** if the situation requires it. Repeat the correct answer.

MODELO: ¿Ayudas a tu hermana? → No, no ayudo a mi hermana.

1. ...   2. ...   3. ...   4. ...   5. ...   6. ...

4.3 IDIOMS WITH **hacer** AND **tener**

A. Listen to and answer each question negatively, using the following cues. Repeat the correct answer.

MODELO: (¿Tienes hambre?) sed → No, tengo sed.

1. comer
2. sueño
3. la frutería
4. 30 años
5. manzanas
6. calor

B. Listen to each statement. Create a logical question with **hacer** that might precede the statement. Repeat the correct answer.

MODELO: Sí, es verano. → ¿Hace calor?

1. ...   2. ...   3. ...   4. ...   5. ...

4.4 AFFIRMATIVE FAMILIAR COMMANDS

You've been given a list of things to do, but have found someone else you can make do them. Use familiar commands to tell this person what she or he needs to do. Repeat the correct answer.

MODELO: ir a la frutería → ¡Ve a la frutería!

1. ..   2. ...   3. ...   4. ...   5. ...   6. ...   7. ...   8. ...

Comunicación

A. **El gatito de Rosita.** Listen to Rosita's story twice. Then listen to each phrase based on this story and circle the letter of the words that best complete it.

1. a. me gustan los perros
    b. tengo diez años
    c. me gustan mucho los gatitos

2. a. siempre trae una sorpresa
    b. no viene hoy
    c. sale mucho con mi mamá

3. a. conversan mucho con mi tía
    b. salen a comer
    c. no salen de compras mucho

4. a. la sorpresa que trae su tía es un gatito
    b. la sorpresa es un perrito
    c. la tía no trae una sorpresa hoy

5. a. no aprende nada en la escuela
    b. saca buenas notas en la escuela
    c. es su gato favorito

B. **La familia es lo primero** (*the most important thing*). Listen to the conversation between Isabel and Rafa twice. Listen the first time for the gist. Listen a second time to answer the questions. Repeat the correct answer.

1. ¿Quién va a dar una fiesta mañana?
2. ¿A quién va a traer Rafa?
3. ¿Cuántas personas hay en la familia de Isabel?
4. ¿Cómo es la tía Mercedes?
5. ¿Por qué vive Julia en casa de Isabel?

C. Dictado: Las familias hispanas. You will hear a short paragraph about Hispanic families three times. The first time, listen for the gist. During the second reading, use the pauses to write each sentence in the space provided. Then listen again to check what you wrote.

_____

_____

_____

_____

_____

_____

D. Para ti. You will hear twice a series of questions about yourself. Answer them in complete Spanish sentences. No answers will be given on the tape.

1. ...   2. ...   3. ...   4. ...   5. ...

LECCIÓN 4

WORKBOOK

Gráficos

A. La visita de los parientes. Complete the following narration by writing in the word for each object or person numbered in the drawing. Fill in each lettered blank with the correct verb from the list.

conozco, hace, oigo, pongo, salgo, veo, vienen

The weather is good

Es domingo y mis parientes __vienen__ᵃ a comer a mi casa. __Hace__ᵇ muy buen tiempo

y yo __pongo__ᶜ la mesa en el patio. Pedro, mi esposo, está ayudando con la comida. Todo está

completo: el _____,¹ las _____,² los _____,³ las _____,⁴ las

_____⁵ y los _____.⁶ Bueno, los cubiertos no están completos. Tengo _____,⁷

_____⁸ y _____,⁹ pero no tengo cucharitas. Hay una _____¹⁰ con limonada

en la mesa y también _____¹¹ y _____.¹² También hay un _____¹³ español

delicioso.

_____ᵈ las puertas de un coche. Son los _____¹⁴ y la tía Carmen.

_____ᵉ a saludarlos (*greet them*). _____ᶠ que traen a su _____¹⁵

Pancho y a un _____¹⁶ nuevo que yo no _____.ᵍ Mis abuelos adoran a los

animales y adoptan animales frecuentemente.

B. Una invitación. Read the following dialogue between Marta and Estela and answer the questions that follow.

> *Marta habla por teléfono con su amiga Estela.*
>
> MARTA: ¿Vienes a comer a casa el sábado? ¿Sabes? Vienen mi primo Pedro y Carmen, la hermana de Pedro, con sus hijos Pepe, Juan y Susana.
> ESTELA: ¿Y Roberto, el esposo de Carmen?
> MARTA: ¡Ah! ¿Conoces a Roberto? Él no viene porque tiene que trabajar.
> ESTELA: Dime, ¿no vas a invitar a tu primo soltero, Carlos?
> MARTA: ¿Carlos? Pero… Carlos no es soltero. ¿No sabes que es casado y tiene dos hijos?
> ESTELA: ¡Es casado! ¡Qué lástima! (*What a pity!*) Bueno, ¿a qué hora tengo que estar en tu casa?
> MARTA: Pues… a las siete y media o a las ocho.
> ESTELA: ¡Estupendo! A las siete y media estoy en tu casa el sábado. Gracias por la invitación.

1. ¿Quiénes van a comer en casa de Marta el sábado?

    _____

2. ¿Quién es Roberto?

    _____

3. ¿Por qué no va Roberto a casa de Marta?

    _____

4. ¿Cómo se llaman los tres primos de Marta?

    _____

5. ¿Es soltero o casado Carlos?

    _____

6. ¿Por qué dice Estela «¡Qué lástima!»?

    _____

7. ¿A qué hora tiene que estar Estela en casa de Marta?

    _____

C. Crucigrama. Complete the crossword puzzle with the vocabulary word defined.

HORIZONTAL

1.   una mujer que no está casada
3.   para beber café
5.   animales domesticados preferidos por muchos
6.   para la mesa, antes de poner los platos
7.   el hijo de mi hijo
10. para servir agua u otra bebida
12. preparar o ____ la mesa
13. cuchara, cuchillo y tenedor

VERTICAL

1.   la hija de mi hermano
2.   hombre casado
3.   el padre de mi primo
4.   la madre de mi padre
8.   la hermana de mi padre
9.   para beber jugo o agua
11. para tener bebidas frías

D. ¿Qué hacemos? Fill in each blank with the most appropriate word from the list. Do not alter or repeat words from the list.

antes de	conozco	mientras	razón	tenemos
cada	después de	notas	sacar	tiempo
caminar	ganas de	para	sé	vamos
casi	hace	que	solo	vez

ANTONIO: ¿Qué hacemos _____[1] clase?

MARISA: Tengo _____[2] ayudar a mi abuelo. Le gusta _____[3] por la tarde pero tiene _____[4] noventa años y no le gusta salir _____.[5]

_____[6] dos días traigo a mi abuelo a un parque si _____[7] buen _____.[8]

ANTONIO: ¿A qué parque vais hoy?

MARISA: No _____,[9] pero creo que vamos al parque del centro otra _____.[10] Es su favorito.

ANTONIO: Sí, _____ ¹¹ el parque del centro. Es muy bonito. ¿ _____ ¹² al Restaurante Gómez después? Tengo _____ ¹³ comer comida mexicana.

MARISA: Está bien. Pero _____ ¹⁴ ir al restaurante, _____ ¹⁵ que aprender las palabras nuevas del vocabulario _____ ¹⁶ la clase de francés. Necesito _____ ¹⁷ buenas _____ ¹⁸ en la clase de francés.

ANTONIO: Tienes _____. ¹⁹ _____ ²⁰ estás en el parque con tu abuelo, voy a estudiar un poco.

Gramática esencial

4.1 IRREGULAR PRESENT TENSE OF conocer, saber, oír, poner, salir, traer, ver

A. Complete the following passages with the correct form of the appropriate verb in each case.

¿Quién pone la mesa?

FERNANDO: En mi familia, todos nosotros cooperamos y _____ ¹ la mesa. Yo _____ ² el mantel, Orlando _____ ³ los cubiertos y Adela y Pablito _____ ⁴ los vasos.

ANA: ¿Y no _____ ⁵ Uds. copas?

FERNANDO: Sólo cuando bebemos vino. ¿ _____ ⁶ tú copas en la mesa todos los días?

¿A qué hora salen?

En nuestra familia, todos _____ ⁷ del trabajo a horas diferentes. Yo _____ ⁸ a las cinco, tú _____ ⁹ a las siete, nuestros padres _____ ¹⁰ a las seis y Manuel _____ ¹¹ a las cinco y media.

¿Qué traen a la fiesta?

Esperanza y tú _____ ¹² el vino, tú _____ ¹³ el vino blanco y ella _____ ¹⁴ el vino tinto. Lili y yo _____ ¹⁵ enchiladas y yo _____ ¹⁶ también tamales. ¿Y Alicia y Fernando? Ellos _____ ¹⁷ el pan.

Oyendo la radio

Todos _____ ¹⁸ programas de música, pero oímos diferentes clases de música. La abuela _____ ¹⁹ música clásica, Francisco y Rolando _____ ²⁰ música de rock, tú _____ ²¹ jazz y yo _____ ²² música romántica.

Lo que vemos y lo que no vemos

—¿ _____ ²³ tú a la abuela? Yo sólo _____ ²⁴ el gato.

—¿ _____ ²⁵ vosotros al abuelo?

—Sí, y también _____ ²⁶ a Ciclón, su nuevo perro.

—¿ _____ ²⁷ ellos a toda la familia?

—No, Raúl _____ ²⁸ a los niños y Enrique y Juan _____ ²⁹ a los padres.

B. Complete the dialogue with the correct form of **saber** or **conocer.**

LOLA: Yoli, ¿ _____¹ tú a Pepín Guzmán?

YOLI: No, no _____² a Pepín, pero Alfredo, mi novio, _____³ a su hermano

Gonzalo. (Yo) _____⁴ que Pepín y Gonzalo viven con su madre.

LOLA: ¿Y _____⁵ en qué calle viven?

YOLI: Alfredo _____⁶ dónde viven. ¿Deseas ir con Alfredo a casa de los Guzmán?

Él _____⁷ muy bien la ciudad.

4.2 USES OF THE PREPOSITION a

Fill each blank with **a** wherever needed.

Mis abuelos tienen _____ nueve nietos, pero no conocen _____ todos sus nietos, porque dos nietos viven

en Guayaquil. En el verano, ellos van _____ ir _____ Guayaquil _____ visitar _____ su hijo José, para ver

_____ sus nietos. Mis abuelos son de Quito y no conocen _____ Guayaquil. Van en automóvil, porque mi

abuela detesta _____ los autobuses. Ellos van _____ invitar _____ Germán _____ ir con ellos. Mis abuelos

adoran _____ los gatos, pero no llevan _____ su gato Pancho a Guayaquil.

4.3 IDIOMS WITH hacer AND tener

A. **¿Qué tiempo hace?** For each item, write a sentence using the most appropriate **hacer** idiom.

1. Estamos en San Juan, Puerto Rico, en el mes de junio.

   _____

2. Hay un ciclón. Los árboles se caen (*fall down*).

   _____

3. Estoy en Chicago en el mes de diciembre.

   _____

4. Estás en la playa (*beach*) y estás muy rojo.

   _____

B. **¿Qué tienen?** Complete with the appropriate **tener** idiom.

1. Aquí en su pasaporte veo que Ud. _____ 27 _____.

2. Yo digo que en la Ciudad de México hay mucho tráfico. Tú dices que no. Yo _____.

3. Son las tres menos cinco y la clase de Juanita es a las tres. Juanita _____.

4. Tú pones unas copas muy finas y frágiles en la mesa. Yo te digo: «_____.»

5. Mi tía Susana no quiere ver películas de horror en el cine. Ella _____.

6. Mi primo Luis lleva pantalones cortos y no lleva camisa. Él _____.

7. Mi tía Adela lleva dos suéteres, una chaqueta y un abrigo. Ella _____.

8. Mi sobrinito Arturo bebe dos vasos de limonada y dos vasos de Coca-Cola. Él _____.

9. Estoy muy cansado después de trabajar ocho horas en el almacén. Pero tengo examen mañana. No

   _____.

10. Voy a la cama (*bed*). Son las doce. Estoy muy cansada y _____.

4.4 AFFIRMATIVE FAMILIAR COMMANDS

La cena. Fill in each blank with the familiar command of the verb in parentheses.

Olga, (venir) _____[1] a ayudar con la comida. (Poner) _____[2] una jarra con agua

en la mesa, (traer) _____[3] las servilletas y (hacer) _____[4] el café. Después (ir)

_____[5] a comprar frutas. Si oyes a los parientes en la puerta, (salir) _____[6] a

abrir y (decir) _____[7]: «Buenas noches».

PARA RESUMIR Y REPASAR

A. Un perrito para Carmina. Fill in each blank with the correct form of **ser, estar, tener,** or **hacer.**

Hoy _____[1] fresco y mucho sol, y Elena y Claudia _____[2] ganas de ir de

compras. Van a la tienda de animales La Mascota que _____[3] en la calle San Rafael.

_____[4] una tienda muy grande y los empleados _____[5] muy ocupados porque

hay muchos clientes hoy. Elena _____[6] una buena tía y hoy _____[7] buscando un

perrito para su sobrina Carmina, que _____[8] diez años. Claudia _____[9] miedo

de los perros y dice que los gatitos _____[10] muy monos. Elena no _____[11] de

acuerdo. Claudia _____[12] sed y sale a comprar un refresco mientras Elena escoge un

perrito. En el café, Claudia ve a Ramón y a Miguel, dos primos de Carmina. Ramón y Miguel

_____[13] hermanos. Ramón _____[14] casado y _____[15] el padre

de Carmina. Miguel _____[16] soltero, y no _____[17] hijos. _____[18]

enamorado de Marta, una amiga de Ramón. Miguel y Ramón _____[19] tomando vino en el

café cuando llega Claudia. Invitan a Claudia a tomar vino, pero Claudia dice que no porque

_____[20] prisa. Después de comprar su refresco, Claudia sale y ve a Elena con dos perros.

«Tú _____[21] que ayudarme, Claudia. ¿Cuál compro?»

Comunicación

A. Las mascotas. Read the following ad and then answer the questions.

VOCABULARIO ÚTIL

a la venta	*for sale*
cuidarlos	*to take care of them*
debe	*you should*
entérese	*find out*
le interesarán	*will interest you*
mascota	*pet*
mimosos	*pampered ones*
muestras de cariño	*signs of affection*
otras tantas	*many other*
seleccionarlos	*to select them*

Mimosos

Aprenda todo lo que debe saber sobre los perros y gatos en LOS ANIMALES DOMÉSTICOS: CÓMO SELECCIONARLOS Y CÓMO CUIDARLOS, ¡el único libro sobre su animal preferido!

Entérese cómo seleccionar una mascota, qué cuidados darle, qué muestras de cariño necesita, cómo comunica sus sentimientos y otras tantas cosas que le interesarán.

LOS ANIMALES DOMÉSTICOS CÓMO SELECCIONARLOS Y CÓMO CUIDARLOS

¡Ya está a la venta!

LAD/01-91

1. ¿Comó se llama el libro?

   _____

2. ¿Cuál es el subtítulo del libro?

   _____

3. ¿Qué aprende Ud. a seleccionar?

_____

4. ¿Qué aprende Ud. sobre el cariño?

_____

5. ¿Qué va a aprender Ud. sobre los sentimientos de su mascota?

_____

6. ¿Dónde está el perrito de la izquierda?

_____

7. En su opinión, ¿está cómodo o incómodo el perrito?

_____

8. ¿Qué tiene Ud. de mascota? ¿Es mimoso o mimosa?

_____

B. **Mis tíos y mis primos.** Express the following sentences in Spanish.

I have to go to the fruit store, but I don't feel like going.

_____

_____

"Leave now!"—says my mother.—"We need apples and oranges."

_____

_____

"Your uncle and aunt and your three cousins are coming for (a) dinner."

_____

_____

My older cousin is sixteen and my younger cousin (*f.*) is six. She is learning to read and write.

_____

_____

I know my cousins like apples and oranges very much. My mother is right. I have to go now.

_____

_____

C. **Para ti.** Use the following expressions with **tener** to describe yourself and your activities.

1. Hoy tengo que _____.

2. No tengo ganas de _____.

3. Tengo razón porque _____.

4. Tengo mucha prisa porque _____.

5. Tengo _____ años.

La comida que me gusta

LECCIÓN 5

LABORATORY MANUAL

Gráficos

A. La comida que compramos. Study the following drawing. You will hear statements about some of the lettered items. Write down the letters that correspond to the items you hear.

1. _____   5. _____   8. _____

2. _____   6. _____   9. _____

3. _____   7. _____   10. _____

4. _____

B. Preguntas y respuestas. Listen to each question twice, then circle the letter of the most appropriate answer.

1. a. En el carrito de las compras.

   b. En el supermercado.

   c. En la tienda de animales.

2. a. Necesitas aceite.

   b. Compra panecillos.

   c. Necesitas una botella.

3. a. Lechuga y helado de chocolate.

   b. Vino y cerveza.

   c. Café y un panecillo con mermelada.

4. a. Porque es glotón.

   b. Porque trabaja en la tienda de don Fermín.

   c. Porque saca buenas notas.

C. Anita's grandmother left a message on her answering machine while she was out. She wants Anita to bring her a few groceries. Make a list of the things she needs from the different markets. Be sure to write each item under the appropriate heading. You may need to listen to the message more than two times.

1. FRUTAS	2. VERDURAS	3. CARNE/PESCADO	4. CONDIMENTOS
_____	_____	_____	_____
_____	_____	_____	_____
_____	_____	_____	_____

Situaciones

Listen to each line, then circle **cliente** if it is spoken by a customer and **camarero** if it is spoken by the waiter. Listen a second time and circle the correct letter to indicate if the line was spoken (a) to take or give the order, (b) during the middle of the meal, (c) at the end of the meal.

1. cliente   camarero   /   a   b   c   5. cliente   camarero   /   a   b   c

2. cliente   camarero   /   a   b   c   6. cliente   camarero   /   a   b   c

3. cliente   camarero   /   a   b   c   7. cliente   camarero   /   a   b   c

4. cliente   camarero   /   a   b   c

Pronunciación

Intonation Patterns

Most declarative statements in Spanish rise in intonation up to the first stressed syllable and hold steady until the last stressed syllable of the sentence; then the tone drops noticeably. For example:

La señorita no sabe quién es la profesora.

A. Repeat the statements you will hear. Imitate the intonation patterns of the speakers.

1. Yo sé que Juan no viene.
2. Isabel trae los platos a la mesa.
3. Mercedes no oye las noticias.

4. No sale hoy con los amigos.
5. Todos trabajamos en casa.

Interrogative statements in Spanish rise in intonation up to the first stressed syllable and hold steady until the last stressed syllable; then the tone goes up once more. For example:

¿Conoce Albuquerque la señora Moreno?

B. Repeat these questions after the speakers.

1. ¿Ud. no sabe que Carmen es mi prima?
2. ¿Es necesario acompañar a tu tía Margarita?
3. ¿Son Pedro y María los hijos de Ramón?
4. ¿Por qué no sales de casa ahora?
5. ¿Por qué no compran Uds. la ropa en los almacenes?

C. When you hear the number cue on the tape, say each of the following statements aloud. Use the appropriate intonation pattern. After you have read each statement or question, wait for the speaker to say it. Then repeat the sentence, imitating the speaker as closely as possible.

1. ¿Sabe Ud. que Juan es mi nieto?
2. No traemos los periódicos para Uds.
3. Don Tomás es el abuelo de Enrique.
4. ¿Por qué no sales de casa ahora?
5. ¿No compran Uds. la ropa en los almacenes?

D. You will hear a series of questions and statements twice. Repeat each one and then check the appropriate space to indicate whether the sentence is declarative or interrogative.

	DECLARATIVE	INTERROGATIVE
1.	❑	❑
2.	❑	❑
3.	❑	❑
4.	❑	❑
5.	❑	❑

Gramática esencial

5.1 THE PRETERITE

¿Quién lo hizo? Listen to each phrase and cue, then restate the phrase using the cue as the subject and the preterite tense of the verb. Repeat the correct answer.

MODELO: desayunar a las ocho (tú) → Tú desayunaste a las ocho.

1. correr al supermercado
   a. ... b. ... c. ...

2. gastar mucho dinero
   a. ... b. ... c. ...

3. cocinar una cena deliciosa
   a. ... b. ... c. ...

4. pagar diez dólares por los camarones
   a. ... b. ... c. ...

5. cruzar la calle con cuidado
   a. ... b. ... c. ...

6. discutir con el comerciante
   a. ... b. ... c. ...

5.2 IRREGULAR PRETERITES: **hacer, venir, dar, ir, ser**

A. La fiesta del sábado. Listen to each question and cue, then respond using the cue as the answer. Repeat the correct answer.

MODELO: ¿Quién hizo la comida? (todos nosotros) → Todos nosotros hicimos la comida.

1. ¿Quién dio la fiesta?
2. ¿Quién fue al supermercado?
3. ¿Qué plato te gustó más?

4. ¿Qué chicas vinieron a la fiesta?
5. ¿Quién hizo el café?

B. Hablando de la fiesta. Listen to each sentence and subject cue. Restate the sentence using the cue as the subject. Repeat the correct answer.

MODELO: Tres personas vinieron a las nueve. (Esteban) → Esteban vino a las nueve.

1. Yo hice invitaciones para la fiesta.
2. Uds. les dieron las invitaciones a los amigos.
3. Luisa vino temprano.
4. Alfredo y Chicho fueron puntuales.
5. Yo también fui puntual.
6. Chicho fue a comprar cerveza.

5.3 SHORTENED ADJECTIVES

La cena de Pablito. Listen to each sentence and the adjective that follows, then restate the sentence, placing the adjective before the underscored noun and making the necessary changes to the adjective. Repeat the correct answer.

MODELO: Pablito dio una <u>cena</u> para sus amigos. (grande) →
Pablito dio una gran cena para sus amigos.

1. El <u>plato</u> que preparó Pablito fue una ensalada de camarones.
2. Es la <u>vez</u> que como camarones en casa de Pablito.
3. Con los camarones bebimos un <u>vino</u>.
4. Pero mi amigo Rolando tiene un <u>problema</u>: tiene alergia a los mariscos.
5. Por eso, fue una <u>idea</u> preparar camarones.

5.4 **Por** AND **para** CONTRASTED

Listen to each sentence, then to the phrase cue that follows it. Restate the sentence by completing it with **por** or **para** followed by the phrase cue. Repeat the correct answer.

MODELO: compré atún y verduras (la cena) → Compré atún y verduras para la cena.

1. fui al mercado
2. no vendieron carne
3. tengo que comprar la comida

4. hice un gran desayuno
5. pagamos una barbaridad
6. fuimos a la frutería

Comunicación

A. Listen to the new word and narration two times. Listen the first time for the gist. Listen a second time to answer the questions. Repeat the correct answer.

VOCABULARIO ÚTIL

como   *like, as*

1. ¿A quién vio el narrador en la ventana?
2. ¿Cuál fue el primer plato?
3. ¿Cuál fue el plato principal?
4. ¿Cuándo vino la ensalada?

5. ¿Qué no vio el narrador en la mesa?
6. ¿Cuál fue el postre?
7. ¿Qué bebieron todos?
8. ¿Por qué no tomó café el narrador?

B. Las compras de Alma Luz. Listen two times to Alma Luz describe her trip to the store and to the questions about it. Write the answer to each question.

1. _____

2. _____

3. _____

4. _____

5. _____

C. Dictado: ¡Qué rico es comer en un restaurante! You will hear a short paragraph about food three times. The first time, listen for the gist. During the second reading, use the pauses to write each sentence in the space provided. Then listen again to check what you wrote.

_____

_____

_____

_____

_____

_____

D. Para ti. You will hear a series of phrases twice. Complete each one as it applies to you. No answers will be given on the tape.

1. ...   2. ...   3. ...   4. ...   5. ...

LECCIÓN 5

WORKBOOK

Gráficos

A. En la bodega y la frutería. Complete the following two passages by writing in the names of the items numbered in the drawing.

En la bodega de don Fermín

Lupita va a preparar una gran cena para sus amigos mañana. Ahora está con su lista en la bodega de

don Fermín. No sabe si va a hacer un plato típico cubano de _____[1] negros o una sopa de

_____.[2] Compra las dos cosas para decidir en casa. Para la ensalada, necesita _____,[3]

_____[4] y _____.[5] Va a preparar un coctel de _____,[6] _____[7] y

_____[8] fritas. A Tina no le gusta el _____;[9] es mejor tener _____[10] como

plato principal. Pero… Ramiro y Lucy son vegetarianos. ¡La solución es servir _____[11]!

En la frutería Siboney

Los clientes de Siboney no sólo compran frutas para llevar a casa: también comen frutas y beben jugos

aquí. Antonio, el dependiente, preparó un jugo de _____¹² para una señora y una ensalada

de frutas para mí. Está deliciosa. Tiene _____,¹³ _____,¹⁴ _____,¹⁵

_____,¹⁶ _____¹⁷ y _____.¹⁸

B. Pili va al supermercado. Read the dialogue between Pili and Mili. The series of statements that follow the dialogue are all false. Correct them.

PILI: ¡Gasté mil pesos en el supermercado! ¡Una barbaridad!

MILI: Sí, los comestibles subieron mucho.

PILI: Pero compré todos los comestibles de la lista: huevos, panecillos y mermelada para el desayuno…

MILI: ¿Y cereal? Yo siempre desayuno cereal con leche fría.

PILI: También cereal. Aquí está.

MILI: Sí, veo también en la bolsa un paquete de harina, una botella grande de aceite y varias latas de sopa. Pero no compraste camarones.

PILI: Los camarones son muy caros. No somos ricas, Mili.

MILI: Pero son mi comida favorita.

PILI: También te gusta el pollo y compré uno.

MILI: ¡Y el helado! Aquí veo un delicioso helado de chocolate. Esta noche vamos a tener helado de postre.

1. Pili sólo gastó un poco en el supermercado.

   _____

2. Pili compró mantequilla para el pan del desayuno.

   _____

3. Pili compró un paquete de aceite, una lata de harina y varias botellas de sopa.

   _____

4. Pili pagó cien pesos por los camarones.

   _____

5. Mili dice que la comida está barata.

   _____

6. Mili siempre desayuna huevos fritos con jamón.

   _____

7. A Mili sólo le gustan los camarones.

   _____

8. Mili va a comer helado de fresa esta noche.

   _____

C. El menú. Big meals are sometimes served in courses. Plan a seven-course menu using the cues. List at least four items you may need to make or serve each course.

primer plato (un líquido caliente): _____

segundo plato (mariscos): _____

tercer plato (verduras): _____

cuarto plato (carne): _____

quinto plato (ensalada verde): _____

sexto plato (frutas): _____

séptimo plato (postre): _____

Gramática esencial

5.1 THE PRETERITE

Una cena para nuestros amigos. Complete the following story with the correct preterite form of the indicated verbs.

Mamá y yo (invitar) _____[1] a unos amigos a cenar hoy. Por la mañana ella y yo

(salir) _____[2] de casa para desayunar en un café. Ella (tomar) _____[3]

solamente un café con leche, pero yo (desayunar) _____[4] huevos, frijoles y tostadas

con mermelada.

Después (gastar) _____[5] una barbaridad en el supermercado. Yo (pagar)

_____[6] por los ingredientes para la cena. (Nosotros: Entrar) _____[7] en la

tienda de don Fermín y (hablar) _____[8] con él de los precios de los comestibles. «¿Por qué

(subir) _____[9] el precio de las verduras?», (preguntar) _____[10] yo. «No

(subir) _____[11] los precios de todas las verduras. La lechuga está más cara porque

hay una sequía (*drought*)». Nosotros (discutir) _____[12] mucho y cuando (yo: mirar)

_____[13] el reloj era (*it was*) casi la hora de comer.

Mamá y yo (correr) _____[14] a casa y ella (cocinar) _____[15] la cena

rápidamente. Los amigos (subir) _____[16] al apartamento a las ocho en punto y todos

(comer) _____[17] a las ocho y media. Mamá (preparar) _____[18] un delicioso

postre de frutas. Ella sabe cocinar bien.

5.2 IRREGULAR PRETERITES: **hacer, venir, ir, ser**

A. ¿Quién hizo qué? Complete the following minidialogue by filling in each blank with the appropriate preterite form of **hacer** or **ser**.

AMANDA: Orlando, ¿quién _____ el artista que _____ el postre?

ORLANDO: Rolando _____ el postre; yo sólo _____ el café.

AMANDA: Pero vosotros dos _____ juntos la ensalada, ¿verdad?

ORLANDO: Sí, y también _____ la sopa. Carmita y Elena _____ los otros

platos. Las expertas en la cocina _____ Carmita y Elena.

B. ¿Por qué no vinieron? Roberto is having a party and some of his friends are not here. Complete his inquiries by filling in each blank with the correct preterite form of **venir** or **ir.**

ESTEBAN: ¿Dónde están Arturo y Celia? ¿Por qué no _____[1] a mi fiesta?

LUIS: Arturo no _____[2] porque _____[3] a ver a doña Paula. Celia está

aquí. Celia y yo _____[4] juntos.

ESTEBAN: ¿Celia y tú _____[5] juntos? ¿Por qué no _____[6] tú con tu novia

Rosita?

LUIS: Esta noche, Rosita y su hermano _____[7] a la casa de Fernando. Por eso yo

_____[8] a tu fiesta con Celia.

ESTEBAN: …y no (tú) _____[9] con Rosita.

LUIS: Pues no. Rosita y yo _____[10] juntos al cine anoche. ¡Pero tenemos muchos

problemas!

5.3 SHORTENED ADJECTIVES

Mi gran amigo Rafael. Complete the paragraph by filling in each blank with the correct form of the adjective in parentheses.

La (primero) _____[1] vez (*time*) que hablé con Rafael, no me gustó. Ahora veo que él no

es un (malo) _____[2] joven. Fausto dice que Rafael y él son (bueno) _____[3]

amigos desde (*since*) el (primero) _____[4] grado de la escuela. Yo opino que Rafael es una

(grande) _____[5] persona. Él siempre invita a sus amigos a (bueno) _____[6] cenas

en su casa cuando prepara unas paellas (grande) _____.[7] Rafael no es un (bueno)

_____[8] amigo porque da ricas cenas; es un (grande) _____[9] amigo porque

es muy simpático.

5.4 **Por** AND **para** CONTRASTED

Un gran atún. Complete the following sentences with **por** or **para.**

Isabel fue _____[1] la calle León _____[2] comprar pescado. Buscó un gran atún

_____[3] una cena _____[4] Raúl y Marta, unos buenos amigos que no comen carne.

_____[5] las seis tiene que estar en casa _____[6] cocinar. Normalmente, ella no cocina

_____[7] los amigos, pero Raúl y Marta sólo están en Puerta Plata _____[8] unos días.

_____[9] celebrar bien la visita de ellos, Isabel insiste en hacer pescado _____[10]

ellos. Ella encontró un buen atún en la pescadería (*fish store*) de Juan Alonso y pagó casi treinta dólares

_____[11] él. «_____[12] Dios», dijo ella. «¡_____[13] ese (*that*) precio, invito

a mis amigos a cenar en un restaurante!»

PARA RESUMIR Y REPASAR

A. Las compras de doña Rosa. Complete the following passage with the appropriate forms of **ser** or **estar**.

Doña Rosa vive en Nueva York, pero _____[1] de Cuba y siempre habla en español con

sus hijos. En la familia Álvarez, todos _____[2] bilingües.

Hoy doña Rosa _____[3] cansada porque pasó dos horas en el supermercado. Algunas

compras todavía _____[4] en el carrito. Loli _____[5] la hija de doña Rosa y ahora

_____[6] poniendo algunas cosas en el refrigerador. El helado que compró doña Rosa

_____[7] de fresa y Loli comenta que Pepito _____[8] un glotón y comió todo el

helado anoche. Por eso Pepito _____[9] un poco enfermo hoy.

Doña Rosa _____[10] protestando porque los precios subieron mucho. Ella

_____[11] triste y dice: «¡Todo _____[12] muy caro!»

El paquete de harina que compró doña Rosa _____[13] pequeño, pero _____[14]

suficiente para hacer un postre.

Loli dice que los plátanos fritos _____[15] el plato favorito de su papá y que

_____[16] muy ricos.

_____[17] tarde. El padre de Loli _____[18] muy ocupado en el trabajo y no va

a _____[19] en casa antes de las siete. «No importa (*It doesn't matter*)», dice doña Rosa. «La

comida va a _____[20] lista a las siete y media.»

B. Mi rutina diaria. Fill in each blank with the first person present tense of the verb in parentheses.

Todos los días, (salir) _____[1] de mi casa a las ocho y (ir) _____[2] a comprar el

periódico. (Traer) _____[3] también pan para el desayuno. A veces también compro fruta.

(Conocer) _____[4] bien mi barrio y (saber) _____[5] dónde venden fruta buena y

barata. Si no (tener) _____[6] tiempo, le (dar) _____[7] el dinero a mi hermano y él va

a la tienda. Mientras (hacer) _____[8] el café, (poner) _____[9] la radio y (oír)

_____[10] un poco de música.

C. Una cena desastrosa. Complete the paragraph by filling in each blank with the correct form of the most appropriate word in parentheses. Use the preterite tense for all verbs.

La cena (ser/estar) _____[1] un desastre anoche. Yo (ir/cocinar) _____[2] de compras

por la mañana con mi hermana Luisa. Nosotras (comprar/vender) _____[3] todas las cosas de

la lista (por/para) _____[4] ochenta y cinco dólares. (Por/Para) _____[5] mí, ése (*that*) (ser/estar) _____ [6] un (bueno) _____ [7] precio, pero mi hermana (decir/mirar)

_____ [8] que nosotros (ganar/gastar) _____ [9] demasiado. Nosotras (ir/ver)

_____ [10] a casa (por/para) _____ [11] preparar la comida, pero mi hermana y yo

(desayunar/discutir) _____ [12] (por/para) _____ [13] dos horas sobre el dinero que

yo (pagar/poner) _____ [14] en la tienda. Luisa (salir/subir) _____ [15] de mi casa

furiosa. (Por/Para) _____ [16] eso, yo (ser/tener) _____ [17] que cocinar sola. Yo

(correr/terminar) _____ [18] tarde y los invitados (*guests*) (decir/venir) _____ [19]

temprano. Pero el (grande) _____ [20] problema (ser/estar) _____ [21] que ¡yo (comer/

hacer) _____ [22] una cena de carne de res, chuletas de cerdo y de cordero para vegetarianos!

Comunicación

A. Las ofertas de un supermercado. Read carefully this ad from Publix supermarket in Miami and then answer the questions that follow.

VOCABULARIO ÚTIL

afrecho	*bran*		pasas	*raisins*
cocido	*cooked*		repostería	*pastry shop*
congelado	*frozen*		sabores	*flavors*
c/u: cada uno	*each*		surtidos	*assorted*
descubra	*discover*		trozo	*chunk*
gusto	*taste*		vigentes	*in effect*
lasqueado	*sliced*		víveres	*food*
melones de Castilla	*canteloupes*			

1. ¿Cuáles son los melones más caros? ¿Cuáles prefiere Ud.?

   _____

2. ¿De dónde vienen los melones de Castilla?

   _____

3. ¿Qué clases de carnes hay aquí? Mencione dos.

   _____

4. ¿Cuáles de estos productos vienen en una botella? ¿en una bolsa? ¿en una caja? ¿en un paquete?

   _____

5. ¿Cuáles de estos productos son para el desayuno?

   _____

6. ¿En qué fecha estuvieron vigentes estos precios?

   _____

B. El vegetarianismo. Express in Spanish the following dialogue between you and your best friend regarding food preferences.

1. I didn't eat those pork chops. I am a vegetarian (**vegetariano/a**).

   _____

2. Vegetarian? I saw that (**que**) you ate lasagna at María's house on Saturday.

   _____

3. The lasagna didn't have meat!

   _____

4. That's not true. María used a lot of meat in the dish.

   _____

5. For heaven's sake. That's why I didn't like it.

   _____

C. Para ti. Use the preterite form of the verbs to describe what you did the last time you had friends over for dinner.

1. (comprar) _____

2. (gastar) _____

3. (ir) _____

4. (ser) _____

5. (hacer) _____

D. ¡A escribir! Una cena magnífica. On a separate sheet of paper, write a brief composition about the last special meal you or someone you know prepared. Build your composition by including some or all of the following information.

- Who prepared the meal? What was the occasion?
- Who went to the store to buy the food needed? What items were needed?
- Did anyone help prepare the meal? Set the table?
- What dishes were prepared?
- What beverages were there?
- Where and what time was the meal served?
- Who came to dine?
- Was the food good? Interesting?

Viaje por el mundo hispánico: Colombia y Venezuela

A. Asociaciones. Fill in each blank in column A with the most appropriate letter from column B.

A	B
1. _____ más de treinta millones de habitantes	a. J. C. Ángel
2. _____ la catarata más alta del mundo	b. José Asunción Silva
3. _____ Parque Nacional de Canaima	c. luciérnagas
4. _____ 5 de julio	d. Colombia
5. _____ Santa Fe de Bogotá	e. los tepuys
6. _____ las alturas de los tepuys	f. Salto Ángel
7. _____ poeta muy famoso	g. independencia colombiana
8. _____ «moscas» nocturnas fantásticas	h. evolución independiente de millones de años
9. _____ una noche llena	i. capital colombiana
10. _____ 20 de julio	j. de perfumes, de murmullos y de música de alas
11. _____ piloto famoso	k. independencia venezolana

B. No es cierto. Each of the following statements is false. Rewrite each sentence with the correct information.

1. Colombia tiene un área de un millón, ciento treinta y ocho mil, novecientas cuarenta millas cuadradas.

    _____

    _____

2. Veintiún millones, cincuenta mil personas viven en Venezuela.

    _____

    _____

3. Mil metros son 3.000 pies.

_____

_____

4. En el poema «Una noche» el hombre caminaba solo.

_____

_____

5. Muchos plantas e insectos que viven en el Amazonas son el resultado de una evolución independiente y tienen que vivir en el clima tropical de la selva.

_____

_____

_____

_____

6. J. C. Ángel buscó por muchos años una ciudad de oro.

_____

_____

Prueba de práctica

A. Los verbos. Cambie al pretérito.

1. Gasto demasiado. _____

2. ¿Verdad? Yo, no. No compro nada. _____

3. Entonces, ¿por qué vas allí? _____

4. ¡Porque me invitas tú! _____

5. ¡Ah, sí! ¿Y qué hace tu hermana? _____

6. Yo no sé por qué no va ella. _____

B. ¿Por o para? Escriba la palabra apropiada.

MARÍA: ¡_____ [1] Dios! ¿Dónde está Carmen?

GRACIELA: Está en el campo _____ [2] unos días.

MARÍA: Pero, ¿_____ [3] qué? Dímelo, _____ [4] favor.

GRACIELA: Necesita mucha tranquilidad. Tiene que terminar su novela _____ [5] el día 15.

MARÍA: ¿Eso es urgente? ¿No puede hablarme _____ [6] teléfono _____ [7] lo menos?

GRACIELA: María, es que está en el campo _____ [8] no verte a ti.

C. Frutas y legumbres. Ponga una **X** al lado de las frutas y legumbres rojas.

1. _____ la fresa
2. _____ la cebolla
3. _____ la sandía
4. _____ la manzana
5. _____ la piña

6. _____ el maíz
7. _____ el pimiento
8. _____ la pera
9. _____ la patata
10. _____ la lechuga

D. Vocabulario. ¿Qué palabra no corresponde a las otras dos?

1. _____   a. pollo   b. pavo   c. pescado
2. _____   a. caja   b. aceite   c. lata
3. _____   a. pastel   b. postre   c. pan
4. _____   a. almuerzo   b. azúcar   c. desayuno
5. _____   a. arroz   b. papa   c. patata

E. Complete. ¿Qué palabras de la columna B completan las frases de la columna A?

A	B
1. _____ el carrito...	a. las compras
2. _____ la carne...	b. supuesto
3. _____ hacer...	c. de las compras
4. _____ el café...	d. solo
5. _____ por...	e. de cordero

Mi casa

LABORATORY MANUAL

Gráficos

A. El nuevo apartamento de la familia Pérez. Study the drawing of this apartment. You will hear statements about some of the items. Write down the letter that corresponds to the item you hear.

1. _____   5. _____   9. _____

2. _____   6. _____   10. _____

3. _____   7. _____   11. _____

4. _____   8. _____   12. _____

B. You will hear a series of commands twice. Circle the letter of the statement you associate most closely with each.

1.
   a. La escoba está ahí.
   b. Ayer estuve enferma.
   c. Descanse un poco ahora.

2.
   a. No haga la cama ahora.
   b. Si llaman, no estoy en casa.
   c. Estoy haciendo chuletas para la cena.

3.
   a. La cocina es de gas.
   b. La aspiradora no funciona.
   c. Esa mesa está muy sucia.

4.
   a. ¡Y haz la cama antes de salir!
   b. Cambie la bombilla.
   c. Hay libros en el sofá.

C. A friend is helping you move in. He asks where to put several things. Listen to each question twice, then answer using the most logical phrase from the list. Repeat the correct answer.

en la cocina   en el dormitorio   en la sala
en la lámpara   en el estudio (*study*)

1. ...   2. ...   3. ...   4. ...   5. ...   6. ...   7. ...   8. ...   9. ...   10. ...

Situaciones

Listen to and repeat the following phrases used to accept or decline invitations. Then listen to the invitations and decide whether or not you would like to or can go. Accept or decline the invitations using one of these expressions.

PARA ACEPTAR UNA INVITACIÓN

Gracias, me gustaría mucho.
Sí, perfecto. ¿A qué hora?

PARA DAR UNA EXCUSA

Lo siento, pero estoy muy ocupado. Tengo que...
Me gustaría mucho pero ya tengo planes. Otro día, ¿eh?

1. ...   2. ...   3. ...   4. ...   5. ...

Pronunciación

A. Repeat these words after the speaker. Note that items 9–12 do not contain diphthongs.

1. baile
2. auto
3. veinte
4. estudia
5. también
6. gracioso
7. ciudad
8. triunfo
9. María
10. dúo
11. Rafael
12. Bilbao

B. Repeat these short sentences after the speaker. The diphthongs are underscored. Be particularly careful with them.

1. Alicia es una muchacha italiana.
2. Diego es mi amigo uruguayo.
3. Carmen Miura no habla inglés.
4. Maité viene con Juan.
5. El señor Siqueiros vive en la Ciudad de México.

Gramática esencial

6.1 IRREGULAR PRETERITES: **decir, traer, poner, saber, estar, tener**

A.   ¿Quién hizo eso? Listen to each question, then listen to each cue, and answer using the cue as the subject. Repeat the correct answer.

MODELO: ¿Quién dijo que no? (yo) → Yo dije que no.

1. ¿Quién estuvo en el cuarto de Perla?
   a. ... b. ... c. ...

2. ¿Quién tuvo que estudiar anoche?
   a. ... b. ... c. ...

3. ¿Quién trajo la máquina de escribir?
   a. ... b. ... c. ...

4. ¿Quién puso esos libros en la cama?
   a. ... b. ... c. ...

B. Listen to each sentence, then to the cue. Restate the sentence in the past, using the cue and the preterite form of each verb. Repeat the correct answer.

MODELO: Juan no *trae* nada. (ayer) → Juan no trajo nada ayer.

1. *Tengo* que preparar un informe.
2. *Sé* que *llamas* por teléfono.
3. *Pones* la aspiradora en el ropero.

4. Don Tomás *dice* que *tiene* que salir.
5. *Sabemos* que *estás* enfermo.

6.2 POLITE COMMANDS; NEGATIVE FAMILIAR COMMANDS

A. Lorenzo el impaciente. Lorenzo doesn't understand why people don't just do the things they want or need to do, or simply decide not to do them. Use polite commands to give Lorenzo's responses to the following comments. Repeat the correct answer.

MODELOS: Me gusta comer en la cocina. → Pues, ¡coma en la cocina!

No deseamos comer en la cocina. → Pues, ¡no coman en la cocina!

1. Necesito hacer la cama.
2. Tenemos que traer el sillón.
3. Quiero salir temprano por la mañana.
4. No tenemos ganas de hablar con el cliente.
5. No quiero ir a la casa.
6. Necesito pagar con pesetas.
7. No me gusta decir la verdad.
8. Necesitamos poner el estante en la sala.
9. No tenemos ganas de venir al trabajo el sábado.
10. Deseo poner el mantel para la cena.

B. Una persona contradictoria. Whenever Rocío asks her roommate Luisa to do something, Estela, her other roommate, asks her to do just the opposite. Imagine that you are Estela and give Luisa negative commands every time you hear an affirmative command on the tape. Repeat the correct answer.

MODELO: Oye las noticias en el radio. → No oigas las noticias en el radio.

1. ... 2. ... 3. ... 4. ... 5. ... 6. ... 7. ...

6.3 DEMONSTRATIVE ADJECTIVES AND PRONOUNS

A. Repeat each sentence. Then restate the sentence by substituting the indicated words with the cue, making any necessary changes. Repeat the correct answer.

MODELO: Lavo este *plato*. (copa) → Lavo esta copa.

1. Limpio esta *alfombra*.
2. Descansamos en ese *dormitorio*.
3. Usamos aquella *cocina de gas*.
4. No me gustan estas *mesas*.
5. Ella no lava aquellas *ventanas*.

B. Repeat the same steps as in exercise A, making sure to change the demonstrative pronoun to the appropriate form.

MODELO: Yo limpio este *apartamento*, pero aquél no. (habitación) →
Yo limpio esta habitación, pero aquélla no.

1. Ella limpia esta *casa*, pero ésa no.
2. Busco ese *televisor*, pero aquél no.
3. Apague aquella *lámpara*, pero ésta no.
4. Compren este *sofá*, pero aquél no.
5. Me gusta aquel *cuarto de baño*, pero éste no.

Comunicación

A. Felisa y Julián buscan apartamento. Listen twice to the vocabulary and to the dialogue between Felisa, Julián, and the owner of the building. Listen the first time for the gist. Listen a second time to answer the questions. Repeat the correct answer.

VOCABULARIO ÚTIL

se limpia solo	*cleans itself*
agua caliente	*hot water*
sin luz	*electricity is not included*

1. ¿Cuántos dormitorios tiene el apartamento?
2. ¿Es de gas la cocina?
3. ¿Qué hace el horno?
4. ¿Cuánto cuesta el apartamento?
5. ¿Quién tiene que pagar la luz?
6. ¿Qué muebles hay en la sala?
7. ¿Por qué no puede Felisa traer a su gato?

B. Vistamar. Listen twice to the advertisement for the sale of a house, then to the statements based on this ad. Circle the letter that best completes each statement.

1. a. cómoda y elegante
   b. muy moderna
   c. muy barata

2. a. cinco dormitorios
   b. dos baños
   c. cuatro dormitorios

3. a. son pequeños
   b. están en la biblioteca
   c. están separados

4. a. muy grande
   b. ultramoderna
   c. pequeña

5. a. 6 millones
   b. 60 millones
   c. 15 millones

6. a. escriba al señor Esquivel
   b. llame al 28-25-28
   c. vaya al barrio Vistamar

C. Dictado: El apartamento de Luis. You will hear a description of Luis's apartment three times. The first time, listen to the entire description for the gist. The second time, use the pauses to write each sentence in the space provided. The third time, check what you wrote.

_____

_____

_____

_____

_____

_____

_____

D. Para ti. Listen to each command, and respond in a complete sentence in Spanish. No answers will be given on the tape.

1. ...   2. ...   3. ...   4. ...   5. ...

LECCIÓN 6

WORKBOOK

Gráficos

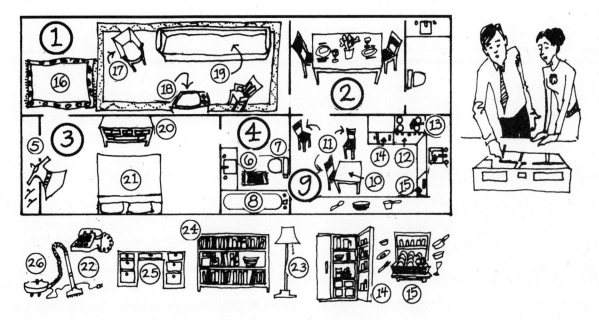

A. Un nuevo apartamento. Complete the following description about Marta and Pablo's new apartment by writing in the names of the objects numbered in the drawing.

El nuevo apartamento de Marta y Pablo es moderno y bonito. Tiene _____,[1] _____[2]

separado, un _____[3] con _____[4] privado y un _____[5] grande. El baño es bonito.

El _____,[6] el _____[7] y la _____[8] son azules. La _____[9] es amplia y es

posible poner allí una _____[10] y _____[11] para desayunar o almorzar. Además del

_____[12] y la _____[13] eléctrica, la cocina tiene un _____[14] moderno de dos

puertas y un _____.[15]

Marta y Pablo ya distribuyeron los muebles en el apartamento. Tienen dos _____,[16] un

_____,[17] un _____[18] y un _____[19] en la sala; una _____[20] y una

_____[21] en el dormitorio. Ellos van a tener un _____[22] y una _____[23] en la sala,

pero discuten sobre si es conveniente poner el _____[24] y el _____[25] en la sala también.

Un problema más: «¿Dónde guardar la _____[26]?» «¡No en el ropero del dormitorio!» dice Marta.

«Bueno —contesta Pablo— vamos a guardar la aspiradora en la cocina.»

B. **Un dueño** (*landlord*) **exigente.** Read the following dialogue between Marta, Pablo, and their new landlord. Then answer the questions that follow.

MARTA: Don Jaime, el horno no funciona. ¿Va a comprar una cocina nueva?
DON JAIME: Por favor, no digan nada del horno. Estuve muy ocupado todo el día.
PABLO: Nosotros ayudamos si Ud. arregla (*repair*) el horno. Mire, traje una escoba para barrer el pasillo.
DON JAIME: Gracias, pero no barran el pasillo. Ése es mi trabajo. A propósito (*By the way*), no pasen la aspiradora por la noche. ¡Ah! Y no abran la puerta del edificio sin preguntar quién es.
MARTA: Don Jaime, el lavaplatos está roto (*broken*) también.
DON JAIME: Bueno, laven los platos en el fregadero.
PABLO: ¿No trajo Ud. la lámpara para el dormitorio?
DON JAIME: No, pero puse bombillas nuevas en todos los cuartos.
MARTA: ¿Y el televisor?
DON JAIME: Llega hoy. Pero no prendan el televisor después de las nueve.
PABLO: Marta, este viejo es un dictador y este apartamento tiene demasiados problemas. ¡Mejor vamos a un hotel!

1. ¿Por qué no arregló don Jaime el horno?

   _____

2. ¿Qué va a hacer Pablo para ayudar a don Jaime?

   _____

3. ¿Qué dice don Jaime que no hagan Pablo y Marta?

   _____

4. ¿Por qué tienen Marta y Pablo que lavar los platos en el fregadero?

   _____

5. ¿Qué puso don Jaime en todos los cuartos?

   _____

6. ¿Después de qué hora dice don Jaime que Marta y Pablo no prendan el televisor?

   _____

7. ¿Por qué desea Pablo vivir en un hotel?

   _____

C. **Crucigrama.** Complete the crossword puzzle with the vocabulary words defined.

HORIZONTAL

1. es necesario para prender una lámpara
6. antes de limpiar, todo está así
7. donde guardamos la ropa
8. después de limpiar la casa, está así
14. las ventanas y muchos vasos están hechos de esto
15. no es esta casa, es _____ casa
16. muchos creen que es el creador de todo
17. habitaciones donde conversamos con las visitas

VERTICAL

2. trabajo que entregamos al profesor
3. lo que hacemos con los platos sucios
4. pintura o dibujo que ponemos en la pared
5. lo que muchos tienen cuando duermen
9. la posición de muchos cuando duermen
10. característica de las personas que desean mucho de otras
11. lo que hay en los muebles sucios
12. mesa, sofá, sillón, escritorio, etcétera
13. después de barrer, sacudir, pasar la aspiradora y lavar todo, la casa está así
14. mueble para dormir

(crossword puzzle grid)

D. Nueva casa, nuevos muebles. Complete the paragraph by filling in each blank with the most appropriate word from the list. Do not repeat or alter words from the list.

así que	cómoda	funciona	muebles	todavía
centro	demasiado	hasta	tan	ya

Este año mi esposo y yo compramos una casa nueva. La casa es _____[1] grande que

tuvimos que comprar más _____.[2] Compramos otro sofá, y una mesa de _____[3]

para la sala. _____[4] necesitamos comprar una _____[5] para nuestro dormitorio,

pero _____[6] compramos la cama. En la cocina, el refrigerador no _____,[7]

_____[8] tenemos que comprar uno nuevo. Yo deseo un escritorio y un estante, pero mi

esposo dice que gastamos _____[9] y no es posible comprar el escritorio y el estante

_____[10] el próximo año.

Gramática esencial

6.1 IRREGULAR PRETERITES: **decir, traer, poner, saber, estar, tener**

¿Qué dijeron? You are missing your Spanish dictionary and inquire if your two roommates have seen it. Fill in each blank with the appropriate form of the preterite of the verb in parentheses.

1. Beti (decir) _____ que ella (saber) _____ ayer que yo (perder) _____ mi diccionario.

2. Beti y Pati (decir) _____ que ellas no (traer) _____ el diccionario a su habitación.

3. Pati, ¿(decir) _____ tú que (tú: poner) _____ el diccionario en el escritorio el martes?

4. No, yo (decir) _____ que Beti y yo (estar) _____ consultando el diccionario el martes y después (nosotras: poner) _____ el diccionario en el estante.

5. Las tres (nosotras: decir) _____ que usar los diccionarios de la biblioteca era (*it was*) la solución.

6. Yo (tener) _____ que ir a la biblioteca a preparar mi informe y (yo: estar) _____ allí tres horas.

6.2 POLITE COMMANDS; NEGATIVE FAMILIAR COMMANDS

A. Órdenes a la sirvienta. Change the following phrases into polite orders that you might give a maid.

1. venir temprano por la mañana

    _____

2. limpiar la bañera y el lavabo

    _____

3. si llaman, decir que no estoy en casa

    _____

4. traer los platos al comedor y poner la mesa, pero tener cuidado con el cristal

    _____

5. ir al supermercado y pagar con este dinero

    _____

6. no ser impaciente con los niños

    _____

7. hacer las camas

    _____

8. dar la comida al perro

    _____

9. buscar el zapato debajo de la cama

    _____

10. no salir antes de las cinco

    _____

B. Escucha, Pepito. Write familiar commands that Pepito's mother gives him.

1. no oír la radio con un volumen muy alto

   _____

2. no poner los zapatos en el sofá

   _____

3. no apagar la luz de la cocina

   _____

4. no prender el televisor de la sala

   _____

5. no cruzar la calle sin mirar

   _____

6. no traer el perro a tu dormitorio

   _____

7. no abrir la puerta sin preguntar quién es

   _____

8. no ir a la sala cuando estoy con mis amigas

   _____

6.3 DEMONSTRATIVE ADJECTIVES AND PRONOUNS

A. Comprando muebles para el apartamento. Complete the following sentences with the demonstrative adjective or pronoun that expresses the indicated words.

1. (*That*) _____ refrigerador está sucio. ¿Por qué no vemos (*this one*) _____?

2. (*This*) _____ cocina es muy pequeña y (*that one* [*distant*]) _____ es pequeña también.

3. (*Those*) _____ lámparas están rebajadas. ¿Están rebajadas (*these*) _____ lámparas?

4. ¿Por qué está tan caro (*this*) _____ escritorio? (*That one*) _____ es más nuevo.

5. ¡(*These*) _____ camas son incómodas! ¿Cómo son (*those* [*distant*]) _____ camas?

6. Lo siento, pero (*that*) _____ sofá está manchado. Traiga (*that one* [*distant*]) _____, por favor.

B. En español. Express the following sentences in Spanish, using the demonstrative pronouns that refer to the words given in parentheses.

1. I want to buy this one (**escritorio**), but I want to see that one, too.

   _____

2. We like this one (**cómoda**), if that one (over there) isn't reduced.

   _____

3. Don't wash this one (**plato**); wash those (over there)!

   _____

4. Those (**alfombras**) are expensive, but this one is inexpensive and very pretty.

   _____

PARA RESUMIR Y REPASAR

A. Un día en Barcelona. Fill in each blank with the preterite of the verb in parentheses.

Hoy no (hago) _____[1] nada en casa. (Viene) _____[2] mi amigo, Luis, y (damos) _____[3] un paseo (*we take a walk*) por el centro. Él (va) _____[4] de compras y yo (voy) _____[5] al café Moreno a tomar un café y a leer el periódico. Él (es) _____[6] profesor en los Estado Unidos, pero en Barcelona, los dos (somos) _____[7] estudiantes. Yo (vengo) _____[8] a la bella ciudad de Barcelona a vivir como los españoles. Ellos saben vivir bien la vida.

B. ¡Paco lo hizo! ¡No lo hagas! As soon as Jaime tells his mom all the things that Paco did, she orders him not to do them. Complete their exchange by filling in each of Jaime's blanks with the preterite of the verb in parentheses, and each of his mom's blanks with the negative familiar command of that action.

MODELOS: JAIME: Paco (escribir) _____ en la mesa. → Paco escribió en la mesa.

MAMÁ: _____. → No escribas en la mesa.

JAIME: Paco (traer) _____ la aspiradora al parque.

MAMÁ: _____.

JAIME: Paco (decir) _____ «pipí».

MAMÁ: _____.

JAIME: Paco (poner) _____ un libro en el inodoro.

MAMÁ: _____.

JAIME: Paco (subir) _____ al estante.

MAMÁ: _____.

JAIME: Paco (gritar) _____ malas palabras.

MAMÁ: _____.

JAIME: Paco (apagar) _____ la computadora.

MAMÁ: _____.

JAIME: Paco (prender) _____ el horno.

MAMÁ: _____.

Comunicación

A. Un departamento (apartamento) nuevo. Study the advertisement for the apartments in the Atlantic Rose building in Miami, Florida, and answer the questions that follow.

VOCABULARIO ÚTIL

amoblada (amueblada)	*furnished*
artefactos	*appliances*
en efectivo	*cash*
espera	*is waiting*
finamente acabados	*finished*
gastos pagados	*expenses paid*
lavandería	*laundry room*
lujosos	*luxury*
por estrenar	*brand new*

1. ¿Cuántos dormitorios y cuántos baños tienen estos apartamentos?

   _____

2. ¿Qué hay en la cocina?

   _____

3. ¿Cómo son los pisos?

   _____

4. Si Ud. compra un condominium, ¿qué puede obtener?

   _____

5. ¿Cuál de las opciones de la oferta es más atractiva para Ud.? ¿Por qué?

   _____

6. ¿Cómo sabemos que este edifico es nuevo?

   _____

B. Un nuevo nido (*nest*). You have finally found a flat in Barcelona and are about to move in. You and your best friend are talking about the move. Express the following conversation in Spanish.

1. Did you (**Uds.**) bring your furniture?

   _____

2. No, we didn't bring furniture. Don Jaime is going to bring a sofa, a table, two easy chairs, and a rug.

   _____

3. Was it hard to find (**encontrar**) an apartment?

   _____

4. No. When I found out the price of the apartment, we paid a deposit (**depósito**) that day.

   _____

5. How much did you (**tú**) say the apartment costs?

   _____

C. Para ti. You are ill and your mother's friend has volunteered to help you with the house chores for one day. Using formal commands and the cues given, ask this nice lady to do things for you.

1. (cocinar) _____

2. (limpiar) _____

3. (traer) _____

4. (lavar) _____

5. (sacar) _____

6. (poner) _____

7. (ir) _____

8. (apagar) _____

D. ¡A escribir! El apartamento ideal. On a separate sheet of paper, write a brief composition about the ideal apartment. Build your composition by including some or all of the following information.

- Where is it? (neighborhood, city, etc.)
- How many rooms does it have? What are they?
- What colors do you have on the walls, doors, and so on?
- What furniture do you have in each room?
- With whom do you live? Do you have pets?
- How much do you pay per month?

Viaje por el mundo hispánico: Chile

A. Asociaciones. Fill in each blank in column A with the most appropriate letter from column B.

A		B	
1.	_____ un gran poeta chileno	a.	1971
2.	_____ trajo vides francesas a Chile	b.	zona central chilena
3.	_____ se vistió de guerrero	c.	insectos
4.	_____ el Premio Nóbel de literatura	d.	*Odas elementales*
5.	_____ cebolla, tomate, alcochofa, vino, limón	e.	Silvestre Ochagavía
6.	_____ Atacama, Pacífico, Andes	f.	viñadores franceses
7.	_____ secretos sobre el cultivo de las uvas	g.	Pablo Neruda
8.	_____ conquistador español del siglo XVI	h.	barrera contra insectos
9.	_____ región ideal para el cultivo de las uvas	i.	alcachofa
10.	_____ destruyeron las vides europeas	j.	Pedro de Valdivia

B. Preguntas sobre Chile. Answer in Spanish these questions about the reading.

1. ¿Cuál es la capital chilena?

   _____

2. ¿Cuántos habitantes hay en Chile?

   _____

3. ¿Cuándo celebran su independencia los chilenos?

   _____

4. Nombre tres aspectos del poeta Pablo Neruda que lo popularizaron.

   _____

5. Nombre dos aspectos de la alcachofa.

   _____

6. ¿Cuál es el clima ideal para el cultivo de las uvas?

   _____

7. ¿Qué aspectos geográficos chilenos son ideales para el cultivo de las uvas?

   _____

8. ¿Por qué emigraron muchos franceses a Chile?

   _____

Prueba de práctica

A. Vocabulario. ¿Qué palabra de la columna B corresponde a cada palabra de la columna A? Escriba las letras en los espacios en blanco.

	A		B
1.	_____ limpiar	a.	el polvo
2.	_____ apagar	b.	la basura
3.	_____ quitar	c.	la aspiradora
4.	_____ sacar	d.	la cama
5.	_____ barrer	e.	la lámpara
6.	_____ pasar	f.	el inodoro
7.	_____ hacer	g.	con la escoba

B. La electricidad. Ponga una **X** al lado de los aparatos (o cosas) eléctricos.

1.	_____ el fregadero	5.	_____ el horno
2.	_____ la cocina	6.	_____ el lavaplatos
3.	_____ la cómoda	7.	_____ el lavabo
4.	_____ el informe	8.	_____ la bombilla

C. Los verbos. Cambie al pretérito.

Cuando yo (estoy) _____[1] en la Argentina, (hago) _____[2]

muchos excursiones. (Voy) _____[3] a las Cataratas de Iguazú un día. Otro día unos

amigos me (traen) _____[4] regalos (*gifts*) de su rancho en el interior. Al fin,

(tengo) _____[5] que extender mi visita para ir a ver el rancho.

D. Traducciones. Exprese en español.

1. *Don't eat* (tú)! _____

2. *Don't work* (Uds.)! _____

3. *Don't open* (tú)! _____

4. *Don't write* (Ud.)! _____

E. Complete. Exprese en español los adjetivos y pronombres demostrativos apropiados.

1. (*This*) _____[a] casa es bonita, pero (*that one*) _____[b] que está allá

    lejos es bastante más bonita. Es sorprendente, pero (*this one*) _____[c] es más cara que

    (*that one over there*) _____.[d] A mí me gusta más (*that one*) _____[e]

    que está más cerca. Pero (*that one*) _____[f] no es la más bonita.

2. (*This*) _____[a] escritorio es mi favorito, pero a mi hermana le gusta (*that one*)

    _____[b] que vimos ayer. Yo quiero comprar (*these*) _____[c] sillones,

    pero ella quiere (*those*) _____[d] otros. Yo digo que (*this*) _____[e]

    marca (*brand*) de muebles es buena pero ella insiste que (*that one further away*) _____[f]

    dura (*lasts*) más.

Las Américas: pasado y futuro   LECCIÓN 7

LABORATORY MANUAL

Gráficos

A. Países y habitantes. First, look carefully at the map and familiarize yourself with the countries and their locations. You will hear a series of statements on the tape. Write the letter of the country each statement refers to.

1. _____
2. _____
3. _____
4. _____
5. _____
6. _____
7. _____
8. _____
9. _____
10. _____
11. _____
12. _____

B. Las capitales. You will hear the names of several capitals of Hispanic countries. Say the name of the corresponding country. Repeat the correct answer.

1. ... 2. ... 3. ... 4. ... 5. ... 6. ... 7. ... 8. ... 9. ... 10. ... 11. ... 12. ...

C. Listen to each word and write it under the appropriate heading.

1. AGUA (*water*)   2. TIERRA (*land*)   3. CIELO (*sky*)

_____   _____   _____

_____   _____   _____

_____   _____   _____

_____   _____   _____

D. Study the words in the list, then listen to each word on tape. Fill in the blank with the word from the list that you associate with the word you hear.

el camión   la costa   el este   la fábrica   el país   el río

1. _____   3. _____   5. _____

2. _____   4. _____   6. _____

E. Listen to each sentence, then fill in the blank with the letter that corresponds to the item mentioned from the drawings.

1. _____   3. _____   5. _____   7. _____   9. _____

2. _____   4. _____   6. _____   8. _____   10. _____

Situaciones

Listen to each of the following exchanges, then write **sí** if the second party agrees or accepts, and write **no** if the second party disagrees or declines.

1. _____ 2. _____ 3. _____ 4. _____ 5. _____ 6. _____

Pronunciación

Spanish *ll, y*

In most of Spain and in some parts of Latin America, **ll** is generally pronounced as *ly*. Repeat after the speaker.

> cuchillo   ellas   llamarse   llorar   toalla

In most of Latin America and in some parts of Spain, **ll** is generally pronounced as *y*, similar to the *y* in the English word *yes*. Listen and repeat.

> llover   sillón   llegar   ayudar   mantequilla
> calle   panecillo   yo   yanqui   mayo

Repeat these sentences after the speaker.

1. No llevo tortillas en el bolsillo.
2. Maribel vive en Marbella.
3. Ellos son los Padilla.
4. Ella no llega hasta mayo.

Gramática esencial

7.2 REGULAR FORMS OF THE IMPERFECT TENSE

A. ¿Qué hacíamos? Listen to each infinitive and pronoun, then form a phrase using the imperfect form of the verb and the pronoun as subject. Repeat the correct answer.

> MODELO: (viajar / yo) → yo viajaba

1. ...   2. ...   3. ...   4. ...   5. ...   6. ...   7. ...   8. ...

B. ¿Quién hacía qué? First listen to and repeat each sentence. Then restate the sentence using the cue words given on the tape to replace the italicized words. Repeat the correct answer.

> MODELO: *Yo* viajaba con tía Lola y *tú* viajabas con tío León. (Elena / los niños) →
> Elena viajaba con tía Lola y los niños viajaban con tío León.

1. *Yo* debía ir al sur y *tú* debías ir al norte.
2. *A ella le* gustaban los bosques y *a él le* gustaba el mar.
3. *Yo* decía que sí y *vosotras* decíais que no.
4. *Él* veía las fábricas y *tú* veías los volcanes.
5. ¿*Ud.* viajaba a España y *ella* viajaba a Perú?
6. *Ricardo* unía a *sus* compañeros y *yo* unía a *mi* familia.

7.3 IRREGULAR IMPERFECT: **ir, ser, ver**

Vacaciones estupendas. Listen to each sentence about childhood trips to the mountains, then restate the sentence, changing the verbs from present tense to the imperfect. Repeat the correct answer.

> MODELO: La familia de Rolando va a las montañas en junio. →
> La familia de Rolando iba a las montañas en junio.

1. ...   2. ...   3. ...   4. ...   5. ...   6. ...   7. ...   8. ...   9. ...   10. ...

7.4 PRETERITE AND IMPERFECT TENSES CONTRASTED

A. Episodios del pasado. Listen to each sentence, then restate the sentence, changing the verb from the preterite to the imperfect tense. Repeat the correct answer.

    1. ...   2. ...   3. ...   4. ...   5. ...

Now change the verb from the imperfect to the preterite. Repeat the correct answer.

    6. ...   7. ...   8. ...   9. ...   10. ...

B. ¿Dónde estaba la playa? Before listening to the tape, read and complete the following paragraph by circling the appropriate verb form in parentheses. Then listen to the tape to check your answers.

Ayer (fui / iba) a la costa y (busqué / buscaba) la playa de Luquillo, pero no (supe / sabía) dónde (estuvo / estaba). ¿Qué (fui / iba) a hacer? (Hablé / Hablaba) con un señor y le (pregunté / preguntaba) si (tuvo / tenía) un mapa. Él me (dijo / decía) que (vendieron / vendían) mapas en una tienda que (estuvo / estaba) cerca de (*near*) allí. (Caminé / Caminaba) por la costa y (entré / entraba) en una tienda donde (hubo / había) muchas cosas. Los mapas de Puerto Rico (fueron / eran) muy caros, pero (compré / compraba) uno. (Estudié / Estudiaba) el mapa y (vi / veía) que Luquillo (fue / era) una de las playas del norte de la isla. Entonces, una señorita que (vio / veía) cómo yo (miraba / miré) el mapa, me (explicó / explicaba) ¡que (estuvimos / estábamos) en la playa de Luquillo!

Comunicación

A. Los aztecas. Listen to the vocabulary words and then the narrative about the Aztecs twice. Listen the first time for the gist. Listen a second time to answer the questions. Repeat the correct answer.

VOCABULARIO ÚTIL

construir (y)	*to build*
devoraba	*devoured*
hace muchos siglos	*many centuries ago*
teoría	*theory*

1. ¿Qué unía Asia y Alaska hace muchos siglos?
2. ¿Quiénes llegaron por ese camino, según una teoría?
3. ¿Hacia dónde viajaron los aztecas por muchos años?
4. Si veían un águila devorando una serpiente, ¿qué debían hacer según su religión?
5. Cuando los aztecas vieron el águila, ¿dónde estaba?
6. ¿Qué construyeron los aztecas en ese lugar?
7. ¿Cómo se llama hoy Tenochtitlán?

B. Listen to the questions two times, then use the cues to answer them in complete sentences. Take care to make necessary changes and to use the correct past tense: preterite or imperfect. Repeat the correct answer.

1. a las montañas	4. sí	7. ir a la playa
2. a las islas	5. las montañas	todos los días
3. un volcán	6. leer	

C. Dictado: La tierra y el cielo. You will hear a short paragraph three times. First, listen to the entire paragraph for the gist. During the second reading, use the pauses to write the sentences in the space provided. Then listen again to check what you wrote.

_____

_____

_____

_____

_____

_____

_____

D. Para ti. You will hear a series of statements about yourself. Circle **C (cierto)** if the statement is true or **F (falso)** if the statement is false according to your personal experience.

1. C F   4. C F   6. C F

2. C F   5. C F   7. C F

3. C F

LECCIÓN **7**

WORKBOOK

Gráficos

A. Vacaciones en el campo. Complete Carmen's memories about her vacations in the country as a child by writing in the names of the objects numbered in the drawing.

Mi familia tenía una casa en el campo. Íbamos allá todos los veranos. A mi hermano Miguelito y a mí

nos gustaba mucho una _____[1] que había junto a (*next to*) un _____[2].

Desde allí veíamos el _____,[3] el _____[4] y las _____[5]

en el cielo azul, las _____[6] y un _____.[7] También había un

_____.[8] Por la noche, cuando la _____[9] y las _____[10]

iluminaban el oscuro _____,[11] era muy bonito ver el _____[12] de

aguas tranquilas.

B. Lección de geografía. Read the following passage and answer each question about it in Spanish.

La profesora Jiménez habló ayer de los países hispánicos. Dijo que en el Nuevo Mundo hay diecinueve países hispánicos y en Europa, un país, España. Tres de estos países —Cuba, Puerto Rico y la República Dominicana— son islas. Cuba es la más grande de las tres. Su capital, la Habana, está a sólo noventa millas de los Estados Unidos.

En los países que están al sur del ecuador, es verano cuando en los Estados Unidos es invierno, y viceversa. Dos de estos países —Bolivia y Paraguay— no tienen costas, pero Bolivia tiene el enorme lago Titicaca, que es casi un mar.

Las seis repúblicas de la América Central son muy pequeñas y El Salvador es la más pequeña de todas. Hay muchas colinas y montañas en la América Central, y muchas de estas montañas son volcánicas. Guatemala, por ejemplo, tiene veintisiete volcanes activos. Guatemala tiene también un hermoso lago, el lago Atitlán.

1. ¿Qué país hispánico está en Europa?

   _____

2. ¿Qué capital está a sólo noventa millas de los Estados Unidos?

   _____

3. ¿Qué países no tienen costas?

   _____

4. ¿Dónda está el lago Titicaca? ¿Es grande?

   _____

5. ¿Por qué hace calor en la Argentina en el mes de diciembre?

   _____

6. ¿Dónde hay muchas montañas volcánicas y colinas?

   _____

7. ¿Cuál es la república más pequeña de la América Central?

   _____

8. ¿Dónde está el lago Atitlán?

   _____

C. **Crucigrama.** Complete the crossword puzzle with the words defined.

HORIZONTAL

4. después del presente
7. poner juntos
8. encontrar una solución
10. persona que habla español
13. sustancia mineral dura (*hard*) y compacta
16. estrella que ilumina la Tierra durante el día
18. división entre países
19. no es con
20. visita lugares
21. período de tiempo

VERTICAL

1. persona que vive allí
2. casa o campo o país u océano
3. emisiones de muchas fábricas
5. ocho más cuatro
6. pared
9. trabajos, puestos, posiciones
11. muchos países bajo un solo gobierno
12. invención fabulosa
14. terminar o _____ de
15. antes del presente
17. planeta que refleja la luz del sol

Gramática esencial

7.2 REGULAR FORMS OF THE IMPERFECT TENSE

Cuando yo era niño/a. Several friends are exchanging childhood memories. Complete their conversation by filling in each blank with the imperfect of the verb in parentheses.

ROLO: Pat, ¿tú (hablar) _____[1] español cuando eras niña?

PAT: Sí, mis dos hermanas y yo (hablar) _____[2] español. Todos los años (nosotros: visitar) _____[3] a nuestros abuelos, que (vivir) _____[4] en Bogotá. (Yo: Hablar) _____[5] bien las dos lenguas.

TERE: Cuando yo (tener) _____[6] siete años, (vivir) _____[7] en Perú. (Yo: Creer) _____[8] que el Niño Jesús (traer) _____[9] regalos a los niños el día de Navidad. Y tú, Beto, ¿también (creer) _____[10] en el Niño Jesús?

BETO: No, pero mi hermano y yo (creer) _____[11] en los vampiros. (Nosotros: Pensar) _____[12] que (ellos: salir) _____[13] del cementerio en las noches de luna.

MANOLO: Pues yo no (creer) _____[14] que (haber) _____[15] vampiros, pero me (gustar) _____[16] mucho ver películas de horror. Mis amigos (tener) _____[17] miedo, pero yo no.

7.3 IRREGULAR VERBS: ser, ir, ver

A. Marta habla de su vida en Cuba. Complete Marta's narration by filling in each blank with the imperfect of the verb in parentheses.

Cuando mis hermanos y yo (ser) _____[1] niños, (nosotros: vivir) _____[2] en una ciudad del sur de Cuba llamada Cienfuegos. El resto de la familia (estar) _____[3] en La Habana, pero (nosotros: ver) _____[4] a nuestros tíos y primos con frecuencia porque (nosotros: ir) _____[5] mucho a La Habana. Nuestros primos (ser) _____[6] muy sociables. Ellos (ver) _____[7] mucho a sus amigos y siempre (ir) _____[8] con ellos a fiestas. Dime, Ernesto, cuando tú (ser) _____[9] pequeño, ¿(tú: ir) _____[10] también a La Habana y (tú: ver) _____[11] a tu familia?

No, yo (ir) _____[12] poco a La Habana, porque no (tener) _____[13] familia allí. Mis abuelos (ser) _____[14] originarios de La Habana, pero toda mi familia (vivir) _____[15] en la ciudad de Matanzas.

B. ¿Por qué no comía pescado la tía Lola? Complete the following narration by filling in each blank with the imperfect of the verb in parentheses.

En mi familia (haber) _____[1] cinco personas: papá, mamá, mi hermano Alex, la tía Lola y yo. Lola (ser) _____[2] piloto de avión (*airplane*). Alex y yo (ver) _____[3] que Lola no (comer) _____[4] pescado y no (nosotros: saber) _____[5] por qué. Un día, mamá lo explicó todo. Lola (viajar) _____[6] por muchos países. Una vez, Lola y su copiloto (ir) _____[7] para Miami. Ellos (traer) _____[8] en el avión muchos pescados de Barbados, pero el avión tuvo problemas en un motor. Después de varias horas bajo el sol del Caribe, (ser) _____[9] imposible estar en el avión con los pescados. Claro que los pescados ya no (estar) _____[10] buenos para comer. Después de esta experiencia, cuando todos (nosotros: ir) _____[11] a comer a un restaurante especializado en mariscos, Lola nunca (ir) _____.[12] ¡Ella no (poder) _____[13] comer si (ver) _____[14] platos de pescado en el menú!

7.4 PRETERITE AND IMPERFECT TENSES CONTRASTED

A. Tenochtitlán. The following narrative is in the present tense. Rewrite it in the past by filling in each blank with the imperfect or the preterite of the italicized verb.

Los primeros habitantes de América *llegan* _____[1] del norte, por un puente de tierra que *une*

_____[2] Asia con Alaska. Los aztecas *son* _____[3] uno de estos pueblos nómadas. Ellos

viajan _____[4] por mucho tiempo. Su religión *dice* _____[5] que si *ven* _____[6]

un águila que *devora* _____[7] una serpiente, *tienen* _____[8] que construir allí su ciudad.

Cuando los aztecas *ven* _____[9] el águila, *está* _____[10] en el centro de un lago, en una

pequeña isla, en un nopal. Esto *indica* _____[11] el lugar donde *van* _____[12] a vivir. Los

aztecas *tienen* _____[13] que construir su ciudad sobre el lago. *Es* _____[14] una ciudad

muy bonita, con canales de agua. Los aztecas *llaman* _____[15] Tenochtitlán a esta ciudad.

B. Un viaje a Argentina. Express the following in Spanish using the preterite or imperfect tense as appropriate.

1. My friend Cecilia would go to Argentina every year.

   _____

2. The last time that Cecilia went to Argentina, I went with her.

   _____

3. I knew she had relatives there, but I didn't know them.

   _____

4. They were all very nice (**simpáticos**) and they had many friends.

   _____

5. Cecilia and I would go shopping every day on Lavalle Street.

   _____

6. There were always many people on that street.

   _____

PARA RESUMIR Y REPASAR

A. El viejo y las pirámides. Complete the following paragraph about Daniel Ocampo's trip by writing the appropriate Spanish verb in the preterite or imperfect tense. Note that in some cases a phrase in Spanish is needed.

En febrero (*I took a trip*) _____[1] a la península de Yucatán. En Uxmal (*I saw*)

_____[2] una enorme pirámide. (*It had*) _____[3] un gran

número de escalones (*steps*). Dos jóvenes americanos (*were looking at*) _____[4]

los escalones. (*I asked*) _____[5] qué (*they were doing*)

_____[6] y me (*they told*) _____[7] que (*they wanted*)

_____[8] subir la pirámide, pero que (*they were scared*)

_____.[9] (*I asked*) _____[10] (*how old they were*)

_____.[11] Cuando (*they answered*) _____,[12] (*I began*)

_____[13] a reír (*to laugh*). (*I said*) _____[14] que (*I was 68*

years old) _____[15] y (*I came*) _____[16] a Uxmal todos

los años para subir las pirámides.

B. El turista y el campesino (*The tourist and the peasant*). Complete the following dialogue, deciding between **por** and **para** for each blank.

TURISTA: _____[1] favor, voy _____[2] San José. ¿Sabe Ud. cuál es el camino

más corto?

CAMPESINO: _____[3] supuesto. Cruce el río _____[4] el puente viejo. Pero,

_____[5] llegar al puente, tiene que pasar primero _____[6] el

bosque.

TURISTA: ¡_____[7] Dios! Esa ruta es muy complicada _____[8] mí. Tengo

prisa. Tengo que estar en San José _____[9] las cuatro. ¡Compro su caballo!

¿Cuánto dinero desea Ud. _____[10] él?

CAMPESINO: Lo siento. No vendo mi caballo. Necesito el caballo _____[11] trabajar.

Pero se lo presto (*I will lend it to you*) _____[12] unas horas.

TURISTA: ¡Es Ud. muy generoso! Muchas gracias _____[13] su ayuda.

Comunicación

A. Venezuela, un país fascinante. Study the advertisement about Venezuela and answer the following questions.

1. ¿En qué mar tiene costa Venezuela?

    _____

2. Según el anuncio, ¿cómo es la gente venezolana?

    _____

3. ¿Qué montañas pasan por Venezuela?

    _____

4. ¿Cuáles son los contrastes en la geografía venezolana?

    _____

5. ¿En qué país fue publicado este anuncio?

    _____

VIASA le descubre un país fascinante

VENEZUELA ES FASCINANTE
por sus insólitos[a] contrastes.

Venezuela, el país más caribeño, es la puerta de entrada a Sudamérica. Un país fascinante de gente cálida[b] y hospitalaria.

Una geografía llena[c] de contrastes, de esplendorosas cumbres[d] andinas, intrincadas selvas[e] amazónicas y más de 1.300 kilómetros de luminosas playas en el Caribe.

Un excitante cosmopolitismo en sus modernas ciudades.

VIASA le descubre ese país fascinante, a bordo de sus confortables aviones, con la cordial atención de su gente amable[f] que le hará sentir el Caribe desde el primer instante.

Consulte con un experto, su Agente de Viajes o bien llame a VIASA a los teléfonos: Madrid 91/542.03.00 - Barcelona 93/318.34.82 - Vigo 986/22.64.08 y disfrute de una experiencia memorable y fascinante.

En el país del Caribe todo es fascinante.

[a]unusual
[b]warm
[c]full
[d]peaks
[e]jungles
[f]nice

B. Para ti. Complete the following sentences according to one of your vacation experiences. Give the preterite or imperfect form of each verb in parentheses, and supply additional information in the blanks provided.

1. Me (gustar) _____ mucho el lugar donde (nosotros: ir) _____ de vacaciones el año pasado.

2. Cuando (ir) _____ a _____ me (interesar) _____ mucho _____.

3. La primera vez que (yo: viajar) _____ solo/a, (pensar) _____ que _____.

4. Ese lugar (ser) _____ ideal para _____.

5. Pero esa vez que (ir) _____ de viaje, (necesitar) _____.

6. De niño/a, yo (desear) _____ ir a _____ con la gente que yo más (querer) _____.

C. ¡A escribir! Con familia. On a separate sheet of paper, write a brief composition about a typical weekend with your family when you were young. Build your composition by including some or all of the following information.

- Describe your family.
- What interests did you have? What did other family members like to do?
- What did your family do together?
- What activities were you involved in that did not include your family?
- Describe how a typical summer weekend differed from a typical winter weekend.
- What was the best weekend you spent with your family and why?
- What was the worst weekend you spent with your family and why?

Viaje por el mundo hispánico: Argentina, Paraguay y Uruguay

A. Una utopía. Put the following series of events in order by writing the correct number (1–6) in each blank.

_____ comunicación con los gobiernos portugués y español

_____ organización del trabajo, la educación y un ejército

_____ la idea de una utopía cristiana

_____ la destrucción de las comunidades jesuitas en Paraguay

_____ creación de reducciones en la vieja Provincia del Paraguay

_____ expulsión de los jesuitas

B. No es cierto. Each of the following statements is incorrect. Rewrite each sentence correctly. You may need to correct more than one thing in some sentences.

1. En 1767 los jesuitas crearon una utopía cristiana con el gobierno español.

   _____

   _____

2. Las treinta comunidades de los colonizadores se llamaban «reducciones».

   _____

   _____

3. Los jesuitas esclavizaron a los guaraníes en comunidades donde cultivaban la tierra e imprimían libros.

   _____

   _____

4. Las reducciones existieron durante dos siglos.

   _____

   _____

C. Cifras. Answer these questions about the poem.

1. En «los monasterios medievales», ¿dónde están «algunos animales»?

   _____

2. Según la poeta, ¿qué constituyen, en verdad, esos animales?

   _____

3. ¿Por qué somos nosotros «como esas piedras»?

   _____

Prueba de práctica

A. Vocabulario. ¿Qué palabras corresponden a la categoría **tierra** y cuáles a la categoría **cielo**? Escriba la letra en el blanco apropiado.

a. estrella
b. loma
c. sol
d. bosque

e. nube
f. colina
g. piedra
h. luna

TIERRA: _____ _____ _____ _____

CIELO: _____ _____ _____ _____

B. Más vocabulario. ¿Qué palabra no corresponde a las otras dos?

1. a. oeste
2. a. estrella
3. a. océano
4. a. plazo
5. a. humo
6. a. águila
7. a. viaje
8. a. peseta

b. sol
b. luna
b. muro
b. bosque
b. puente
b. nopal
b. volcán
b. país

c. sur
c. loma
c. mar
c. tiempo
c. río
c. nivel
c. montaña
c. peso

C. Complete. Dé la forma correcta del imperfecto.

Yo (creer) _____^{1} que tú (conocer) _____^{2} bien estas montañas. Tú

siempre me (hablar) _____^{3} de los diferentes árboles que (ver) _____^{4}

cuando (ser) _____^{5} niño. Pero ahora me doy cuenta de que tu familia y tú

(ir) _____^{6} a aquellas montañas, no a éstas. Dime, entonces, ¿qué árboles y flores

(ver) _____^{7} Uds. allá?

D. Complete. Dé la forma correcta del pretérito o del imperfecto.

1. Cuando yo (ser) _____^{a} niño, (gustarme) _____^{b} pasear

   por este río. (Haber) _____^{c} cataratas altas y rocas enormes donde yo

   (contemplar) _____^{d} toda la belleza natural a mi alrededor. Una tarde

   (yo: estar) _____^{e} en una de esas rocas cuando (oír) _____^{f}

   un grito que (parecer) _____^{g} humano. Me (dar) _____^{h} mucho

   miedo, pero pronto (saber) _____^{i} que no (ser) _____^{j} humano.

   Un águila (dar) _____^{k} el mismo grito unos pocos segundos después.

2. Nosotros (caminar) _____^{a} cuando (ver) _____^{b} algo muy

   raro. Juan Pablo (dormir) _____^{c} una siesta de pie, pues todo su cuerpo

   (estar) _____^{d} inclinado contra la puerta de una tienda abandonada.

   Cuando, de repente (*suddenly*), alguien (abrir) _____^{e} la puerta, él

   (dejar) _____^{f} de dormir. Pero no (decir) _____^{g} ni una palabra.

Mis diversiones

LABORATORY MANUAL

Gráficos

A. Cada loco con su tema. Write the name of the person or persons from the drawing that each sentence describes.

1. _____

2. _____

3. _____

4. _____

5. _____

6. _____

B. ¿Qué hacen en la fiesta? Answer the questions about the drawing in complete sentences in Spanish. Repeat the correct answer.

1. ...   2. ...   3. ...   4. ...   5. ...   6. ...   7. ...   8. ...   9. ...   10. ...

C. Una fiesta estupenda. Listen to the sentences about the drawing. If the sentence is true, answer **cierto** and say the sentence. If the sentence is false, answer **falso** and restate the sentence so that it is correct. Repeat the correct answer.

MODELO: (Celia y Juan jugaron a las cartas.) → falso: Celia y Juan bailaron.

1. ... 2. ... 3. ... 4. ... 5. ...

D. ¿Qué hace Ud.? Listen to the beginning of each statement and match it to the most logical cue. Then say the entire statement, completing it with the appropriate cue. Repeat the correct answer.

MODELO: (Vamos a tocar nuestras...) guitarras / cartas → Vamos a tocar nuestras guitarras.

1. discos / casetes
2. siesta / película
3. boleto / batería
4. bailar / dormir
5. mirar / oír

E. En la tienda de vídeos. Listen to the following statements overheard in a video store. Write the number of each statement next to the word it refers to.

a. _____ espía
b. _____ ciencia ficción
c. _____ ganga
d. _____ vídeo
e. _____ películas

Situaciones

¡Qué bien! ¡Qué mal! Listen to the following statements and respond to them with the appropriate positive or negative expression given. Repeat the correct answer.

1. ¡Genial! / ¡Fatal!
2. ¡Fenomenal! / ¡Pésimo!
3. ¡Qué mal toca! / ¡Qué bien toca!
4. ¡Baila de maravilla! / ¡Baila de un modo horrible!
5. ¡Estupendo! / ¡Qué malo!

Pronunciación

Spanish *p*, *t*, *k*

The Spanish sounds [p] and [k] (as in **ca, que, qui, co, cu, kilo**) are explosive consonants. The [p] and [k] sounds, although less explosive, are very similar to their English counterparts. The Spanish **t**, however, is quite different.

The Spanish **t** is pronounced with the tip of the tongue against the *upper teeth* and not against the upper gums, as is the case with the English *t*. Listen and repeat.

tenis	todo	tímido
tanto	temprano	cita
tocadiscos	batería	cantar

The Spanish **t**, in contrast with the English *t*, is never fused with the following **r**. To pronounce the **tr** combination correctly in Spanish, imagine that there is a "little" **e** in between the letters: **tres** (t^eres), **tren** (t^eren). Listen and repeat.

trabajo	treinta	tráfico
teatro	encontrar	otros
actriz	cuatro	traje

Gramática esencial

8.1 STEM-CHANGING VERBS

A. First repeat each sentence after the speaker. Next, change each one based on the cue words given on the tape, saying the entire sentence. Then repeat the correct answer. Note that you do not need to include the subject pronouns.

> MODELO: Perdemos los casetes. (ellos) → Pierden los casetes.

1. Duermen hasta las diez.
   a. ... b. ... c. ...
2. ¿Piensas cantar esa canción?
   a. ... b. ... c. ...
3. Piden el nuevo vídeo.
   a. ... b. ... c. ...

4. ¿Entienden las respuestas?
   a. ... b. ... c. ...
5. Raúl puede tocar la guitarra.
   a. ... b. ... c. ...
6. No queremos salir a bailar.
   a. ... b. ... c. ...

B. Answer the questions you hear according to the following cues. Repeat the correct answer.

> MODELO: (¿Qué no entienden Uds.?) las instrucciones → No entendemos las instrucciones.

1. a las siete
2. en el examen
3. en español
4. tristeza
5. Raúl
6. no, a las once

8.2 POLITE COMMAND FORMS OF STEM-CHANGING VERBS

You will hear a series of short sentences twice. Respond to each with a negative polite command. Repeat the correct answer.

> MODELOS: (Pienso en esa película.) → ¡No piense Ud. en esa película!
>
> (Pensamos en esa película.) → ¡No piensen Uds. en esa película!

1. ... 2. ... 3. ... 4. ... 5. ...

8.3 PRESENT PARTICIPLE OF STEM-CHANGING VERBS

¿Qué están haciendo? First listen to the model sentence, then change the verb to the present progressive, saying the entire sentence. Repeat the correct answer.

> MODELO: (Pido música moderna.) → Estoy pidiendo música moderna.

1. ... 2. ... 3. ... 4. ... 5. ...

8.4 STEM CHANGES IN THE PRETERITE

Mi abuela. Your poor grandmother is getting old and can't always remember who did what. Use the following cues to tell her who actually did the things you told her about. Repeat the correct answer.

> MODELO: (¿Serviste el almuerzo?) mi madre → Mi madre sirvió el almuerzo.

1. Luisita
2. yo
3. Marisa
4. mi hermana
5. mi padre
6. yo
7. tú

8.5–8.6 DIRECT OBJECT PRONOUNS AND THEIR POSITION

A. Answer the questions on the tape, substituting direct object pronouns for the nouns indicated and using the cues to complete the answer. Repeat the correct answer.

> MODELO: (¿Qué hiciste con la casetera?) la casetera: perder → La perdí.

1. los vídeos: devolver
2. la cantante: aplaudir
3. mi disco compacto: traer a la fiesta
4. la telenovela: Ana
5. las películas: mis hermanos

B. You will hear a series of questions. Answer them affirmatively, replacing the direct object noun with the correct direct object pronoun. There is more than one possible answer for each. Repeat the one you hear.

> MODELO: (¿Puedes cantar la canción?) → Sí, puedo cantarla. / Sí, la puedo cantar.

1. ...   2. ...   3. ...   4. ...   5. ...

C. You will hear a series of polite affirmative commands. Change each to a negative command, changing the position of the direct object pronoun. Repeat the correct answer.

> MODELO: (¡Sírvala!) → ¡No la sirva!

1. ...   2. ...   3. ...   4. ...   5. ...

Comunicación

A. Una conversación telefónica. You will hear a brief conversation between Luis and Ana. Listen the first time for the gist of the conversation. Listen a second time and then answer the questions. Repeat the correct answer.

1. ¿Por qué llama Luis a Ana?
2. ¿Qué va a hacer Ana el sábado?
3. ¿Tiene Ana el boleto para el concierto?
4. ¿A qué hora deciden ir al cine?
5. ¿A qué hora comienza la película?

B. Rosa romántica. You will hear a series of questions based on the drawing. Listen carefully and circle the letter of the correct answer. Provide your own answer to the last question.

1. a. Va a cenar a las ocho.

    b. Ella toca a las tres.

    c. El concierto comienza a las dos.

2. a. No los encontré.

    b. Los compro en el teatro.

    c. Los pido al 288-7500.

3. a. Quiere darlo en la plaza central.

    b. Prefiere cantar en el Café Almíbar.

    c. Canta sus canciones en el Teatro Alcázar.

4. a. «Sin ti no puedo» y «Quiero, quieres».

    b. «Prefiero estar sola» y «No la llames».

    c. «Muero de amor» y «No siento tu calor».

Rosa Laredo canta sus canciones más famosas.
Matinée: domingo, 23 de julio, 2 p.m.
Teatro Alcázar.
Avenida San Ramón, 245.
Sienta la emoción de:
«Sin ti no puedo»
«Quiero, quieres»
«Prefiero estar sola»
Boletos por teléfono:
Llamar al 288-7500

5. a.   Sienten la emoción de sus canciones.

    b.   Piensan que los boletos están muy caros.

    c.   No sienten nada.

6. ...

C.   Dictado: El concierto. You will hear a short paragraph about Rosa Laredo three times. The first time, listen to the entire paragraph to understand the gist. The second time, use the pauses to write each sentence in the space provided. The third time, check what you wrote.

_____

_____

_____

_____

_____

D.   Para ti. You will hear twice a series of questions about yourself. Answer them in complete sentences. No answers will be given on the tape.

1. ...   2. ...   3. ...   4. ...   5. ...   6. ...

LECCIÓN 8

WORKBOOK

Gráficos

A. El conjunto Loli y los Pulpitos. Study the drawing and create sentences by matching the names in column A to the actions in column B.

A

1. _____ Loli
2. _____ Silvi
3. _____ Dani
4. _____ Mari
5. _____ Bárbara

B

a. aplaude mucho
b. toca la batería
c. toca el bajo
d. canta y baila
e. toca la guitarra

B. Una carta de Bárbara. Use words from the list to complete Bárbara's letter to her cousin about the concert she attended. Do not alter or repeat words from the list.

billetes	empiezan	pasó
cantante	entiende	qué bárbaro
concierto	escenario	qué pésimo
delante del	lejos de	todo el mundo
dormir	llovió	volvimos

Querida Amalia:

Anoche asistí a un _____ ^1 de rock con mi nuevo amigo Raúl. Fuimos a oír el conjunto

de Loli y los Pulpitos. _____ ^2 gozó de la música. ¡Y nosotros estábamos directamente

_____ ^3 escenario! Los _____ ^4 costaron mucho y el concierto fue _____ ^5

aquí, pero Raúl _____ ^6 que Loli es mi _____ ^7 favorita. Y no puedes imaginar lo

que _____ ^8 al final del concierto. Loli nos invitó a subir al _____ ^9 y bailar.

¡_____ ^10! Después _____ ^11 a casa porque hacía mal tiempo— _____ ^12

toda la noche. Bueno, mañana _____ ^13 los exámenes finales. ¡_____ ^14! Esta

noche no puedo _____.^15 Tengo que estudiar química.

Un beso, Bárbara

C. ¿Qué hicieron? Complete the sentences with the correct words from the list. Do not alter or repeat words from the list.

el bajo muy bien	con la música de ese conjunto	el televisor
las cartas toda la noche	la siesta esta tarde	un vídeo interesante
concierto con Miguel	la telenovela «María la del barrio»	

1. Bailamos _____.

2. Abuelita durmió _____.

3. Mis primos jugaron a _____.

4. Ese muchacho tocó _____.

5. ¿Encendiste _____?

6. Alquilaron _____.

7. Asistimos al _____.

8. Grabé _____.

D. ¿Cómo pasa Ud. el tiempo? Answer the following questions in complete sentences in Spanish.

1. ¿Asiste Ud. a conciertos? ¿Qué tipo de concierto prefiere?

_____

_____

2. ¿Dónde prefiere Ud. estar durante un concierto, muy cerca del escenario o lejos?

_____

3. ¿De qué conjunto o cantante es Ud. fanático/a? ¿Compra Ud. muchos de sus discos?

_____

_____

4. ¿Qué programas prefiere Ud. mirar en la televisión? ¿Cuáles graba con frecuencia?

_____

_____

5. ¿Alquila Ud. muchos vídeos? ¿Dónde? ¿Cuánto paga por alquilar un vídeo?

_____

_____

_____

Gramática esencial

8.1 STEM-CHANGING VERBS

A. Decisiones, decisiones. Complete the following sentences with the present tense form of the indicated words.

El cine

—Mira, yo no (querer) _____[1] ir a ver esa película.

—¿(Tú: Preferir) _____[2] alquilar una y verla en casa?

—Sí, ¿por qué no llamo por teléfono y (yo: pedir) _____[3] *Emma*?

—Bueno, si Estela y su amigo (volver) _____[4] temprano, todos (poder) _____[5] verla con ellos.

—¿Por qué no esperamos a ver qué (querer) _____[6] ver ellos?

La siesta

—Es que no (tú: entender) _____,[7] Jaime. Si no (nosotros: pedir) _____[8] un vídeo ahora, (yo: dormir) _____[9] una siesta.

—Cuando (tú: almorzar) _____[10] tarde siempre tienes sueño. Yo (pensar) _____[11] que es mejor almorzar temprano.

—Está bien. ¿Por qué no (tú: encender) _____[12] el televisor? Esa nueva telenovela (comenzar) _____[13] ahora mismo.

—No (yo: poder) _____[14] entender por qué (tú: tener) _____[15] que ver tantas telenovelas.

—Pues, seguramente (tú: pensar) _____[16] demasiado.

B. ¿Dónde están los billetes? You have lost tickets to an important concert. Construct complete sentences with the following elements, creating a dialogue between you and a friend. Use verbs in the present tense.

UD.:   yo: no poder / encontrar / billetes / concierto

1. _____

SU AMIGO/A: ¿por qué / siempre / tú: perder / billetes?

2. _____

UD.:   yo: sentirlo / pero / yo: no encontrarlos / en ninguna parte

3. _____

SU AMIGO/A: ellos: no devolver / dinero / si / uno / perder / billetes

4. _____

UD.:   ¡Qué lástima! / billetes / costar / mucho

5. _____

8.2 POLITE COMMAND FORMS OF STEM-CHANGING VERBS

Sí, hágalo, por favor. Answer the following questions using polite commands.

> MODELOS: ¿Pido una canción tradicional? → Sí, pida una canción tradicional.
>
> ¿Pedimos una canción moderna? → Sí, pidan una canción moderna.

1. ¿Repito el precio de los vídeos?

   _____

2. ¿Volvemos al salón de recreo mañana?

   _____

3. ¿Jugamos a las cartas con los amigos?

   _____

4. ¿Pido boletos para el concierto de Loli y los Pulpitos?

   _____

5. ¿Encendemos el televisor antes de la cena?

   _____

8.3 PRESENT PARTICIPLE OF STEM-CHANGING VERBS

¿Qué hace todo el mundo antes del concierto? Construct sentences to tell what everyone is doing before tonight's concert.

> MODELO: cantantes / dormir una siesta → Los cantantes están durmiendo una siesta.

1. fanáticos / pedir / autógrafos / a / músicos

   _____

2. guitarrista principal / repetir / instrucciones / para / otros guitarristas

   _____

3. técnicos / encender / luces

   _____

4. cocinero / de / conjunto / servir / cena

   _____

5. niños / de / cantantes / dormir / en / autobús

   _____

8.4 STEM CHANGES IN THE PRETERITE

Rosa, una cantante muy difícil. Complete the following story with the correct preterite form of the indicated verbs.

Anoche cuando Rosa y su conjunto (llegar) _____[1] al club, el dueño (*owner*) del club les (servir) _____[2] una gran cena antes del concierto. Pero como Rosa no (dormir) _____[3] en el autobús, (preferir) _____[4] dormir durante la cena. Cuando ella se (despertar) _____,[5] media hora antes del concierto, (querer) _____[6] cenar y (pedir) _____[7] una cena elegante sólo para ella. El dueño lo (sentir) _____[8] mucho, pero no (poder) _____[9] convencer al cocinero. El cocinero simplemente no (querer) _____[10] preparar una cena especial para ella. Al final el cocinero le (servir) _____[11] un sándwich. Claro, entonces Rosa no (querer) _____[12] cantar. ¡Qué desastre!

8.5–8.6 DIRECT OBJECT PRONOUNS AND THEIR POSITION

A. Lo hice. Rewrite the following sentences, substituting direct object pronouns for the underlined nouns.

MODELO: Cantó la canción. → La cantó.

1. Vendiste los casetes.

   _____

2. No pidieron un disco compacto.

   _____

3. Tocaste la guitarra muy bien.

   _____

4. No encuentro las entradas.

   _____

5. Alquilé un vídeo.

   _____

6. Vimos a Elisa y a María en el concierto.

   _____

B. ¿Lo sabes contestar? Answer the questions using the direct object pronoun and the cues. When there is more than one possibility, write both.

MODELO: ¿Sabes cantar la canción? (Sí) → Sí, la sé cantar. Sí, sé cantarla.

1. ¿Nos oíste a Gloria y a mí ayer? (Sí)

   _____

2. ¿Invitamos a Estela hoy? (No)

   _____

3. ¿Vamos a la tienda a ver el televisor y el radio que quieres? (Sí)

   _____

4. ¿Cómo estás pidiendo los billetes? (por teléfono)

   _____

5. ¿Le gusta a Ud. tocar la guitarra? (No)

   _____

6. ¿Dónde te podemos encontrar? (en el mismo lugar)

   _____

PARA RESUMIR Y REPASAR

A. ¡Ya lo hice! Respond to the following commands using **ya,** the preterite form of the verb, and the direct object pronoun.

MODELO: Duerma una siesta. → Ya la dormí.

1. Pida el nuevo vídeo. _____

2. Devuelvan mi casetera. _____

3. Sirvan unas bebidas. _____

4. Almuerce en el comedor. _____

5. Encuentre los casetes. _____

B. Write five logical sentences by combining a subject, verb, and predicate from the three columns. Do not repeat or alter any words.

MODELO: Mis padres asistieron al concierto de Annie Lennox.

A	B	C
mis padres	durmió	una siesta de tres horas
nuestros vecinos	dio	muchas canciones mexicanas
la película	aplaudieron	los vídeos a la tienda
mi amiga y yo	cantamos	de la música que tocaron
el conjunto	gozó	al concierto de Annie Lennox
los fanáticos	comienza	un concierto anoche
mi abuelita	asistieron	a las cartas todos los viernes
todo el mundo	devuelva	a las ocho y cuarto
(Ud.)	juegan	mucho al final del concierto

1. _____

2. _____

3. _____

4. _____

5. _____

Comunicación

A. **¿Qué quieres ver en la tele hoy?** Read the television listing and answer the questions that follow.

MARTES 3 JULIO

15.30 TVE-1 **EL TIEMPO**

15.30 ANTENA-3 **HASTA LA MERIENDA**
Incluye las series de dibujos animados "HE-MAN", "FAT ALBERT" y "DINO RIDERS".

15.35 TVE-1 **CRISTAL** (Capítulo 147)
Alejandro y Victoria están discutiendo cuando aparece una señora que, sin mediar palabra, dispara contra él y huye dejando el arma en manos de Victoria.

16.25 TVE-1 **CAJÓN DESASTRE**

16.30 TVE-2 **SESIÓN DE TARDE:**
LOS NOVIOS DE MI MUJER ★
Producción española de 1972, con guión de J. J. ALONSO MILLÁN y RAFAEL J. SALVIA. 83 minutos. Color.

Alfredo Landa y Esperanza Roy forman un feliz matrimonio hasta el día que deciden irse de vacaciones a la montaña.
Un matrimonio decide disfrutar de sus vacaciones en la montaña. Ella encuentra a una de sus amigas, para la que el estar casada es como un baile en el que se puede cambiar tranquilamente de pareja, y su esposo tiene la misma idea. Una serie de circunstancias harán que todos sean infieles entre sí.
INTÉRPRETES: ALFREDO LANDA, ESPERANZA ROY, ANDRÉS PAJARES, LUIS DÁVILA, HELGA LINÉ, JAIME DE MORA Y ARAGÓN. Director: RAMÓN FERNÁNDEZ.
(VER CARÁTULA RECORTABLE EN PÁG. 91.)

17.00 TELE-5 **DISCOTECA DE VERANO**
NUEVO PROGRAMA
Programa musical que ofrece una selección de los mejores videoclips aparecidos en el mercado discográfico, además de actuaciones y juegos en el estudio.

17.20 TELE-5 **TELENOVELA:**
"DÍAS DE BAILE"

17.25 TVE-1 **EL DUENDE DEL GLOBO**

17.30 TVE-1 **LOS MUNDOS DE YUPI:** "EL SILBATO DE YUPI"

17.30 ANTENA-3 **BOLETÍN DE NOTICIAS**

17.35 ANTENA-3 **EL BARÓN**
Continúan las aventuras de John Mannering, un tejano millonario que lucha contra el crimen, conocido en la alta sociedad londinense como "El Barón".

17.55 TVE-1 **AVANCE TELEDIARIO**

18.00 TVE-1 **HOY, DE 6 A 7**
"Magazine" vespertino que presentan CONCHA GALÁN y GREGORIO GONZÁLEZ.

18.00 TVE-2 **EL ESPECTACULAR MUNDO DE LOS RECORDS GUINNESS**
Nuevos programas de este espacio basado en el libro "Guinness de los Records", que ya se emitió por TVE el pasado verano. El programa de hoy incluye: un record en el deporte de esquí acuático; el primer elefante que hace esquí sobre el agua; un minusválido que quiere dar la vuelta al mundo en su silla de ruedas; un arriesgado número de trapecio; el mayor castillo de arena y un intento de batir la marca de salto en coche sobre otros vehículos. Guión: IAN GORDON y CAROL ROSENSTEIN. Dirección: BRUCE GOWERS.

1. ¿Cómo se llama la telenovela que presentan hoy? ¿A qué hora la presentan?

   _____

   _____

2. ¿A qué hora debe Ud. encender el televisor si quiere saber qué tiempo va a hacer mañana?

   _____

3. ¿Cómo se llama la película de la sesión de la tarde? ¿De dónde es?

   _____

   _____

4. ¿A qué horas puede Ud. ver las noticias hoy? (dos posibilidades)

   _____

5. ¿Qué programa presentan a las cinco de la tarde? ¿Qué tipo de programa es?

   _____

   _____

B. ¡Qué aburrido! Your city cousin has invited you to a concert of very modern music. The next day you call your best friend back home and tell her about it. Express the following in Spanish, using the preterite tense.

1. My cousin ordered (**pedir**) the tickets, but I paid for them.

   _____

2. The concert started at 1 A.M.

   _____

3. I didn't like the songs, they were horrible.

   _____

4. The lead singer refused to sing without a guitar.

   _____

5. The fans applauded, sang, and asked for more songs.

   _____

C. Para ti. Answer the following questions about yourself.

1. ¿Qué música prefieres oír?

   _____

2. ¿Qué almuerzas generalmente?

   _____

3. ¿Siempre devuelves los discos o casetes de tus amigos?

   _____

4. ¿Hasta qué hora duermes los sábados?

   _____

5. ¿Entiendes bien el español?

   _____

D. ¡A escribir! Nos divertimos. On a separate sheet of paper, write a brief composition about the last time you went out with your friends. Build your paragraph by including the following information.

- Did they invite you or did you invite them?
- Did you have to buy tickets or pay to get in? Was this an event that began at a certain time?
- What did you do there and what, if any, was the occasion? Did you eat, watch or listen to something or someone, participate in an activity?
- How long were you there? Did you spend a great deal of money?
- Did everyone have fun?

Use the preterite tense and include some of the following vocabulary words.

VOCABULARIO ÚTIL

aplaudir	canción	escenario	ruido
bailar	costar	gozar	tocar
billete	empezar	película	volver

Viaje por el mundo hispánico: España

A. Los árabes en España. Match the events at the right with the dates given at the left. Can you do them from memory?

1. _____ 711–732
2. _____ 1492
3. _____ 785
4. _____ 875

a. el número de columnas en la Mezquita de Córdoba
b. los años de la conquista de la península ibérica por los árabes
c. el año en que Fernando e Isabel expulsaron a los árabes
d. el año en que comenzó la construcción de la Mezquita de Córdoba

B. Geografía andaluza. Match the following places with the cities where they are located. Each letter is used more than once.

1. _____ La Alhambra
2. _____ La Mezquita
3. _____ El Lucenario
4. _____ El Patio de los Naranjos

a. Granada
b. Córdoba

C. ¿Cierto o falso? Decide if the following statements are true or false. Rewrite the false sentences with the correct information.

1. _____ La música flamenca es la fusión de varias clases de música.

_____

2. _____ Los gitanos llegaron a España en el siglo XVIII.

_____

3. _____ «El amor brujo» es una composición musical.

_____

4. _____ Federico García Lorca sólo escribió poesías.

_____

5. _____ El flamenco tuvo influencia en la poesía y el teatro de Lorca.

_____

D. Poesía. Answer in Spanish in complete sentences.

1. ¿Qué es una jaca? ¿De qué color es la jaca del poema?

   _____

2. ¿Qué lleva el hombre en su alforja?

   _____

3. ¿A qué ciudad no va a llegar el hombre?

   _____

4. ¿Quién mira al hombre? ¿Desde dónde lo mira?

   _____

Prueba de práctica

A. Vocabulario. ¿Qué frases de la columna B corresponden a las palabras de la columna A? Escriba la letra en el espacio en blanco.

A	B
1. _____ la canción	a. comprar los billetes
2. _____ el concierto	b. cantar
3. _____ la ganga	c. encender
4. _____ el hambre	d. dormir la siesta
5. _____ las luces	e. costar poco
6. _____ el músico	f. almorzar mucho
7. _____ el sueño	g. tocar la guitarra

B. Los verbos. Complete con la forma apropiada del presente de los verbos entre paréntesis.

María (querer) _____[1] ver una película de horror esta noche, pero ella no (poder)

_____[2] ir al cine porque (tener) _____[3] que cuidar a su hermanita. Su

madre no (volver) _____[4] del trabajo hasta las 9:00. María (pensar)

_____[5] que van a pasar una película de Drácula por la televisión. (Comenzar)

_____[6] a las 8:00. Ella la (pedir) _____[7] por teléfono.

C. Los mandatos (*commands*). Dé la forma apropiada del mandato plural (**Uds.**) en lugar de la frase entre paréntesis.

MODELO: (Hay que cantar) _____ ahora una canción romántica →
Canten ahora una canción romántica.

1. (Es necesario repetir) _____ la canción.

2. (Hay que volver) _____ a tocar ese número.

3. (Uds. tienen que encender) _____ las luces ahora.

4. (Necesitamos pedir) _____ los aplausos del público.

5. (Deben comenzar) _____ el espectáculo a las 8:00.

D. Los pronombres. Rewrite the following sentences, substituting direct object pronouns for the underlined nouns.

1. Loli y los Pulpitos tocaron <u>un número nuevo</u>.

   _____

2. Alquilamos <u>tres vídeos estupendos</u>.

   _____

3. Humberto tocó <u>dos guitarras</u> en el concierto.

   _____

La persona

LECCIÓN 9

LABORATORY MANUAL

Gráficos

A. Para prepararse. Listen to the statements about the drawing. Write the names of the people from the drawing that these sentences describe.

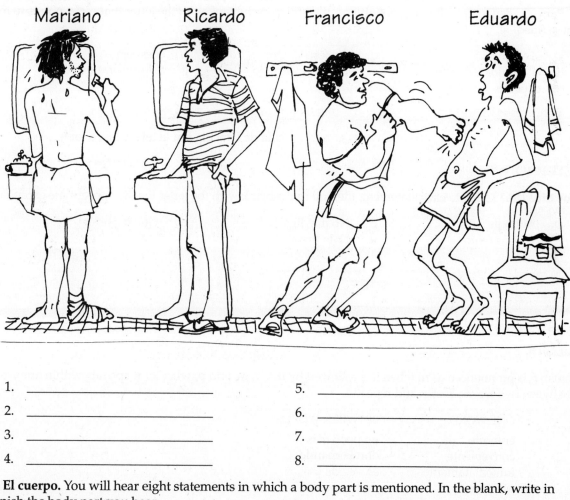

Mariano   Ricardo   Francisco   Eduardo

1. _____   5. _____
2. _____   6. _____
3. _____   7. _____
4. _____   8. _____

B. El cuerpo. You will hear eight statements in which a body part is mentioned. In the blank, write in Spanish the body part you hear.

1. _____   5. _____
2. _____   6. _____
3. _____   7. _____
4. _____   8. _____

C. Listen to the conversation between the two roommates, Alicia and Raquel. Listen a first time for the gist. Then listen a second time to complete the sentences with the correct vocabulary word or words. Listen a third time to check your answers.

1. Alicia ya _____ cuando Raquel llega.

2. Raquel _____ llegar de la fiesta.

3. Alicia _____ con Diego.

4. Raquel se _____ con Antonio en la fiesta.

5. Antonio y Raquel _____ muy bien.

6. Antonio y Raúl se fueron porque Raúl _____.

7. Antonia y Raúl invitaron a Raquel y a Alicia a _____ en el parque.

8. Raquel y Alicia van a _____ ahora.

D. Para... Listen to the following definitions, then fill in each blank with the letter that corresponds to the item defined.

a. el champú
b. el cepillo de dientes
c. el peine

d. el jabón
e. el secador de pelo

f. el espejo
g. el intercomunicador

1. _____ 2. _____ 3. _____ 4. _____ 5. _____ 6. _____ 7. _____

Situaciones

¿Qué dice Ud.? Listen to each statement, then fill in the blank with the letter for the appropriate expression.

a. ¡Anímate!
b. No seas tonto.

c. ¡No me digas!
d. ¡Date prisa!

e. ¿Qué te pasa?

1. _____ 2. _____ 3. _____ 4. _____ 5. _____

Pronunciación

Spanish *n*

Spanish **n** is pronounced as **m** when it is followed by **b, v, f, m,** and **p,** whether it appears within one word or between two words. Listen and repeat.

ONE WORD	BETWEEN WORDS
enfermo	un poco más
conveniente	don Fernando
inmediatamente	en vez de ir
invierno	un momento
inmenso	un perro
conversación	un brazo

Repeat these sentences after the speaker.

1. En verano prefiero un buen vaso de sangría.
2. En verdad creo que necesito un pequeño descanso.

3. Estando en Francia decidí residir un mes en París.
4. En momentos como éste esas inversiones no son tan buenas como tú crees.
5. Recibí una carta en verso de un viejo amigo que vive en Filadelfia.
6. Está algo enfermo y por eso se siente un poco infeliz y triste.

Gramática esencial

9.1 REFLEXIVE CONSTRUCTIONS

A. You will hear a series of sentences. Change each one into a reflexive construction. Repeat the correct answer.

MODELO: (Despierto a Marta.) → Me despierto.

1. ... 2. ... 3. ... 4. ... 5. ... 6. ...

B. ¿Qué deseas? You will hear the speaker use a reflexive verb to express a wish. Respond to each wish with an affirmative or negative command. Repeat the correct answer.

MODELOS: (Quiero acostarme.) → ¡Acuéstese!

(No quiero afeitarme.) → ¡No se afeite!

1. ... 2. ... 3. ... 4. ... 5. ...

9.2 THE PERFECT TENSES

A. Use these cues to answer the questions in the present perfect. Repeat the correct answer.

MODELO: (¿Quién duerme?) Ana → Ana se ha dormido.

1. yo 2. ella 3. María 4. tú 5. vosotros 6. yo 7. nosotros 8. los niños

B. ¿Quién para quién? Listen to each sentence. Restate the sentence using the present perfect tense. Note the placement of object pronouns. Repeat the correct answer.

MODELOS: (Ellos van a prepararlo.) → Lo han preparado.

(Yo debo limpiarlo.) → Lo he limpiado.

1. ... 2. ... 3. ... 4. ... 5. ... 6. ... 7. ... 8. ...

C. Listen to each statement. Restate each sentence using the past perfect. Repeat the correct answer.

MODELO: (Me las he lavado.) → Me las había lavado.

1. ... 2. ... 3. ... 4. ... 5. ... 6. ...

9.3 INDIRECT OBJECT PRONOUNS

A. You will hear a sentence followed by an indirect object pronoun. Repeat the sentence, placing the pronoun in the proper place. Remember that there may be more than one proper placement. Repeat the answer you hear.

MODELOS: (Traes unos casetes. / le) → Le traes unos casetes.

(Necesitan explicar el problema. / le) → Necesitan explicarle el problema.

1. ... 2. ... 3. ... 4. ... 5. ... 6. ... 7. ... 8. ... 9. ... 10. ...

B. ¿Para quién lo hicieron? You will hear five statements. Restate each one, adding the appropriate indirect object pronoun and repeating the prepositional phrase you hear for emphasis. Repeat the correct answer.

MODELO: Puse la toalla. (a él) → Le puse la toalla a él.

1. Trajimos el espejo.
2. Dijeron la verdad.
3. Elisa dio la clase.
4. Sequé la ropa.
5. Trajiste una toalla enorme.

Comunicación

A. Gestos del mundo hispánico. You will hear twice a narration about the way people in the Hispanic world use gestures to communicate. The following list of unfamiliar vocabulary words will be read before the narration. After listening to the vocabulary list, listen to the narration once to understand the gist. Read the items in each column. Then listen to the narration a second time to match the columns.

VOCABULARIO ÚTIL

hacia arriba	*upward*
moviendo	*moving*
hacia abajo	*downward*
alguien	*someone*
se lo comunicamos	*we communicate it to him/her*
por encima de	*above*
bajamos	*we lower*
como cortando	*as if cutting*
desaprobación	*disapproval*
dedo índice	*index finger*
pulgar	*thumb*
dejando	*leaving*
espacio	*space*

A

1. _____ Adiós.

2. _____ Venga Ud.

3. _____ Un poco.

4. _____ ¡Me he enojado!

5. _____ No me gusta.

6. _____ No, no, no.

7. _____ Un minuto, por favor.

B

a. levantar y mover rápidamente el dedo índice de un lado a otro

b. con la mano hacia abajo, mover los dedos hacia el cuerpo

c. levantar el dedo índice y el pulgar, dejando un pequeño espacio entre los dos

d. poner la palma de la mano hacia arriba y mover los dedos rápidamente

e. levantar las dos manos por encima de la cabeza

f. mover repetidamente un lado de la mano arriba y el otro abajo

g. bajar los brazos y manos inmediatamente

B. ¿Un hombre típico? You will hear twice a series of statements based on the following drawings. Fill in the blank for each statement with the letter of the corresponding drawing.

a.

b.

c.

d.

e.

1. _____   2. _____   3. _____   4. _____   5. _____

C. Dictado: Los problemas de Rafael. You will hear a short paragraph about Rafael three times. First listen to the entire paragraph to understand the gist. During the second reading, use the pauses to write each sentence in the space provided. Then listen again to check what you wrote.

_____

_____

_____

_____

_____

_____

_____

D. Para ti. You will hear twice a series of questions about yourself. Answer them in complete Spanish sentences. No answers will be given on the tape.

1. ...   2. ...   3. ...   4. ...   5. ...

LECCIÓN **9**

WORKBOOK

Gráficos

A. Las partes del cuerpo. Fill in each blank with the vocabulary word that corresponds to the number.

Enrique, el chico de _____¹ rubio, quiere sentarse porque tiene la _____² y las

_____³ muy cansadas. No está contento con su dibujo de la _____⁴ de Claudia,

pero tampoco le gusta el _____⁵ que Leticia hizo. Lázaro recibió un premio por el dibujo de la

_____.⁶ El profesor trajo la escultura de una _____⁷ a clase porque hoy deben

terminar los dibujos de las partes de la _____.⁸ Juan terminó su dibujo de las _____⁹

ayer y ya trató de hacer el dibujo del _____,¹⁰ la _____¹¹ y los _____.¹²

El profesor le dice que ahora puede hacer un dibujo del _____.¹³

B. ¿Quiénes son? Fill in each blank with the most appropriate name(s) from the drawing.

1. _____ tiene(n) pelo largo y lacio.

2. _____ tiene(n) pelo rizado.

3. _____ es una persona calva (son personas calvas).

4. _____ tiene(n) pelo muy corto.

5. _____ es un estudiante rubio (son estudiantes rubios).

6. _____ acaba(n) de llegar porque se despertó/despertaron tarde.

7. _____ no se quitó la chaqueta hoy.

8. _____ dibuja sentado.

C. Descripciones. Say all you can about Leticia and Claudia or Enrique and don Tomás.

1. _____

_____

_____

2. _____

_____

D. Una persona que… Fill in each blank in column A with the letter of the adjective in column B that corresponds to the statements. Some adjectives are used more than once.

A

1. _____ No quiere levantarse.

2. _____ Grita mucho.

3. _____ Acaba de ducharse.

4. _____ No tiene que peinarse.

5. _____ Puede trabajar muchas horas sin descansar.

6. _____ Se siente enferma.

7. _____ No se ha secado todavía.

8. _____ Con frecuencia no completa su trabajo.

9. _____ Se siente frustrada o irritada.

B

a. calvo

b. débil

c. enojado

d. fuerte

e. mojado

f. perezoso

Gramática esencial

9.1 REFLEXIVE CONSTRUCTIONS

A. Todos ayudan a los otros. Complete the following sentences by looking at the corresponding drawing and expressing what one person is doing to another. *Note:* You will not be using reflexive constructions in this exercise.

MODELO: Mamá seca a Lolita.

1. _____

hoy.

2. _____

temprano.

3. _____
por la mañana.

4. Antes de ir al trabajo

_____.

5. _____
anoche a las siete.

6. A la hora de cenar

_____.

7. _____
para la escuela.

8. _____
para desayunar.

B. Me ayudo. Now use the reflexive forms of the verbs in exercise A in the preterite to state that the following persons did the same things to themselves.

MODELO: Mamá secó a Lolita. (Lolita) → Lolita se secó.

1. (yo) _____

2. (Roberto y tú) _____

3. (Pancho y Lolita) _____

4. (Luisita y yo) _____

5. (Mamá) _____

6. (vosotras) _____

7. (yo) _____

8. (tú) _____

C. Te preparas para la escuela. Complete these sentences by writing the reflexive pronoun that corresponds to the word in parentheses and inserting it in an appropriate place. If there is more than one, write all possibilities for placement. Add any accent marks that may be necessary.

> MODELO: (tú) _____ siempre _____ pones ropa fea. →
> Siempre *te* pones ropa fea.

1. (Ud.) ¿Por qué _____ enoja _____ con los estudiantes que llegan

   _____ tarde?

2. (yo) _____ canso _____ de esperar _____ para comenzar

   _____ la clase de ejercicios aeróbicos.

3. (Marta) Es que no _____ siente _____ bien.

4. (ellas) _____ divierten _____ mucho en la clase.

5. (los estudiantes) _____ están levantando _____ ahora para hacer

   _____ los nuevos ejercicios.

6. (tú) _____ levantaste _____ con un problema en la espalda.

7. (nosotros) No _____ sentimos _____ débiles después de la clase.

8. (Uds.) ¡_____ sienten _____ a la mesa, por favor!

9. (tú) ¡No _____ afeites _____ porque es hora de salir ya!

10. (vosotras) No entiendo por qué _____ tenéis que _____ peinar _____ tanto.

9.2 THE PERFECT TENSES

A. ¡Ya lo he hecho! Luis's sister is in charge of him and his friends this afternoon. After a couple of hours, she begins to boss the boys around. Help Luis respond to her commands by telling her it has already been done.

> MODELOS: No se enojen conmigo. → Ya nos hemos enojado contigo.
>
> Sécate las manos. → Ya me he secado las manos.

1. Despiértense. _____

2. Levántate del sofá. _____

3. Báñate. _____

4. Pónganse los zapatos. _____

5. Siéntense a la mesa. _____

6. Antonio no debe quitarse los calcetines. _____

   _____

7. Tus amigos no pueden afeitarse. _____

8. No te acuestes en mi cama. _____

9. Tus amigos no pueden dormir en el sofá. _____

   _____

10. ¡Me voy a cansar de Uds.! _____

B. Antonio y Raúl. Read the following dialogue and give the past participle of the infinitives in parentheses.

ANTONIO: ¿Por qué no me has (abrir) _____[1] la puerta?

RAÚL: Porque no te he (oír) _____.[2] Estaba en el baño.

ANTONIO: ¿Qué has (decir) _____[3]? ¿No estás listo todavía? ¿Qué has (hacer) _____[4] en toda la tarde?

RAÚL: Pues, he (escribir) _____[5] cartas a dos amigos que no he (ver) _____[6] desde hace tiempo (*for some time*).

ANTONIO: ¿Te has (bañar) _____[7] ya?

RAÚL: Sí, pero no me he (poner) _____[8] la ropa todavía.

ANTONIO: Pero, ¡hombre!

RAÚL: ¿Por qué has (volver) _____[9] a buscarme? Puedo ir solo.

ANTONIO: Es que necesito ir en tu coche, porque el mío se ha (romper) _____.[10]

C. Ud. en la mañana. On the first line of each item, write questions using the cues and the present perfect. On the second line, answer the questions in the first person.

MODELO: ¿levantarse / Ud. / tarde? → ¿Se ha levantado Ud. tarde?
Sí, me he levantado tarde.

1. ¿ya / afeitarse / Ud.?

   _____

   _____

2. ¿enojarse / con Ud. / sus hermanos?

   _____

   _____

3. ¿Uds. / perderse / esta mañana?

   _____

   _____

4. ¿Uds. / no recibir / toallas / todavía?

   _____

   _____

5. ¿cómo / secarse / Uds.?

   _____

   _____

6. ¿Ud. / pedirlas / ya?

   _____

   _____

7. además / ¿Ud. / comprar / secador de pelo?

   _____

   _____

D. ¿Quién hizo qué? Restate each sentence using the present perfect.

    MODELO: No vi el perfume. → No he visto el perfume.

1. Mi hermana lo puso ahí. _____

2. ¿Por qué no me lo dijo a mí? _____

3. ¿No leíste su nota? _____

4. ¿Me escribió una nota? _____

5. Sí, hizo todo lo posible por ayudarte. _____

    _____

6. ¿Volvió ya ella? Debo darle las gracias. _____

    _____

E. ¿Había vuelto? Rewrite the dialogue using the past perfect of the italicized verbs.

    MODELO: Cuando llamé, *fuiste* a la biblioteca. → Cuando llamé, *habías ido* a la biblioteca.

    DAVID: ¿No te *trajo* _____[1] los paquetes Raúl cuando llegaste anoche?

    PACO: No, nadie *vino* _____[2] a casa cuando llegué. Tomás me *escribió* _____[3]

    una nota que decía que querían visitarme, pero eso fue por la mañana.

    DAVID: No entiendo. Raúl me *dijo* _____[4] que iba a ir a tu casa. Me *explicó*

    _____[5] que quería llevarte los paquetes temprano.

    PACO: Pues, cuando por fin llegaron Tomás y Antonio, yo ya me *duché* _____[6]

    y me *acosté* _____.[7] Me levanté para contestar la puerta y Raúl aún no *llegó*

    _____[8] con los paquetes.

    DAVID: Y, ¿qué es eso?

    PACO: No sé. No lo *vi* _____[9] antes.

    DAVID: ¡Por Dios! Son los paquetes. ¿Ves? Raúl *volvió* _____[10] a casa antes y te los

    dejó aquí.

9.3 INDIRECT OBJECT PRONOUNS

A. En la clínica. Rewrite the following sentences, adding the appropriate indirect object according to the cue. For emphasis, also add the prepositional phrase to each sentence.

    MODELO: Hablé por teléfono. (a la doctora) → Le hablé a la doctora por teléfono.

1. La doctora hizo un examen. (a mí)

    _____

2. ¿No miró la nariz? (al niño)

    _____

3. ¿Ella quiso examinar los ojos primero? (a ti)

    _____

4. ¿Tocó la cara y los dedos del pie? (a Ud.)

_____

5. Pida las aspirinas. (a él)

_____

6. Está hablando de mi situación. (a los otros doctores)

_____

7. ¿No trajo nada para el dolor? (a vosotras)

_____

B. Una persona contradictoria. Each time that you want something, your friend wants the opposite. Write the negative of each command.

     MODELO: (el despertador) Dénoslo. → No nos lo dé.

1. (la almohada) Cómprenosla. _____

2. (las sábanas) Límpienoslas. _____

3. (la cabeza) Examínenosla. _____

4. (las explicaciones) Pídanoslas. _____

5. (la mesa) Pónganosla. _____

6. (la mecedora) Véndanosla. _____

C. Unos favores. Rewrite the following sentences, replacing the direct object nouns with pronouns.

     MODELO: Ella me compra la colonia. → Ella me la compra.

1. Ella me lavó el pelo. _____

2. Yo le traje el jabón. _____

3. Uds. nos limpiaron la casa. _____

4. Déles el desodorante, por favor. _____

5. Présteme su champú, por favor. _____

6. No me quite el secador de pelo todavía. _____

7. Felipe les trajo las sábanas a las muchachas. _____

8. Ellas quieren venderle el intercomunicador a Ramiro. _____

9. ¿No le compraste el despertador a tu prima? _____

10. Le he escrito dos cartas. _____

11. Nos ha puesto un telegrama. _____

PARA RESUMIR Y REPASAR

A. ¿Pretérito, imperfecto o mandato (command)?

En cuanto (yo: levantarse) _____[1] ayer, (enojarse) _____.[2] No (tener) _____[3]

toallas limpias en casa. (Querer) _____[4] bañarme y llegar al trabajo temprano. (Llamar)

_____[5] a mi esposo a su oficina y le (preguntar) _____[6] si (haber) _____[7] toallas limpias. Él me (decir) _____ [8] que no, pero me (dar) _____ [9] una buena idea.

Me (decir) _____:[10] «Querida, (quitarse) _____ [11] el pijama, (bañarse) _____ [12] y (secarse) _____ [13] con una sábana». Después del baño, (yo: sentirse) _____ [14] mejor, y (alegrarse) _____ [15] de llegar al trabajo temprano.

B. **¿Por o para?** Complete with the appropriate preposition.

Pasé _____ [1] la clínica ayer _____ [2] la tarde porque no me sentía muy bien. En efecto, sentía algo raro _____ [3] todo el cuerpo. Había muchas personas en la clínica, _____ [4] eso, esperé más de una hora. _____ [5] fin pasé a ver a la doctora. Me escuchó y me examinó, sin decir nada. Luego, me dio dos píldoras _____ [6] el dolor (*pain*) y sólo me dijo que quería verme otra vez si no me sentía mucho mejor _____ [7] el lunes. Tomé las píldoras y, efectivamente, me sentí mucho mejor. La doctora sabe mucho, _____ [8] supuesto, pero, _____ [9] mí no habla lo suficiente.

Comunicación

A. **¡Sí funciona!** Read the advertisement from the Marie Taylor Figure Salon and answer the following questions.

1. ¿Cuánto cuesta un curso de doce meses por persona regularmente? ¿Cuánto cuesta ahora? Explique la oferta de dos por uno.

   _____

   _____

2. ¿Cuánto cuesta la matrícula por persona?

   _____

   _____

3. Según el anuncio, ¿qué le puedes dar a tu cuerpo si haces ejercicio en este salón?

   _____

   _____

4. ¿De dónde viene este anuncio?

   _____

   _____

5. ¿Cómo es la mujer del anuncio? ¿Es alta? ¿Es gorda? ¿Tiene el pelo lacio? ¿Tiene el pelo negro? ¿Por qué cree Ud. que pusieron su foto en este anuncio?

   _____

   _____

2 1

En
Marie Taylor
Figure Salon

Sí Funciona

16 años sirviendo a la mujer puertorriqueña

curso 12 meses
para dos personas

$8 al mes
por persona

•más $25. de matrícula[a]
por persona.
•reg. $16 al mes
por persona.

Dale a tu cuerpo nuevas proporciones , ven con una amiga o familiar y hagan el plan las dos por el precio de una.

A las primeras 65 personas   GINA ROMERO
que se matriculen   Directora

SAN FRANCISCO SHOPPING CENTER (BAJOS)
Ave. De Diego, Urb. San Francisco, Río Piedras
Tels. 764-7960 - 764-7143 - 764-7543
Abierto de Lunes a Viernes de 8:30 am a 9:pm
Sábados de 9:am a 4: pm

[a]*enrollment*

B. Preguntas del médico. You are going to your doctor for your annual physical exam. Answer these questions using the cues given.

1. ¿Se siente Ud. débil a veces? (si no dormirse temprano)

   _____

2. ¿Se cansa fácilmente? (si levantarse temprano)

   _____

3. ¿Puede tocarse (*touch*) la nariz con el dedo de la mano? (si sentarse / poder hacerlo)

   _____

4. ¿Se despierta por la noche? (sólo si llamarme por teléfono)

   _____

5. ¿Puede pagar ahora? (si no enojarse primero)

   _____

C. Para ti. Briefly describe the ideal man or woman. Use the adjectives and nouns you learned in this chapter, as well as any other words you know.

> MODELO: Para mí, el hombre ideal tiene el pelo corto, castaño y rizado. Tiene los ojos negros y la nariz pequeña. Es alto y tiene las piernas largas. Es una persona simpática. Le gusta levantarse temprano por la mañana para hacer ejercicio.

_____

_____

_____

_____

_____

_____

D. ¡A escribir! No hay tiempo. You are so busy that you feel stretched to the limit. Your counselor asks you to try to organize your time better, and to begin this, she wants you to monitor your time and activities and write a report for her (as if you have time!). On a separate sheet of paper, write the segment of your report that describes your evening and morning routines. Build your report by including some or all of the following information.

- What time do you return home?
- What do you do when you get home? study? eat? bathe? watch television?
- What do you do before you go to bed? bathe or shower? wash your face? brush your teeth? read?
- What time do you generally fall asleep? Do you sleep well?
- What time does your alarm clock go off? What time do you actually get up?
- What do you do before you leave the house? bathe or shower? get dressed? shave? eat? brush your teeth? your hair? and so on.
- What time do you leave the house?

Viaje por el mundo hispánico: Bolivia, Ecuador y Perú

A. Fill in each blank in column A with the correct letter from column B.

	A		B
1.	_____ Cocha Cashu	a.	país que tiene casi 25 millones de habitantes
2.	_____ La Paz	b.	parque que está en el suroeste de Perú
3.	_____ Manú	c.	día de la independencia peruana
4.	_____ Quito	d.	población de Bolivia
5.	_____ la República de Perú	e.	atracción especial en Manú
6.	_____ 28 de julio	f.	una de las dos estaciones biológicas amazónicas
7.	_____ la República de Ecuador	g.	capital de Ecuador
8.	_____ guacamayas	h.	capital administrativa de Bolivia
9.	_____ 10 de agosto	i.	día que celebra el «Primer Grito de la Independencia»
10.	_____ menos de 8 millones	j.	país que tiene menos de un millón de kilómetros cuadrados

B. **Poesía.** Answer the following questions.

1. ¿Cómo eran los caballos?

   _____

2. ¿Qué región conquistaron los guerreros y sus caballos?

   _____

3. ¿Dónde estamparon sus herraduras los caballos?

   _____

Prueba de práctica

A. Antónimos. Empareje (*Match*) cada palabra de la columna A con su antónimo de la columna B.

	A		B
1.	_____ aburrido	a.	calvo
2.	_____ activo	b.	divertido
3.	_____ con mucho pelo	c.	enojado
4.	_____ contento	d.	largo
5.	_____ corto	e.	perezoso

B. Ya lo han hecho. La madre de Paco quiere saber por qué Paco y sus amigos no han hecho ciertas cosas. Paco le explica que ya han hecho esas cosas. Conteste por Paco, usando el verbo **haber** y el participio pasado, según el modelo.

> MODELO: Paco, ¿por qué no quieren *ver* esa película tus amigos? →
> Porque ya han visto esa película.

Paco, ¿por qué...

1. no *se pone* los zapatos tu amigo?

   _____

2. no *haces* la tarea?

   _____

3. no *se sientan* Uds?

   _____

4. no *dices* «Buenos días»?

   _____

5. no *abres* la ventana?

   _____

C. Los verbos. Dé el pluscuamperfecto (*past perfect*) de los infinitivos entre paréntesis para indicar que la acción se completó anteriormente.

Luis me (decir) _____[1] que venía a mi casa anoche, y yo le

(escribir) _____[2] una nota pidiéndole unos casetes. Pero, a las

10:00 de la noche, Luis todavía no (venir) _____[3] y no me

(traer) _____[4] los casetes. Lo llamé, y su madre me

explicó que no (ver) _____[5] a Luis, porque él

(llegar) _____[6] del trabajo tarde y

(llevar) _____[7] al perro enfermo al veterinario. Ahora

Luis me dice que me (llamar) _____[8] anoche para decirme

que su perro (morir) _____,[9] pero que yo ya me (acostar)

_____.[10]

D. Los pronombres directos e indirectos. Conteste las preguntas con las palabras entre paréntesis, según el modelo.

MODELO: ¿El despertador? (yo / prestar / Pepe) → Yo se lo presté a Pepe.

1. ¿Las almohadas? (tú / prestar / Josefina)

   _____

2. ¿El secador de pelo? (Lilí / no prestar / a mí)

   _____

3. ¿La planta? (la tía Clara / regalar / a mí)?

   _____

4. ¿Los espejos? (yo / mandar / a ti)

   _____

5. ¿El champú? (ellas / pedir / su madre)

   _____

La presencia hispánica en los Estados Unidos

LECCIÓN 10

LABORATORY MANUAL

Gráficos

A. El desfile anual de Santa Fe. Study the drawing of the parade. You will hear statements about the lettered items. Write down the letter that corresponds to the item you hear, then write out the vocabulary word or words used.

1. _____   5. _____   8. _____

2. _____   6. _____   9. _____

3. _____   7. _____   10. _____

4. _____

B. You will hear a series of vocabulary words that you have studied. As you listen, write each word under the appropriate heading. Then for each category, write a sentence that includes one or more of the words you have heard.

1. CELEBRACIÓN PÚBLICA   2. POLÍTICA   3. TELEVISIÓN

_____   _____   _____

_____   _____   _____

_____   _____   _____

1. _____

2. _____

3. _____

C. Quiero que me compres... Review the shop names in the box on page 254 of your text. Listen as your friend tells you where she is going in the Sagüesera, then tell her what you want her to buy for you. For each statement, select the appropriate item from the following list. Repeat the correct answer.

MODELO: (Voy primero a la pescadería. / Quiero que me compres mariscos frescos.)

carne	helado de chocolate	mariscos frescos
flores, violetas quizá	libro nuevo	papel de varios colores

1. ...   2. ...   3. ...   4. ...   5. ...

D. Listen to the following conversation. Listen a first time for the gist. Then listen a second time to complete the sentences about the dialogue with the appropriate vocabulary word or words. Listen a third time to check your answers.

1. A Jesús le sorprende que haya esa _____.

2. Pepa dice que este _____ es el más popular del año.

3. Jesús quiere que su madre venga a ver las _____ y a oír a

los _____.

4. La madre de Jesús quiere saber qué pasa con la _____ de su

telenovela favorita.

5. Pepa quiere ir a la heladería para comprar un _____.

6. Jesús tiene que ir a la _____ para comprar cosas para su madre.

7. Esta noche Jesús va a asistir al _____ porque quiere conocer

al _____.

8. Pepa cree que el _____ es _____ y difícil.

9. Pepa le aconseja a Jesús que no le diga nada al gobernador, porque ese hombre no

es _____.

Situaciones

Review the following phrases. Respond to the statements with the one that seems most appropriate. Repeat the answer you hear.

¡Me lo llevo!   ¿A cuánto está este televisor?
Está en oferta.   ¿Qué se le ofrece?
Me parece un poco caro.   A Ud. se lo dejo por $200.

1. ...　2. ...　3. ...　4. ...　5. ...　6. ...

Pronunciación

Stress in Word Pairs

Circle the letter of the word that is the same as the one you hear. Each word will be said twice.

1. a. practiqué   b. practique   5. a. continué   b. continúe
2. a. me casé   b. me case   6 a. está   b. ésta
3. a. busqué   b. busque   7. a. habló   b. hablo
4. a. llegué   b. llegue   8. a. viajó   b. viajo

Gramática esencial

10.1–10.3 SUBJUNCTIVE MOOD

A. Gente exigente. Julio can be very demanding at times. Change the statements you hear into dependent clauses to tell what Julio wants various people to do. Repeat the correct answer.

MODELO: (Hablas español.) → Quiero que hables español.

1. ...　2. ...　3. ...

B. Following the same pattern as in exercise A, tell what Mónica and Julio want the following people to do. Repeat the correct answer.

MODELO: (Uds. celebran el Cinco de Mayo.) → Deseamos que Uds. celebren el Cinco de Mayo.

1. ...　2. ...　3. ...

C. Following the same pattern as in exercise A, form questions to express what Mónica is asking a friend. Repeat the correct answer.

MODELO: (Buscan la carroza.) → ¿Quieres que busquen la carroza?

1. ...　2. ...　3. ...

D. A sus órdenes. You aim to please everyone! Repeat each statement, then use the present indicative to respond. Repeat the correct answer.

MODELO: (Quieren que dirijas el desfile.) → Entonces dirijo el desfile.

1. ...　2. ...　3. ...　4. ...　5. ...

10.4 SUBJUNCTIVE WITH VERBS OF VOLITION (WILL)

A. You will hear a series of main clauses. Combine each with the corresponding phrase printed below, changing the phrase into a subjunctive dependent clause. Repeat the correct answer.

> MODELO: (Deseamos que tú...) celebrar tu cumpleaños →
> Deseamos que tú celebres tu cumpleaños.

1. hacerlo
2. no hablar con el alcalde
3. no gastar su dinero
4. pedir la cuenta
5. ¿volver a Miami?
6. no comer helado

B. ¡No quiero que lo hagas! You will hear a series of statements. Repeat each, using the pronoun printed below to create a subjunctive dependent clause. Repeat the correct answer.

> MODELO: (Queremos traerlo.) ellos → Queremos que ellos lo traigan.

1. tú   2. Uds.   3. yo   4. Ud.   5. nosotros   6. ella

10.5 SUBJUNCTIVE WITH VERBS OF EMOTION

A. ¿Te gusta el mantecado? Express your friend's reactions regarding the dessert you will serve. First repeat the model sentence, then replace the verb in the main clause with the cue you hear to create a new sentence. Repeat the correct answer.

> MODELO: (Me gusta que me traigas mantecado. / alegrarse de) →
> Me alegro de que me traigas mantecado.

1. ...   2. ...   3. ...   4. ...   5. ...

B. Comentarios. You overhear a number of comments while attending the local parade. Use the cues you hear to form main clauses, and convert the following statements into dependent subjunctive clauses. Repeat the correct answer.

> MODELO: La reina no trae al alcalde. (yo / esperar) → Yo espero que la reina no traiga al alcalde.

1. El alcalde no viene al desfile.
2. La carroza llega tarde.
3. Los locutores no me conocen.
4. Allí no venden mantecado.
5. Los refugiados hablan inglés.

10.6 Gustar AND VERBS LIKE gustar

A. ¿Qué te gusta? You will hear a series of sentences. Restate each one, changing the verb according to the cue. Repeat the correct answer.

> MODELO: (Me gustan tus ojos. / encantar) → Me encantan tus ojos.

1. ...   2. ...   3. ...   4. ...   5. ...

B. You will hear a series of questions containing **gustar** and similar verbs. Answer them negatively. Then repeat the correct answer.

1. ...   2. ...   3. ...   4. ...   5. ...   6. ...

Comunicación

A. Los hispanos en los Estados Unidos. You will hear a passage about Hispanics in the United States. Listen to the passage the first time for the gist. Listen a second time and then answer the questions. Repeat the correct answer.

1. ¿Cuáles son algunos de los estados con un pasado hispano?
2. ¿Hasta qué siglo fue mexicana gran parte de la región del suroeste de los Estados Unidos?
3. ¿Qué les molesta de los inmigrantes hispanos a algunos ciudadanos norteamericanos?
4. ¿Qué prefieren estas personas?
5. ¿De qué se alegran los otros ciudadanos?

B. Todo el mundo tiene su opinión. As part of your political campaign, you have to listen to people's opinions and try to please everyone. Construct the following people's opinions about what you do or should do. Repeat the correct answer.

> MODELO: (gobernador aconsejarme) hablar / más / con / comerciantes / barrios →
> El gobernador me aconseja que hable más con los comerciantes de los barrios.

1. dirigirme / más / al público
2. buscar / diferente / maneras / de / anunciar / campaña electoral
3. hablar / dos idiomas
4. llevar / bandera / de los Estados Unidos / en / desfile
5. mantener relaciones / con/ países / hispano
6. salir / en traje regional / en /desfile
7. volver a visitarlos / antes / elecciones
8. olvidar / su cumpleaños / durante / elecciones

C. Dictado: ¿Cómo son los hispanos? You will hear a short paragraph about Hispanics in the United States three times. The first time, listen for the gist. During the second reading, use the pauses to write each sentence in the space provided. Then listen again to check what you wrote.

_____

_____

_____

_____

_____

_____

_____

_____

D. Para ti. You will hear a series of statements about various individuals. Use the phrases below to express your reaction to each.

(No) Me gusta que…	(No) Me sorprende que…	(No) Me alegro de que…
(No) Siento que…	(No) Me molesta que…	(No) Espero que…

> MODELO: (Mi familia habla dos idiomas.) → Me gusta que mi familia hable dos idiomas.

1. ... 2. ... 3. ... 4. ... 5. ...

WORKBOOK

Gráficos

A. Un desfile. Fill in each blank with the vocabulary word that corresponds to the number.

La _____¹ espera impacientemente para ver el desfile, especialmente la

_____² con la _____³ del festival. Hay _____⁴ de seis naciones

para recordar las culturas de Texas. Los _____⁵ tocan música alegre. El hombre que

monta a _____⁶ y lleva _____⁷ es un _____.⁸ El hombre cerca

del _____⁹ de radio WWNY es un _____¹⁰ hispano y anuncia el desfile en

español. A su lado hay varios dignatarios: el _____¹¹ del estado, la _____¹²

de la ciudad y el _____¹³ de México.

B. **Crucigrama.** Complete the crossword puzzle with the words defined.

HORIZONTAL

1. no prohíbo
5. se sienta pacientemente hasta que empieza
7. la figura política más importante del estado (f.)
10. banda de frecuencia en la televisión para la emisión de programas
11. en los desfiles un vehículo con muchas flores
14. español o inglés o alemán o japonés
16. una persona buena y decente
17. tortilla o cumbia o paella o guayabera o salsa
18. gusta mucho
19. personaje principal

VERTICAL

2. representante de otro país (f.)
3. músico mexicano
4. ropa representativa de una cultura
6. la mujer principal de un festival o desfile
8. la figura política femenina más importante de la ciudad
9. relacionado con una cultura
12. que quiere controlarlo todo
13. un tipo de helado
15. símbolos de un país o cultura

C. Los contrarios. Fill in each blank in column A with the letter of the antonym in column B. Not all words will be used.

A	B
1. _____ humilde	a. prohibir
2. _____ permitir	b. molestar
3. _____ realista	c. despreciar
4. _____ gustar	d. besar
5. _____ apreciar	e. soberbio
	f. protagonista
	g romántico

Gramática esencial

10.1–10.3 SUBJUNCTIVE MOOD

A. En la heladería. You overhear the following snatches of conversation prior to the parade. Complete each statement with the correct subjunctive form of the verb in parentheses.

1. Yo deseo que Ud. (hablar) _____ con el alcalde de la ciudad.

2. Nuestros amigos quieren que nosotros (comer) _____ comida cubana.

3. Mis parientes desean que yo (vivir) _____ en Miami.

4. ¿No quiere Ud. que yo lo (invitar) _____ al carnaval de la Calle Ocho?

5. El cónsul desea que ellas no (llevar) _____ los carteles en la carroza.

6. Claro que quiero que Uds. (conocer) _____ las tradiciones hispánicas.

B. Preparativos para el desfile de Carnaval. Complete each sentence with the correct subjunctive form of the verb in parentheses.

1. Quiero que Uds. (buscar) _____ los trajes. No quiero que el desfile (comenzar)

   _____ sin nosotros.

2. Deseamos que tú (llegar) _____ temprano y que (dirigir) _____ la primera carroza.

3 No queremos que Uds. (pensar) _____ que se pueden ir después del desfile. Queremos que

   (volver) _____ con nosotros para comer una cena típica española.

4. ¿Quieres que yo (pedir) _____ una mesa en el restaurante Centro Vasco? No quiero que los

   niños (sentir) _____ demasiada hambre.

5. No quiero que Uds. (dormirse) _____ en la mesa. ¡Sé a qué hora se acostaron anoche

   después de la fiesta!

10.4 SUBJUNCTIVE WITH VERBS OF VOLITION (WILL)

¿Qué quiere Ud.? Use the indicated words to create a sentence that contains a subjunctive clause.

MODELO: Vienes al desfile. (yo / querer) → Quiero que vengas al desfile.

1. Los García sólo hablan en español. (yo / desear)

   _____

2. Nosotros compramos carne aquí. (¿Ud. / preferir?)

   _____

3. Tú y yo conversamos en inglés. (ella / mandarnos / no)

   _____

4. Él fuma en la residencia. (nosotros / no permitirle)

   _____

5. Voy al desfile con la cónsul. (papá / no dejarme)

   _____

6. No tomes tantas fotos. (yo / recomendarte)

   _____

7. ¿Habláis con el locutor? (ella / aconsejaros)

   _____

8. Les compramos mantecado. (ellos / pedirnos)

   _____

10.5 SUBJUNCTIVE WITH VERBS OF EMOTION

A. Dentro de (*Inside*) **una heladería popular.** Complete each sentence with the correct form of the verb in parentheses.

1. Me alegro de que tú me (traer) _____ un mantecado.

2. Esperamos que a Uds. les (gustar) _____ el helado de mango.

3. Temo que en la heladería ellos ya no (tener) _____ helado de piña.

4. Ella siente que a ti te (molestar) _____ el humo (*smoke*).

5. Nos molesta que Uds. (permitir) _____ que los clientes (fumar) _____

   en la heladería.

6. Me gusta que él (servir) _____ un pastel de fresa para tu cumpleaños.

7. A ellos les sorprende que Uds. (conocer) _____ las frutas tropicales.

B. Una conversación entre doña Guadalupe y Teresa. In the soap opera doña Guadalupe finally meets Teresa and is surprised that she actually likes her. Complete their dialogue in your own imaginative words.

1. Doña Guadalupe se alegra de que…

   _____

2. Teresa teme que…

   _____

3. Doña Guadalupe espera que…

_____

4. Teresa se sorprende de que…

_____

5. Doña Guadalupe siente que…

_____

6. A Teresa le gusta que…

_____

10.6 Gustar AND VERBS LIKE gustar

A. Opiniones y necesidades. Construct sentences using the words in the order given, and add the appropriate prepositional phrase. Make necessary changes and additions.

MODELO: yo / interesar / recuerdos de nuestra juventud →
A mí me interesan los recuerdos de nuestra juventud.

1. Raúl / encantar / la pintura de Guanajuato

_____

2. vosotras / hacer falta / comer arroz con pollo

_____

3. yo / interesar / historia de México

_____

4. los López / parecer / absurdo / dormirse antes de las diez

_____

5. tú / gustar / canciones rancheras

_____

6. nosotros / hacer falta / más restaurantes cubanos

_____

B. Entre familia. Write five sentences about how you and your family members feel about each other. Use verbs from the list to begin the sentences. Do not repeat verbs.

alegrarse   esperar   gustar   sentir   sorprenderse   temer

MODELO: Mis padres se alegran de que yo estudie mucho en la universidad.

1. _____

2. _____

3. _____

4. _____

5. _____

PARA RESUMIR Y REPASAR

A. Un letrero polémico. Express in Spanish.

1. I gave the sign to her to use in the parade.

   _____

2. But she had promised to give it to Julia and her brother.

   _____

3. We explained it to them: We had made the sign for the parade.

   _____

4. They didn't understand; they had wanted to take it to the consul.

   _____

5. I went back to the store, but the merchant had already closed it.

   _____

6. Luckily **(Por suerte),** Ramón had brought other signs and flags.

   _____

7. We've already given them to Julia.

   _____

B. Escenas de la vida. Give the correct form of the present subjunctive for the infinitives in parentheses.

No quiero que tú (repetir) _____[1] el nombre de ese «amigo». No permito que me (hablar) _____[2] de él. No quiero que (pensar) _____[3] que olvido sus ofensas. No quiero que tú (sentirse) _____[4] mal, pero prefiero que nosotros no lo (volver) _____[5] a ver.

El profesor recomienda que no nos (dormir) _____[6] en clase, que (practicar) _____[7] los verbos y que (buscar) _____[8] en el diccionario las palabras nuevas. Él quiere también que Sofía (dirigir) _____[9] la práctica.

Dígale a Elvira que queremos que ella (almorzar) _____[10] con nosotros, que (ella: llegar) _____[11] temprano a la cafetería, que (buscar) _____[12] la mesa que tenemos reservada, que se (sentar) _____[13] y que le (pedir) _____[14] al camarero que le (servir) _____[15] un refresco.

C. Formas del subjuntivo. Complete the chart with the present subjunctive forms, then write three sentences using the cues.

	decir	conocer	dormir	salir	llegar
yo					
tú					
él					
nosotros					
ellas					

1. Me alegro de que… (ellas: decir)

   _____

2. Quiero que… (tú: dormir)

   _____

3. Les sorprende que… (nosotros: llegar)

   _____

D. Su atención, por favor. Complete the paragraph by filling in each blank with the correct form of the verb in parentheses. Use the infinitive, present indicative, or present subjunctive.

Las personas que asisten a las celebraciones quieren (ver) _____[1] los desfiles y (oír)

_____[2] la música. Las autoridades dan conferencias donde (ellos: hacer)

_____[3] anuncios durante el día. Quieren que la muchedumbre los (escuchar)

_____[4] atentamente, pero a la mayoría no le gusta que los políticos (decir)

_____[5] nada. Prefieren que les (permitir) _____[6] disfrutar del festival. No me

sorprende que muy pocas personas (asistir) _____[7] a los programas de los dignatarios,

pero temo que a veces las autoridades (tener) _____[8] algo importante que decir.

Comunicación

A. Servicios de inmigración y amnistía. Study this advertisement, which appeared in the New York City Yellow Pages, and answer the questions that follow.

INMIGRACION

AMNISTIA

- Tarjetas verdes • Permisos[a] de trabajo • Empleadas domésticas
- Empleados (as) con o sin adiestramiento[b] • Visas de negocios[c] y corporaciones
- Audiencias[d] de deportación • Asilo político

CONSULTA GRATIS

YO SOY UN INMIGRANTE

Yo inmigré a los Estados Unidos en 1955 y me hice ciudadano[e] en 1966. Creo firmente que la única forma de vivir con agrado[f] en los EE. UU.[g] es teniendo residencia permanente y la ciudadanía. Yo entiendo sus problemas. Yo puedo ayudarle.

DR. MOISES APSAN
UN ABOGADO[h] LATINO AMERICANO

Oficinas en New York y New Jersey a una cuadra del "Path"

HABLAMOS ESPAÑOL - FALAMOS PORTUGUES

[a]*Permits*
[b]*training*
[c]*businesses*
[d]*Hearings*
[e]*citizen*
[f]*con… pleasantly*
[g]*Estados Unidos*
[h]*lawyer*

1. ¿Cómo le puede ayudar el doctor Apsan a una persona que quiera trabajar legalmente en los Estados Unidos? ¿Y a una persona que tema ser deportada?

   _____

2. ¿Por qué entiende el doctor Apsan los problemas del inmigrante?

   _____

3. ¿En qué año inmigró él a los EE. UU.?

   _____

4. ¿Cuántos años le tomó al doctor hacerse ciudadano de este país?

   _____

5. Según el doctor Apsan, ¿cuál es la única forma de vivir con agrado en este país?

   _____

B. ¡Voten por mí! Imagine that you are a Hispanic candidate for political office and are giving a speech before a group of supporters. Complete the following speech with the correct indicative or subjunctive forms of the verbs in parentheses.

Me alegro de que todos Uds. (comprender) _____[1] la importancia de un mundo bilingüe y multicultural. Me molesta que nosotros, los hispanos, (tener) _____[2] que dejar la cultura y el idioma que tanto le han dado a este gran país. Pero primero, quiero que Uds. (pensar) _____[3] que es una situación compleja. Les pido que Uds. me (aconsejar) _____[4] en esta labor. Por mi parte, no temo que las autoridades no (querer) _____[5] darnos los derechos (*rights*) y la ayuda económica que les (nosotros: pedir) _____.[6] Pero quiero que Uds. me (permitir) _____[7] el tiempo necesario para efectuar estos cambios (*changes*).

C. ¡A escribir! ¿Qué le parece a Ud.? Read the following passage and, on a separate sheet of paper, write a brief reaction to it. Use the cues to build your composition.

Me parece increíble que a estas alturas (*at this late date*) todavía tengamos ciertos problemas. Las actitudes racistas son cada vez más problemáticas, no sólo aquí, sino en todo el mundo. Algunos alemanes se muestran descontentos ante la presencia de los turcos y griegos aunque éstos hayan nacido en Alemania. Ciertos sectores franceses ven a los algerianos con miedo y resentimiento. En España los gitanos y los marroquíes (*Moroccans*) no son muy respetados. Nosotros aprobamos leyes para controlar la inmigración ilegal, pero es posible que esas mismas leyes causen problemas más graves. Y hasta el gobierno mexicano intenta controlar la inmigración de centroamericanos en su territorio. Todo esto presenta un gran dilema para todos. ¿Qué hacer? ¿Cómo darles empleo a unos sin quitárselo a otros? ¿Cómo favorecer a algunos sin afectar a otros? Y, por fin, ¿cómo vernos a nosotros mismos con ojos totalmente realistas? ¿Qué piensa Ud.?

Try to include some or all of these topics: racism, attitudes in different countries, solutions. Touch on the following kinds of reactions you might have.

- What seems incredible to you? (**increíble**)
- What bothers you?
- What seems illogical to you? (**ilógico**)
- What seems strange to you? (**extraño**)
- What seem curious to you? (**curioso**)
- What angers you?

Viaje por el mundo hispánico: México

A. Números y más números. Match the numbers with the appropriate statements.

A

1. _____ 60%
2. _____ 0–900 metros
3. _____ 30%
4. _____ 9%
5. _____ 900–1.800 metros

B

a. la población indígena
b. la población blanca
c. la tierra templada
d. la población mestiza
e. la tierra caliente

B. Guanajuato y la música mexicana. Complete each of the phrases with information from the reading.

1. Una leyenda dice que dos novios...

   _____

2. Parece que Guanajuato no fue una ciudad muy bien planeada porque...

   _____

3. Las imágenes que se exhiben en un museo popular de Guanajuato representan...

   _____

4. ... son tres tipos de música tradicional mexicana.

   _____

5. ... son dos mujeres roqueras de México.

   _____

C. Diego Rivera hoy día. Refer to page 43 of your text. As you learned in **Lección 1,** Diego Rivera painted murals full of social and political content. On a separate sheet of paper, explore how his paintings would be different if he were alive today. Also consider whether and how "rock en español" might appear in his work.

D. Poesía. Answer the questions.

1. ¿Es joven o viejo el poeta cuando escribe «En paz»?

   _____

2. ¿Qué no le dio la vida al poeta?

   _____

3. ¿Qué pasó cuando el poeta plantó rosales?

   _____

4. ¿Qué le debe él a la vida? ¿Y la vida a él?

   _____

Prueba de práctica

A. Vocabulario. ¿Qué frases de la columna A corresponden a las oraciones de la columna B?

A	B
1. _____ el alcalde	a. Es un músico que toca música mexicana.
2. _____ la bandera	b. Es la figura principal de una ciudad.
3. _____ el caballo	c. Describe el desfile para la radio.
4. _____ el comerciante	d. Es el propietario de una tienda.
5. _____ la embajadora	e. Es el símbolo de una nación.
6. _____ el locutor	f. Son muchas personas reunidas.
7. _____ un mariachi	g. Es el animal que va en el desfile.
8. _____ la muchedumbre	h. Representa a su país en el exterior.

B. ¿Qué quiere mi familia? Complete las oraciones con la forma apropiada del verbo entre paréntesis.

1. Mi madre no quiere que mi hermano y yo...

    a. (*salir*) _____ todas las noches.

    b. (*venir*) _____ tarde.

    c. (*hacer*) _____ ruido después de las 12:00.

    d. (*poner*) _____ los pies en la mesa.

2. Mis abuelos quieren que yo...

    a. (*conocer*) _____ sus tradiciones.

    b. (*oír*) _____ música con ellos.

    c. (*acostarse*) _____ temprano.

    d. (*almorzar*) _____ en su casa.

C. Narración corta. Dé la forma correcta de las palabras entre paréntesis.

Me alegro de que mis amigos (llegar) _____[1] mañana. Quiero que ellos (conocer)

_____[2] a mi familia, pero ellos (hablar) _____[3] solamente inglés y temo

que mis abuelos no los (entender) _____.[4]

D. ¿Qué les interesa? Exprese en oraciones completas lo que les interesa, les gusta, etcétera, a estas personas, según el modelo.

MODELO: mis amigos / interesar / las telenovelas → A mis amigos les interesan las telenovelas.

1. Ud. / interesar / la historia _____

2. mis compañeros / gustar / el baile _____

3. mis padres / encantar / los trajes regionales _____

4. tú / hacer falta / conocer las costumbres hispánicas _____

5. yo / molestar / los desfiles _____

6. yo / sorprender / las telenovelas _____

7. tú / interesar / los restaurantes cubanos _____

¿Cómo te sientes?

LABORATORY MANUAL

Gráficos

A. Los problemas médicos de Enrique. Study the following drawing. You will hear statements about the lettered items. Write down the letter that corresponds to the item you hear.

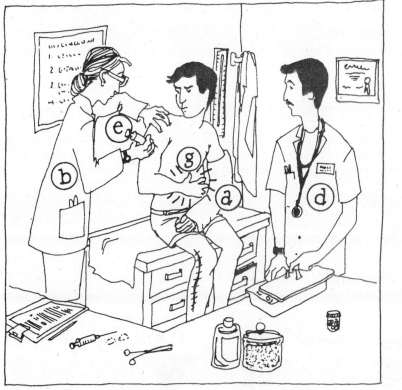

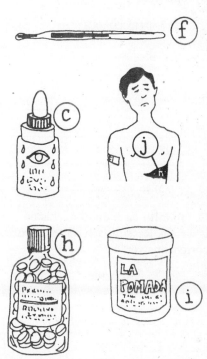

1. ____   3. ____   5. ____   7. ____   9. ____

2. ____   4. ____   6. ____   8. ____   10. ____

B. Listen to each statement, then circle the letter of the phrase that you associate most closely with it. You will hear each statement two times.

1. a. No creo que haya aspirina.

    b. Quiero que vayan al dentista.

    c. Creo que están en el hospital.

2. a. ¿Crees que sea fiebre?

    b. Es necesario que estés quieto.

    c. No dejen que me ponga una inyección.

3. a. Me sacaron una muela.

    b. Ha perdido mucha sangre.

    c. Quieren que les dé pastillas para el dolor.

4. a Quiero que me traigan aspirina.

    b. Quiero que me tomen la presión.

    c. Quiero que busques el oxígeno.

C. Read the headings below, then listen to the series of words on tape. As you listen to the words a second time, write the words under the appropriate category. There are three words per category. After writing the words, check your spelling, then write a sentence for each category in which you use one or more of the words listed.

1. ENFERMEDADES   2. DENTISTA   3. FARMACIA

   _____   _____   _____

   _____   _____   _____

   _____   _____   _____

1. _____

2. _____

3. _____

D. Juanito va al dentista. Listen to the statements about the picture. In each statement, one word or name is wrong. Restate each sentence correctly by substituting the correct word or name from the list. Repeat the correct answer.

calmantes   caries   empaste   Juanito

1. ...   2. ...   3. ...   4. ...

E. Mis problemas. Here are four body parts. Write in each blank the first letter of the body part related to the symptom read on tape.

C (cabeza)   G (garganta)   M (músculos)   N (nariz)

1. ____   2. ____   3. ____   4. ____   5. ____   6. ____

Situaciones

¿Cómo reaccionas? Match the expressions you hear to the expressions in the following list by writing the number of the expression you hear in the blank. You will hear each expression two times.

a. _____ Sí. No se me quita.

b. _____ No vayas al trabajo. Debes guardar cama.

c. _____ Ya lo sé. Estoy bajo mucha presión.

d. _____ Me duele mucho aquí.

e. _____ Sí. Ya no estoy congestionada.

Pronunciación

The Auxiliary *haber*

A. The forms of **haber** do not receive heavy stress in the spoken language. For this reason, you may miss them in ordinary conversation with a native speaker of Spanish. This is particularly true of the forms **he, has,** and **ha.** Since the **h** is silent, these forms can easily be absorbed by stressed syllables; thus "new" and longer syllables seem to appear. In other cases, **he, has,** and **ha** seem to disappear completely. Listen and repeat.

1. Él ha ido. (Elaído.)
2. No he entendido. (Noentendido.)
3. Tú has hablado. (Túasablado.)

B. Repeat these sentences after the speaker.

1. Él ha venido hoy.
2. ¿Lo has visto?
3. No lo he explicado.
4. Nunca he entrado allí.
5. ¿Ha hablado él?
6. ¿Le ha dado dos?

Gramática esencial

11.1 IRREGULAR PRESENT SUBJUNCTIVES: **dar, estar, ir, saber, ser**

A la doctora Sabelotodo le gusta dar órdenes. Transform the statements you hear into commands that the doctor might give. Repeat the correct answer.

MODELO: (Ella va al dentista.) → Quiero que ella vaya al dentista.

1. ...   2. ...   3. ...   4. ...   5. ...

11.2 FORMS OF THE PRESENT PERFECT SUBJUNCTIVE

La enfermedad de papá. You are anxious for your father to receive the best of care during his hospitalization. Transform the statements you hear in order to express your hopes. Repeat the correct answer.

> MODELO: (Han traído aspirina.) → Espero que hayan traído aspirina.

1. ...   2. ...   3. ...   4. ...   5. ...   6. ...

11.3 SUBJUNCTIVE WITH VERBS OF DISBELIEF, DOUBT, AND DENIAL

A. ¿Quién es? ¿Dónde está? You and your friends have differing opinions about people in the hospital. Restate each sentence according to the two cues given. Repeat the correct answer.

> MODELOS: Es doctora.   (lo creo) → Creo que es doctora
>
>   (lo dudas) → Dudas que sea doctora.

1. Es doctora.
   a. ...   b. ...
2. Está en la consulta.
   a. ...   b. ...
3. Ha ido a la sala de emergencias.
   a. ...   b. ...
4. El enfermero nos escucha.
   a. ...   b. ...

B. No estoy de acuerdo. You and Fernando usually get along well, but today you disagree with everything he says. Listen to each statement, then express the opposite. Repeat the correct answer.

> MODELOS: (Estoy seguro de que le duele el estómago.) →
>   No estoy seguro de que le duela el estómago.
>
>   (No creo que tenga fiebre.) → Creo que tiene fiebre.

1. ...   2. ...   3. ...   4. ...   5. ...   6. ...   7. ...

11.4 SUBJUNCTIVE WITH IMPERSONAL EXPRESSIONS

Es evidente, ¿no? Lola and Carmen are discussing the health of mutual friends. Each of their opinions begins with an impersonal expression. First repeat Lola's opinion, then substitute the impersonal expression with the cue you hear to express Carmen's opinion. Repeat the answer Carmen gives.

> MODELO: Es posible que él tenga un virus. (es cierto) → Es cierto que él tiene un virus.

1. Es preciso que los viejos se cuiden.
2. Es lástima que no vayan al médico.
3. Es importante que no tengan fiebre.
4. Es evidente que Anita está enferma.
5. No es posible que ella sepa la verdad.
6. Es necesario que le pongan una inyección.

11.5 COMPARATIVES AND SUPERLATIVES

A. ¿Quién está más enfermo? You will hear two statements. Use both statements and the verb indicated to form a comparative sentence. Repeat the correct answer.

> MODELOS: (La aspirina es buena. Esta pastilla es buena también.) ser bueno →
>   La aspirina es tan buena como esta pastilla.
>
>   (Un catarro es serio. La gripe es muy seria.) ser serio →
>   Un catarro es menos serio que la gripe.

1. cuidarse
2. estar enfermo
3. tener fiebre
4. necesitar inyecciones
5. perder sangre

B. You and a fellow doctor are describing various people and places at the hospital where you work. Respond to each of your colleague's descriptions with a superlative statement, using the proper form of the adjective. Repeat the correct answer.

MODELO: Ella es una buena enfermera. → Ella es la mejor enfermera.

1. Ese doctor es mayor que el enfermero.
2. Esta herida es grande.
3. Este hospital es peor que aquél.
4. Esta paciente es menor que la otra.
5. Es un consultorio pequeño.
6. Somos buenos doctores.

Comunicación

A. **¡Maldito (*Darned*) catarro!** You will hear twice a conversation between two friends. Listen to the conversation the first time for the gist. Listen a second time and then answer the questions. Repeat the correct answer.

1. ¿Qué le sorprende a Hugo?
2. ¿Cómo está Raúl en comparación con ayer?
3. ¿Qué le aconseja Hugo a Raúl?
4. ¿Qué le pide Raúl a Hugo?
5. ¿Qué le ofrece preparar Hugo?

B. **Los pacientes del doctor Hernández.** Listen as Dr. Hernández offers a simple diagnosis to each of his patients. What symptoms did his patients describe? Write the letter that corresponds to the most logical symptoms for each diagnosis.

MODELO: (Ud. tiene catarro. Le recomiendo que tome aspirina para el dolor de garganta y pastillas para la tos.) → b

a. Siento un calor tremendo.
b. Ay, doctor, me duele la garganta y tengo una tos horrible.
c. Este dolor de muelas no se me quita.
d. Ay, doctor, me duele el estómago.
e. Doctor, no puedo respirar y me duele el corazón.
f. Ay, doctor, me duele mucho el brazo.

1. _____   2. _____   3. _____   4. _____   5. _____

C. **Dictado: Una carta de mamá.** Your mother has written you a letter expressing her concern for your health. You will hear the letter three times. The first time, listen for the gist. During the second reading, use the pauses to write each sentence in the space provided. Then listen again to check what you wrote.

_____

_____

_____

_____

_____

_____

_____

D. Para ti. You will hear a series of statements twice. Circle **C (cierto)** if the statement is true or **F (falso)** if the statement is false for you. No answers will be given.

1. C F   3. C F   5. C F

2. C F   4. C F   6. C F

LECCIÓN **11**

WORKBOOK

Gráficos

A. En el hospital. Complete each sentence with the most appropriate words to describe the drawing.

1. El técnico (*technician*) le _____
   una _____ a Luisa.

2. La enfermera pone _____ en
   el ojo.

3. El enfermero le da _____ al hombre
   que tuvo un _____ al _____.

4. El médico pone _____ en la
   _____ que Juan tiene en el brazo.

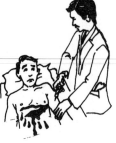

5. El enfermero le _____ una _____ a Felipe en el brazo.

6. La enfermera le _____ la _____ a la mujer que sufre de _____ de estómago.

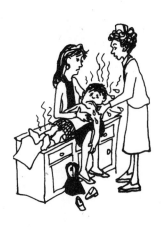

7. Carmen compró una _____ y unas _____ en la farmacia.

8. La médica le _____ el _____ en la boca al chico que tiene una _____ alta.

B. Asociaciones. Fill in each blank in column A with the letter of the most appropriate expression in column B.

A

1. _____ curar
2. _____ tener
3. _____ darle
4. _____ tomarle
5. _____ ponerle
6. _____ doler
7. _____ empastar
8. _____ sentirse

B

a. un ataque al corazón
b. la muela
c. muy mal
d. fiebre
e. la herida
f. la presión
g. la garganta
h. el termómetro

C. Crucigrama. Complete the crossword puzzle with each of the vocabulary words defined.

HORIZONTAL

1. el médico nos pone una para curarnos
5. lo hacemos con los pies
6. intentar
8. sirve para curar la enfermedad
10. pomada
13. reparación de las muelas
15. nota que da el médico para comprar medicina
16. sube y baja en las arterias
17. una venda muy pequeña
18. hace algo para quitar un dolor o enfermedad
19. dientes posteriores

VERTICAL

2. dolores de los músculos
3. un resfriado
4. problemas con las muelas
6. uno de los síntomas del catarro
7. lo que los médicos cuidan
9. doctores expertos en muelas
11. un catarro grave
12. antónimo de **afirmar**
14. puede ser profunda, duele y sale sangre
15. la voz cuando uno tiene tos

D. ¿Le gusta ir al dentista? Answer the following questions from your own experience.

1. ¿Cuántas veces al año va Ud. al dentista? _____
   _____

2. Generalmente, ¿cuántas nuevas caries tiene en cada visita? _____
   _____

3. ¿Siente mucho o poco dolor, generalmente? _____
   _____

4. ¿Qué hace el dentista para aliviarle el dolor? _____
   _____

5. ¿Es buena su actitud hacia el dentista o es mala? ¿Por qué? _____
   _____

6. ¿Cómo expresa el dolor durante la consulta del dentista? _____
   _____

Gramática esencial

11.1 IRREGULAR PRESENT SUBJUNCTIVES: **dar, estar, ir, saber, ser**

Doctores y pacientes. Form sentences using the words in the order given. Make any changes or additions that may be necessary.

> MODELO: espero / cuentas (*bills*) médicas / no / darle / ataque al corazón →
> Espero que las cuentas médicas no le den un ataque al corazón.

1. ella aconseja / nosotros / estar / en el hospital / una semana
   _____

2. no nos sorprende / enfermedad / ser / gripe
   _____

3. les pido / Uds. / no / me/ dar / esas horribles gotas para la nariz
   _____

4. ellos prefieren / tú / saber / la verdad / sobre tu enfermedad
   _____

5. la doctora Valdez / manda / yo / ir / a un especialista
   _____

6. temo / nosotros / no poder entrar al hospital
   _____

11.2 FORMS OF THE PRESENT PERFECT SUBJUNCTIVE

¡Ud. es médico/a! You are making the morning rounds in your position as a medical resident. Answer the following questions with a sentence using the present perfect subjunctive. Begin your response with the verb or phrase in parentheses.

MODELO: ¿Le han sacado una radiografía? (Me molesta...) →
Me molesta que le hayan sacado una radiografía.

1. ¿Han visto la herida del paciente? (Sentimos...)

   _____

2. ¿Le ha dado a tu papá un ataque al corazón? (Temo...)

   _____

3. ¿Ya ha salido tu papá de la sala de emergencias? (Me alegro...)

   _____

4. ¿No ha tenido Ud. fiebre antes? (Nos sorprende...)

   _____

5. ¿Le han puesto una inyección a la niña? (Espero / no)

   _____

11.3 SUBJUNCTIVE WITH VERBS OF DISBELIEF, DOUBT, AND DENIAL

En el Hospital Central. Complete these sentences with the correct indicative or subjunctive form of the verb indicated.

1. La paciente no cree que yo (ser) _____ doctora.

2. ¿Por qué niega ella que ellos (ser) _____ valientes?

3. No dudo que ella les (pedir) _____ mucho a los enfermeros.

4. ¿Por qué dudan Uds. que yo (estar) _____ con la doctora de turno?

5. Niegan que ella (haber tomado) _____ calmantes.

6. Creo que aquí no (haber) _____ un buen médico.

7. Dudo que ella (estar) _____ en este hospital.

8. Estamos seguros de que ella sólo (ir) _____ a la clínica del doctor Ortega.

9. ¿Dudas que ella (saber) _____ la verdad?

10. No negamos que (haber) _____ buenos médicos en esa clínica.

11.4 SUBJUNCTIVE WITH IMPERSONAL EXPRESSIONS

Una paciente complicada. You and your aunt's doctor are discussing your aunt's health. Form sentences using the words in the order given. Make any changes or additions that may be necessary.

MODELO: No es verdad / su tía / estar / buenas condiciones físicas →
No es verdad que su tía esté en buenas condiciones físicas.

1. es preciso / la paciente / cuidarse / mucho

   _____

2. pero / es probable / ella / no/ hacerlo

   _____

3. pues / es lástima / ellos / dejarla sola

   _____

4. es mejor / ella / hacerse / responsable / de su salud

   _____

5. bueno / es cierto / ella / tener / cuidarse

   _____

6. no es verdad / todos / querer / ayudarla

   _____

7. entonces / es seguro / los doctores / no poder / hacer nada

   _____

8. es posible / nosotros / llevarla a casa

   _____

11.5 COMPARATIVES AND SUPERLATIVES

A. **¿Igual o mejor?** Complete the following statements by expressing the English phrases in Spanish.

1. Elisa dice que esta aspirina es (*as good as*) _____ la otra.

2. No creo que los médicos trabajen (*as hard as*) _____ la enfermera Suárez.

3. Las medicinas genéricas son (*less expensive than*) _____ las otras.

4. Sí, pero en calidad son (*worse*) _____ las otras, ¿no?

5. La directora dice que el doctor Morales es (*the most practical*) _____ de todos los médicos.

6. Estas pastillas son (*as large as*) _____ ésas.

7. Esta farmacia es (*the cheapest*) _____ de la ciudad.

B. Use **tanto(s)/a(s)… como** to write equal comparisons.

   MODELO: yo / tener / pacientes / ella → Tengo tantos pacientes como ella.

1. estas pastillas / tener / aspirina / aquéllas

   _____

2. el hospital militar / tener / enfermeras / la Clínica Simón Bolívar

   _____

3. el supermercado / tener / pastillas / la farmacia

   _____

4. Ud. / tener / vendas / la doctora

   _____

C. **El más grande no es siempre el mejor.** Complete the following paragraph in Spanish.

Un día llevé a mi hija (*oldest*) _____[1] al Hospital O'Higgins porque no se sentía bien. Dicen que es (*the biggest hospital*) _____[2] de la ciudad, pero dudo que sea (*the best*) _____[3] No es (*the oldest*) _____[4] que tenemos aquí, pero tampoco es (*the most modern*) _____[5] Esperamos cinco horas para ver al médico. Por fin salió (*the smallest man*) _____[6] que jamás habíamos visto. Cuando la enfermera que nos atendía lo vio, me dijo: «Señora, ése es (*the worst*)

_____[7] médico que tenemos en este hospital». También me dijo que él creía

que era (*the best*) _____[8] doctor del país, pero que nunca escuchaba a sus

pacientes. Mi hija y yo nos fuimos del hospital inmediatamente. Prefiero ir a un hospital (*smaller*)

_____[9] con (*better*) _____[10] médicos. (*The biggest*

place) _____[11] no es siempre el (*best*) _____.[12]

PARA RESUMIR Y REPASAR

A. **¿Está enferma mi madre?** Express in Spanish.

1. My mother asks me to buy her pills for her cramps every week.

   _____

2. I don't believe her. I don't think she has an illness.

   _____

3. The doctor gives her a prescription, but advises her to take only one a day.

   _____

4. Of course, mother orders us to give her as many as she wants.

   _____

5. That's why I give her sugar pills.

   _____

6. I don't think I need to tell her the truth.

   _____

B. **Consejos médicos.** Your patient asks you what to do. Answer each question with one of the listed expressions and a subjunctive clause. Do not repeat the expressions.

> MODELO: ¿Tomo las pastillas dos veces al día? →
> Le recomiendo que tome las pastillas dos veces al día.

   Es mejor que   Espero que   Insisto en que   Prefiero que   Quiero que

1. ¿Hago más ejercicio?

   _____

2. ¿Me pongo la pomada todos los días?

   _____

3. ¿Me quito la venda en tres días?

   _____

4. ¿Me ha mejorado la presión arterial?

   _____

5. ¿Voy a la clínica mañana?

   _____

C. Si no se cuida… Complete the paragraph by filling in each blank with the correct form of the verb in parentheses. Use the infinitive, the present indicative, or the present subjunctive.

Es obvio que muchas personas no (cuidar) _____[1] de su salud. Soy enfermero y (trabajar)

_____[2] en la sala de emergencia. Muchos pacientes que llegan al hospital (tener)

_____[3] problemas que podrían (*could*) (evitar) _____.[4] Es una lástima que muchos

(sufrir) _____[5] ataques al corazón simplemente porque (comer) _____[6] mal o

(beber) _____[7] demasiado alcohol o (fumar) _____.[8] Trato de (informar)

_____[9] a los pacientes, porque es importante que ellos (saber) _____[10] que ellos

también son responsables de su salud. Es probable que la mayoría no me (escuchar) _____[11]

pero espero que yo (haber) _____[12] ayudado a algunos.

Comunicación

A. El chequeo médico. Study the advertisement for Centros Médicos Aimes and answer the following questions.

CENTROS MÉDICOS
AIMES
CHEQUEO MÉDICO EJECUTIVO
PREVENTIVO Y DIAGNOSTICO

Programa especialmente diseñado[a] para que TODA PERSONA, hombre o mujer, conozca el real estado de su salud[b] EN GENERAL, en un máximo de 2 días y SIN HOSPITALIZACION.

EN QUE CONSISTE EL PROGRAMA:

1. Al paciente en ayunas,[c] se le toma la sangre y se le efectúan 15 determinaciones. Análisis de Orina y Coprológico.
2. RAYOS X DE TORAX.
3. ELECTROCARDIOGRAMA.
4. ECOGRAFIA ABDOMINAL ALTA (Vesícula, Vías biliares Hígado - Páncreas - Riñones) (Hombres).
5. R.X DE VIAS DIGESTIVAS ALTAS.[d] (Esófago - Estómago - Duodeno) (Hombres).
6. ECOGRAFIA DE SENOS O MAMOGRAFIA.
7. ECOGRAFIA PELVICA (Utero - Ovario - Trompas) se anexa estudio ecográfico de VESICULA-HIGADO.
8. CITOLOGIA VAGINAL.
9. ANORECTOSIGMOIDOSCOPIA.
10. REVISION[e] 10 MEDICOS ESPECIALISTAS. RESUMEN[f] Y RECOMENDACIONES.

SEDE 1: CENTRO AVENIDA PEPE SIERRA
Av. 116 No. 24-03 Teléfonos: 2144083 - 2150800
2151131 - 2152768

SEDE 2: CENTRO DE LA CARACAS
Av. Caracas No. 44-00 Teléfonos: 2457843 - 2855359
2856885 - 2856645

INDISPENSABLE CITA PREVIA. TARJETAS DE CREDITO
JORNADA CONTINUA de 7:30 a.m. A 7:30 p.m. SABADOS: Hasta la 1 p.m.
TARIFAS ESPECIALES PARA EMPRESAS
CENTROS ADSCRITOS ANTE LA SECRETARIA DE SALUD
Director Científico: Dr. DIEGO CONSTAIN R.M. 4013 D.E.

[a]*designed*
[b]*estado… state of his/her health*
[c]*en… having fasted*
[d]*Tracts*
[e]*Review*
[f]*Summary*

1. ¿A qué tipo de chequeo médico se refiere este programa? ¿Está diseñado para las personas enfermas?

   _____

2. ¿Es necesario ir al hospital para el chequeo?

   _____

3. ¿Qué no debe hacer el paciente por algunas horas antes de llegar al centro médico para su chequeo?

   _____

4. ¿Qué le sacan al paciente para determinar el estado del corazón?

   _____

5. ¿Qué es preciso que le hagan al paciente para examinarle las vías digestivas altas?

   _____

6. ¿Quiénes revisan los datos (*data*) al final del programa? Y entonces, ¿qué le dan al paciente?

   _____

B. Recomendaciones médicas. Imagine you are a doctor giving advice to a patient who has been very ill in the hospital but is now ready to go home. Fill in each blank with the correct form of the verb in parentheses.

Creo que Ud. (poder) _____[1] volver a su casa hoy. Pero dudo que su salud (volver)

_____[2] a ser tan buena como antes. Lo más importante es que (cuidarse) _____.[3]

Es preciso que (comenzar) _____[4] una nueva dieta. También es importante que (encontrar)

_____[5] un deporte que le (gustar) _____[6] y que lo (practicar) _____[7] todos los días.

Es necesario que (dormir) _____[8] ocho horas todos los días y que sólo (comer)

_____[9] las comidas de la lista que le he dado. No puedo permitir que Ud. (beber)

_____[10] alcohol, pero es permitido que (tomar) _____[11] una copa de vino a la semana.

Dudo que Ud. (sentirse) _____[12] bien durante los primeros días en casa, pero no quiero

que (molestarse) _____[13] por eso.

Es necesario que (llevar) _____[14] hoy mismo la receta a la farmacia. Es probable que allí le

(pedir) _____[15] la tarjeta de su seguro (*insurance*) médico.

Señor Cruz, estoy segura de que Ud. va a mejorarse (*get better*). Si le duele algo, (llamarme)

_____[16] inmediatamente. Lo más importante es que (tener) _____[17] fe (*faith*) en el

futuro y que no (perder) _____[18] su sentido del humor.

C. Para ti. Answer the following questions regarding your personal experiences and opinions.

1. ¿Cuál crees tú que es el problema más grande del mundo hoy día?

   _____

2. ¿Quién es tu mejor amigo/a?

   _____

3. ¿Cuál es la peor comida que has comido en tu vida?

   _____

4. ¿Cuál es el mejor lugar en tu ciudad para llevar a un amigo de la América Latina?

   _____

5. ¿Cuáles son las ciudades más grandes y más pequeñas que has visitado?

   _____

D. ¡A escribir! El corazón sano. You have been asked to write part of a brochure that the hospital will distribute to potential patients. You are writing the section on avoiding heart attacks in which you give advice about what to do and not do in order to keep a healthy heart. On a separate sheet of paper, use impersonal expressions, and build your composition by using some or all of the following information.

- State your purpose.
- Explain that most heart attacks can be avoided.
- Explain what it is important to do, eat, and drink.
- State what it is necessary to avoid eating, drinking, and doing.
- Advise what symptoms to look for and when to call for help.

Viaje por el mundo hispánico: España

A. Don Quijote. Answer the questions.

1. ¿Quién es el escritor más famoso de España? ¿Cómo se llama su gran obra?

   _____

2. ¿Cómo es don Quijote?

   _____

3. ¿Qué le interesa más a Sancho?

   _____

B. ¿Cierto o falso? Decide if the following statements are true (**cierto**) or false (**falso**). Mark **C** or **F** as appropriate.

1. _____ El Greco sólo pintó cuadros con motivos religiosos.

2. _____ El Greco estudió el arte del Renacimiento italiano.

3. _____ Doménikos Theotokópoulos nació en una isla griega, Creta.

4. _____ En los tiempos de El Greco, muchos nobles empobrecidos vivían en Toledo.

5. _____ El Greco expresa en su obra el aspecto trivial del carácter español.

6. _____ En *El entierro del Conde de Orgaz* se ven paisajes de Creta y Venecia.

C. Poesía. Fill in each blank with the appropriate word from the list.

alma	odias
amas	triste
amo	verdad
atormentadora	

—Te amo... ¿por qué me _____[1]?

—Te odio, ¿por qué me _____[2]?

Secreto es éste, más _____[3]

y misterioso del _____.[4]

Mas,[a] ello es _____[5]... ¡Verdad

dura y _____[6]!

—Me odias porque te _____;[7]

Te amo porque me odias.

[a]*But*

D. Repaso de España. Review pages 68–69, 220–221, and 294–295 of the text to complete the following table. In each blank space write a piece of information corresponding to the item in the other column.

Personas y edificios importantes	
	Patio de los Naranjos
Los Reyes Católicos	
	Castillo rojo
	Antonio Gaudí
Años importantes	
	Invasión mora
785	
1492	
	El Greco
1547–1616	
	Antonio Gaudí
1939–1975	
	Primera película de Almodóvar
Títulos	
El amor brujo	
	Federico García Lorca
	El Greco
	Miguel de Cervantes
En las orillas del Sar	

Prueba de práctica

A. Vocabulario. ¿Qué tratamientos de la columna B corresponden mejor a los problemas de la columna A? Escriba la letra en el espacio en blanco.

A

1. _____ un brazo roto
2. _____ un catarro
3. _____ estar muy nervioso/a
4. _____ fiebre alta
5. _____ una herida infectada

B

a. dar aspirinas
b. sacar una radiografía
c. recetar un antihistamínico
d. dar un calmante
e. recetar un antibiótico

B. Los deseos. Dé la forma apropiada del presente de subjuntivo de los infinitivos entre paréntesis.

Van a operarme mañana de apendicitis, y quiero que tú (saber) _____1 que estoy

muy nerviosa. Espero que los médicos (saber) _____2 el diagnóstico exacto, que la

operación (ser) _____3 simple y que no (haber) _____4 complicaciones.

También espero que mis amigos (ir) _____5 a verme al hospital y que los médicos no

me (dar) _____6 muchos calmantes; así puedo conversar con ellos.

C. El accidente. Dé la forma apropiada del presente perfecto de subjuntivo de los infinitivos entre paréntesis.

MODELO: José teme que el accidente (ser) _____ muy serio. →
José teme que el accidente *haya sido* muy serio.

El accidente ha sido terrible. Espero que las ambulancias (llegar) _____1

a tiempo y que las heridas no (ser) _____2 demasiado serias.

Espero que nadie (morir) _____3 y que las víctimas no

(perder) _____4 mucha sangre. No creo que tú

(ver) _____5 la noticia por televisión.

D. Mi madre va al hospital. Dé la forma correcta del presente de indicativo o de subjuntivo de los infinitivos entre paréntesis.

Siento mucho que mi madre (tener) _____1 que ir al hospital, pero no creo que

(pasar) _____2 mucho tiempo allí. Va a ir el sábado, porque el médico no cree que

(hay) _____3 cama para ella antes. Estoy segura de que el Hospital General

(ser) _____4 el mejor de la ciudad. Sé que a veces (haber) _____5

demasiada gente allí, pero no creo que esto (molestar) _____6 a mi madre.

E. Comparaciones. Exprese en español.

1. Marisa is the youngest person in the Aguilar family.

   _____

2. Don Guillermo's wife is younger than he is.

   _____

3. Alberto is my best friend.

   _____

De viaje por España

LECCIÓN **12**

LABORATORY MANUAL

Gráficos

A. Antes de llegar al aeropuerto. Study the following drawing. You will hear statements about some of the lettered items. Write the letter that corresponds to the item or person you hear.

1. _____   5. _____   8. _____

2. _____   6. _____   9. _____

3. _____   7. _____   10. _____

4. _____

B. Listen to each definition. Then, using the list, write the word defined in the space provided.

botones   cancha   colorete   palmera   piscina

1. _____   4. _____

2. _____   5. _____

3. _____

C. Fill in each blank with the most appropriate word from the list to answer the question.

bañador	laca	maquinilla	pendientes	tíovivo

1. _____   4. _____

2. _____   5. _____

3. _____

Situaciones

A. **¿De acuerdo?** Listen to each exchange, then circle **sí** if the second person agrees or **no** if the person disagrees.

1. sí no   2. sí no   3. sí no   4. sí no   5. sí no

B. Listen to each question or suggestion, then respond to it according to the written cue with one of the following expressions. Repeat the answer.

de acuerdo	ni mucho menos	regio
ni loco/a	ni se te ocurra	vale

1. sí   2. sí   3. no   4. no   5. no

Pronunciación

Review of Spanish *r*

A. You will hear and pronounce Spanish **r** in various positions. First you will practice the **r** between vowels. Listen and repeat, pronouncing the **r** with a single tap of the tongue similar to the *t* in English *butter*.

pero	dinero	cuchara
para	periódico	espere Ud.
barato	dólares	paraguas

B. The final **r** in Spanish is a little less audible since it is not supported by a following vowel. Listen and repeat.

tenedor	odiar	saludar
amar	comedor	suponer
ayer	humor	ver

C. Before most consonants, Spanish **r** is pronounced distinctly. Imagine that there is a brief **e** sound after the **r**. Listen and repeat.

parte	soporta	deportes
tormenta	¿por qué?	aparcar
sorprender	almuerzo	divorcio

D. When **r** follows a consonant, the two are never blended. Again, imagine that there is a brief **e** sound between the two consonants. Listen and repeat.

piedra	estrella	resfriado
promesa	brillar	abrigo
madrina	creer	presumido

E. Spanish **r** before **b, v, d,** and **g** is not easy to pronounce because the supporting consonant is soft. Listen and repeat.

Eduardo	servir	garganta
árbol	alergia	perdió
recordar	cerdo	acuerdo

Gramática esencial

12.1 FUTURE AND CONDITIONAL TENSES OF REGULAR VERBS

A. First listen to and repeat each sentence. Then restate the sentence using the subject cue given on tape. Note that you do not need to include the subject pronouns. Repeat the correct answer.

> MODELO: *Volverá* pronto. (yo) → Volveré pronto.

1. *Volveréis* a Colombia
   a. ... b. ... c. ...
2. *Llegará* mañana.
   a. ... b. ... c. ...
3. Primero *iré* al mar.
   a. ... b. ... c. ...

B. **¿Qué pasará?** Listen to and repeat each sentence, then restate the second clause as a complete sentence using the future tense. Repeat the correct answer.

> MODELO: (Dice que recoge a Jorge Luis.) → Recogerá a Jorge Luis.

1. ... 2. ... 3. ... 4. ... 5. ... 6. ...

C. **¿Qué haríamos?** First listen to and repeat each sentence. Then restate the sentence using the subject cue you hear. Repeat the correct answer.

> MODELO: *Yo* no iría a Sevilla. (tú) → *Tú* no irías a Sevilla.

1. *Él* no iría a Barcelona.
   a. ... b. ... c. ...
2. *Nosotros* reservaríamos un cuarto hoy.
   a. ... b. ... c. ...
3. ¿Perdería *él* la maleta?
   a. ... b. ... c. ...

D. **Los detalles de viajar.** Listen to and restate each sentence. Use the cue to begin the sentence and the conditional tense of the original verb. Repeat the correct answer.

> MODELO: (Va a la playa.) Ileana dijo que... → Ileana dijo que iría a la playa.

1. Yo creí que...
2. Pensamos que...
3. Ella me dijo que...
4. Uds. me dijeron que...
5. Te dije que...
6. Comprendí que...

12.2 FUTURE AND CONDITIONAL TENSES OF IRREGULAR VERBS

A. **¿Qué harán?** Listen to and restate each sentence, using the future tense of the second verb. Repeat the correct answer.

> MODELO: (Anita puede ir.) → Anita irá.

1. ... 2. ... 3. ... 4. ... 5. ... 6. ... 7. ... 8. ... 9. ... 10. ...

B. **¿Qué haríamos durante las vacaciones?** Listen to and restate each sentence, changing the verb to the conditional. Repeat the correct answer.

MODELO: (¿Sabes cómo ir a Sevilla?) → ¿Sabrías cómo ir a Sevilla?

1. ...   2. ...   3. ...   4. ...   5. ...   6. ...   7. ...   8. ...   9. ...

C. De acuerdo. Listen to each sentence, then agree with it by using **Pues, yo tampoco...** or **Pues, nosotros tampoco...** and the conditional form of the verb. Repeat the correct answer.

MODELO: (No salgo con traje de baño.) → Pues, yo tampoco saldría con traje de baño.

1. ...   2. ...   3. ...   4. ...   5. ...   6. ...

12.3 AFFIRMATIVES AND NEGATIVES

A. ¡No lo haré nunca! Listen to each sentence, then restate it using a double negative. Repeat the correct answer.

MODELO: (Nunca me llama.) → No me llama nunca.

1. ...   2. ...   3. ...   4. ...   5. ...

B. No, no veo nada. Your little niece is constantly asking questions. Respond to each negatively, then repeat the correct answer.

MODELO: (¿Hay alguien en el mar?) → No, no hay nadie en el mar.

1. ...   2. ...   3. ...   4. ...   5. ...   6. ...

12.4 USES OF **pero, sino**, AND **sino que**

La excursión. You and a friend are going to see Madrid today and tomorrow. You've made out a schedule and decided to use a taxi instead of the subway to save time. Read the schedule, then listen to each of your friend's questions. Answer it according to the cue using **pero, sino,** or **sino que.** There is more than one correct answer. Repeat the answer you hear.

	HOY	MAÑANA
por la mañana:	El Rastro	El Palacio Real
		El Teatro Real
almuerzo:	La Plaza Mayor	El Parque de la Casa de Campo
por la tarde:	El Museo del Prado	El Parque Zoológico
	El Parque del Buen Retiro	El Museo de Arte Contemporáneo

MODELO: (¿Veremos el Rastro mañana por la mañana?) No / hoy →
          No, no veremos el Rastro mañana por la mañana, sino hoy por la mañana.

1. No / mañana
2. No / almorzaremos allí
3. Sí / vamos en taxi
4. No / antes
5. Sí / veremos otro mañana

Comunicación

A. Excursiones por España. Read the questions, then listen to the new vocabulary words and the selections from travel brochures about Spain twice. Listen the first time for the gist. Listen a second time to answer the questions. Repeat the correct answer.

VOCABULARIO ÚTIL

extranjero(s)	*foreign(ers)*
veamos	*let's see*
folletos de viaje	*travel brochures*
piragüismo	*kayaking*
emocionante	*exciting*
por lo menos	*at least*
lo mejor	*the best thing*
pescando	*fishing*
buceo	*scuba diving*

1. ¿Por qué es España el lugar preferido de muchos turistas extranjeros?
2. ¿Qué deporte podría Ud. practicar en el norte durante el verano?
3. ¿Cómo son las instalaciones turísticas para el esquí en el norte?
4. ¿Qué es lo mejor del sur?
5. ¿Qué deportes acuáticos podría Ud. practicar en el sur?

B. Un viaje rápido. Listen to Marcela talk about a short trip she and her classmates would like to take through Spain. Match the day mentioned to the activity by writing the word from column B in the blank in column A.

A		B
día 1	_____	a Barcelona
día 3	_____	autobús
día 5	_____	dormir
día 8	_____	playas
día 10	_____	velero

C. Dictado: Hablando de la geografía. Listen to the short paragraph about the geography of Spain three times. The first time, listen for the gist. During the second reading, use the pauses to write each sentence in the space provided. Then listen again to check what you wrote.

_____

_____

_____

_____

_____

D. Para ti. You will hear twice a series of statements. Circle **C (cierto)** if the statement is true for you, or **F (falso)** if the statement is false.

1. C F   3. C F   5. C F

2. C F   4. C F

LECCIÓN 12

WORKBOOK

Gráficos

A. Haciendo las maletas. Complete the paragraph by filling in each blank with the word that corresponds to the number in the drawing.

Sandra y David se preparan para el viaje. Sandra ya puso la ropa en la _____¹ y ahora David

pone las cosas de baño en el _____.² Necesita recordar la _____³

y la _____.⁴ Sandra no quiere que ponga sus _____⁵ y su

_____⁶ con las cosas de baño. Prefiere ponerlos en su _____⁷ con su

_____,⁸ sus _____⁹ y su _____.¹⁰ Sandra va

a llevar su _____¹¹ y su _____.¹² No quiere olvidar la _____¹³ porque

siempre tiene problemas con el pelo cuando viaja.

B. Para organizar las vacaciones. Arrange the following things by writing each item under the appropriate heading. For each heading, write a sentence using two or more of the items in that category.

anillo	barra para los labios	colorete	loción bronceadora
aretes	crema	gafas de sol	pulsera
bañador	collar	laca	sombrilla

ESTUCHE DE JOYAS	BOLSA DE PLAYA	ESTUCHE DE MAQUILLAJE
_____	_____	_____
_____	_____	_____
_____	_____	_____
_____	_____	_____

1. _____

2. _____

3. _____

C. **Situaciones.** Answer the following questions briefly in Spanish.

1. En un hotel, ¿quién le abriría la puerta de su habitación la primera vez?

   _____

2. ¿Cómo podrá Ud. bajar de su habitación a la calle si está ocupado el ascensor?

   _____

3. Estando en la playa, ¿cómo evitaría Ud. el sol?

   _____

4. En Tibidabo, ¿qué atracciones serían buenas para los niños?

   _____

5. En un parque de atracciones, ¿qué querrá Ud. hacer?

   _____

D. **¿Para qué sirven?** State briefly the name and function of the following numbered items in the drawing.

1. _____

2. _____

3. _____

4. _____

Gramática esencial

12.1 FUTURE AND CONDITIONAL TENSES OF REGULAR VERBS

A. Un día de playa. Rewrite the following sentences, changing the verbs to the future tense.

1. Hoy voy a la playa con mis amigos.

    _____

2. Primero pasamos por la tienda Náutica y compramos una toalla.

    _____

3. No abren la tienda hasta las once.

    _____

4. ¿Nos esperas en el café Neptuno?

    _____

5. Llegamos al mar a las dos de la tarde y vosotros volvéis al café a las cinco.

    _____

6. Jorge y Luis se pierden en la playa.

    _____

7. Rodolfo duerme en la arena y Anita nada en el mar.

    _____

8. Yo leo el periódico, como un mantecado y después duermo una siesta.

    _____

B. ¡Perdidos! Jaime and Miguelito have gotten lost during a hike in the woods. Restate their concerns using the future of probability.

    MODELO: No sé dónde estamos. → ¿Dónde estaremos?

1. Creo que estamos perdidos.

    _____

2. Hay un camino por aquí, ¿no?

    _____

3. ¡Ay! No sé qué es ese ruido.

    _____

4. Parece muy tarde. Sabes la hora, ¿no?

    _____

5. Nuestros padres nos buscan, ¿no?

    _____

C. Planes de viaje. Complete these sentences with the conditional form of the verbs in parentheses.

1. Luis pensó que...

    a. (disfrutar) _____ de su visita a Barcelona.

    b. el viaje a Barcelona (ser) _____ agradable.

    c. (preferir) _____ ir a Formentera.

2. Juan José le dijo a Luis que en la isla…

    a.   no (encontrar) _____ hotel con piscina.

    b.   (jugar) _____ muchos partidos de tenis.

    c.   (comer) _____ parrilladas de mariscos.

3. Para el viaje, pensábamos que (nosotros)…

    a.   (comprar) _____ los boletos a un precio rebajado.

    b.   (llevar) _____ bastante loción bronceadora en la maleta.

    c.   (vestirse) _____ con ropa de verano.

D. Un viaje de fantasía. Complete the following daydream about your ideal vacation with the appropriate conditional form of the verbs in parentheses.

Yo (llegar) _____ [1] a Gran Canaria un viernes por la mañana. Primero, (dejar) _____ [2] las maletas en el hotel y (bajar) _____ [3] a la playa. Después, (entrar) _____ [4] en un restaurante. (Comer) _____ [5] parrillada de mariscos y (tomar) _____ [6] un buen vino tinto. Por la tarde, (dormir) _____ [7] la siesta en la habitación del hotel. Por la noche, (sentarme) _____ [8] en un café y (pedir) _____ [9] un vaso de sangría. Después de cenar, (dar) _____ [10] un paseo por las calles, (volver) _____ [11] al hotel y (descansar) _____.[12] ¡Qué agradable (ser) _____ [13] mi visita a las Islas Canarias!

12.2 FUTURE AND CONDITIONAL TENSES OF IRREGULAR VERBS

A. Un viaje a España. The García family is contemplating a trip to Spain. Complete their comments using the future form of the verbs given in parentheses.

1. ¿(Tú: Poder) _____ ir a Barcelona también?

2. No, ellos no (querer) _____ ir allí.

3. ¿(Haber) _____ películas durante el vuelo (*flight*)?

4. Bueno, nosotros no (saber) _____ nada hasta las cinco.

5. Tú me (decir) _____ si no llega el avión.

6. Claro, yo (venir) _____ a buscarte.

7. ¿(Tener) _____ nosotros que esperar otro vuelo?

8. (Salir) _____ un anuncio por la televisión y nos (decir) _____ adónde ir.

B. Los viajeros y sus preferencias. Juan José and Luis are musing about their own trip as well as that of some friends. Rewrite their thoughts, changing the verbs to the conditional.

1. ¿No quiere Luis un hotel con piscina?

    _____

2. Yo no puedo viajar sin mi cepillo de dientes.

    _____

3. No ponemos las maletas en manos de ese botones.

    _____

4. ¿Salieron nuestros amigos de Sevilla hoy a las cuatro?

_____

5. ¿No quieres ver Málaga?

_____

6. ¿Ellos hicieron el viaje por tren?

_____

12.3 AFFIRMATIVES AND NEGATIVES

A. Un día en la playa. Enriqueta is the most negative person you know. Rewrite each sentence and question negatively, as she might.

MODELO: Ana querrá ir a la playa también. → Ana no querrá ir a la playa tampoco.

1. Ceci nos trajo algo de la playa.

_____

2. Alguien perdió los tenis.

_____

3. Encontrarán algún bote hoy.

_____

4. ¿Hay alguna playa linda cerca de aquí?

_____

5. Siempre se acuestan en la arena antes de nadar.

_____

6. También llevan sándwiches y cerveza al lago.

_____

B. Conversando con Enriqueta. Enriqueta is in one of her inquisitive moods. Answer her questions affirmatively or negatively, according to the cue given in parentheses.

1. ¿Siempre nadaba ella en el mar? (no)

_____

2. ¿También traerán a los niños? (no)

_____

3. ¿No hay nadie en la playa? (sí)

_____

4. ¿Hay alguna playa bonita en el río también? (no)

_____

5. ¿Nunca han ido al lago por el caminito del bosque? (sí)

_____

C. Rumores falsos. You write for a newspaper and must deny certain false rumors. Give the opposite version of the following sentences.

1. Alguien le robó su pulsera de oro.

_____

2. También le robaron su anillo de brillantes.

_____

3. El gobernador se pone colorete algunas veces.

_____

4. Aquí siempre pasa algo.

_____

5. Algunas personas creen los rumores falsos.

_____

12.4 USES OF **pero, sino,** AND **sino que**

Problemas del viaje. Complete the following sentences with **pero, sino,** or **sino que.**

1. No estamos cansados, _____ queremos acostarnos.

2. No viajaremos por mar, _____ por el camino de la costa.

3. Necesito ir, _____ hoy no hay vuelos.

4. No recogieron en Córdoba a Jorge Luis, _____ a Mauro.

5. No trajo regalos, _____ fotos.

6. Tengo ganas de nadar, _____ no quiero nadar en el mar Mediterráneo.

7. No fuimos a Sevilla, _____ nos quedamos en Granada.

PARA RESUMIR Y REPASAR

A. ¿Cuánto cuesta el viaje? Express in Spanish.

1. I don't believe Madrid will be as expensive as Barcelona.

_____

2. We're sure it will cost as much to go to Ibiza as to go to Formentera.

_____

3. The agent denies that the bus to Valencia will arrive late.

_____

4. It seems that here they specialize in the best **parrillada** in all of Spain.

_____

5. Is it necessary that we ask for the cheapest room in the hotel?

_____

B. Por teléfono. Complete items 1 through 4 with the correct form of the future and items 5 through 8 with the correct form of the conditional.

MARGARITA: ¿A qué hora (venir) _____[1] tú?

CARLOS: No lo (saber) _____[2] hasta llegar a la estación.

MARGARITA: ¿Me (llamar) _____[3] entonces? Yo (ir) _____[4] a buscarte a la estación.

CARLOS: No, no. Yo (poder) _____[5] tomar un taxi.

MARGARITA: ¡Hombre, no! Eso (costar) _____[6] mucho.

CARLOS: De verdad (preferir) _____[7] tomar un taxi.

MARGARITA: No me (importar) _____[8] esperar. Te lo aseguro.

Comunicación

A. Descubra un lugar. Study the advertisement for Lleida (**Lérida**) and answer the questions that follow.

Descubra un lugar donde las cosas que una familia puede hacer junta, no se reducen sólo a ver la televisión.

Ha llegado el momento de apagar[a] la televisión. De que seas tú quien hable. Y tus hijos quienes te hagan sonreir[b]. Todavía estas a tiempo[c] de acercarte[d] a ellos y de intentar conocerlos. Y para ello no es necesario hacer lo que sólo te gusta a ti o lo que sólo les gusta

 GAUDIR LLEIDA

Per rebre la guia o informació:
902 10 11 10
IBERTEX 031 *LLEIDATUR#

a los niños. Existe un lugar llamado Lérida donde podéis divertiros juntos. Pasear a caballo, visitar castillos centenarios, hacer excursiones en mountain bike o disfrutar del agroturismo. Todo en un entorno[e] donde la naturaleza es quien manda[f]. Donde en

diez segundos ya no recuerdas que existe la televisión. Y donde tú, tu mujer y tus hijos podreis olvidarlo[g] todo excepto a vosotros mismos.

Patronat Intercomarcal de Turisme
TERRES DE LLEIDA
de la Diputació de Lleida

Ara LLEIDA

[a]*turn off* [b]*smile* [c]*a... in time* [d]*draw near* [e]*un... surroundings* [f]*gives the orders* [g]*olvidarlo... forget everything*

1. ¿Qué puede hacer una familia en Lérida?

   a. _____

   b. _____

   c. _____

   d. _____

2. ¿Por qué sería importante para una familia un viaje de este tipo?

   _____

   _____

3. ¿Cree Ud. que es necesario a veces apagar la televisión? Explique por qué.

   _____

   _____

B. Un viaje por España. Patricio is making travel plans for a trip through Spain. Complete the following conversation with the correct conditional forms of the verbs in parentheses.

PATRICIO: Me (gustar) _____ [1] pasar los primeros dos días en Madrid. Después

(tomar) _____ [2] un tren a Valencia.

AGENTE: ¿No (preferir) _____ [3] Ud. ir a Valencia por avión? Nosotros le

(poder) _____ [4] ofrecer un precio muy bueno.

PATRICIO: Bueno, a mí me (gustar) _____ [5] ir en avión, pero me encontraré con

mi prima en Madrid y creo que ella (querer) _____ [6] ir en tren.

AGENTE: Pues, yo no (saber) _____ [7] qué decirle. El día primero no hay trenes

a Valencia. ¿(Ser) _____ [8] posible salir otro día?

PATRICIO: ¡Claro! ¿(Poder) _____ [9] Ud. decirme a qué hora sale el tren el día tres?

AGENTE: Me (haber) _____ [10] gustado decírselo, pero la computadora no funciona hoy.

C. Para ti. Answer the following questions and share your responses with the class.

1. Imagina que te invitan a hacer un viaje. ¿Adónde irías?

_____

2. ¿Qué ciudad de España te gustaría visitar?

_____

3. ¿Qué le traerías de regalo, de España, a tu mejor amigo/a?

_____

4. ¿Cuántas maletas llevarías y qué pondrías en tu maletín?

_____

5. ¿Qué ropa te pondrías para viajar?

_____

D. ¡A escribir! Un viaje gratis. On a separate sheet of paper, write a brief composition about what you would do if you were to receive a free trip anywhere in the world. Build your composition by including some or all of the following information.

- Where would you go?
- With whom would you go?
- What would you pack in your suitcase or otherwise take along?
- How would you travel?
- How long would you stay?
- What would you do there?

Viaje por el mundo hispánico:
Las naciones caribeñas

A. En el Caribe. Write each item from the list under the appropriate heading. Then write one sentence about Los Muñequitos y one about Juan Luis Guerra, using items from the list.

440	Grammy	palmadas
1952	la guagua	percusión
conjunto folklórico	el merengue	la República Dominicana
cultura afrocubana	*Ojalá que llueva café*	tambores

LOS MUÑEQUITOS

_____   _____   _____

_____   _____   _____

JUAN LUIS GUERRA

_____   _____   _____

_____   _____   _____

1. _____

2. _____

B. A ver si lo sabías. Answer the following questions in complete sentences in Spanish.

1. ¿En qué año se fundó la ciudad colonial más antigua del continente americano?

   _____

2. ¿Cómo se llamaba Puerto Rico antes de la colonización española?

   _____

3. ¿Quién es Juracán?

   _____

4. ¿Quién fundó la ciudad que tiene la catedral americana más antigua?

   _____

C. Poesía. Answer the questions.

1. ¿Por qué dice la gente que la Julia-poeta es enemiga de la otra Julia?

   _____

2. ¿Qué hay entre las dos Julias?

   _____

3. ¿Quiénes mandan en Julia de Burgos?

   _____

4. ¿Quién manda en la Julia-poeta?

   _____

Prueba de práctica

A. Vocabulario. Juan trabaja en una farmacia. Diga en qué departamento debe poner los siguientes productos.

la bolsa de playa	las gafas de sol
el colorete	la loción bronceadora
el estuche de maquillaje	la loción de afeitar

PRODUCTOS PARA LA PLAYA   COSMÉTICOS

_____   _____

_____   _____

_____   _____

_____   _____

B. El futuro. Marisol es muy pesimista. Dé la forma correcta del verbo entre paréntesis para expresar lo que Marisol cree que va a pasar.

No (haber) _____[1] habitación en el hotel esta noche y la familia Real

(tener) _____[2] que dormir en casa de unos amigos. Me pregunto dónde la familia

(poner) _____[3] las maletas. Ileana y Alicia no (ir) _____[4] con sus

padres. Pero creo que ellas (poder) _____[5] dormir en casa de Carmen. La señora Real

(venir) _____[6] muy cansada, porque (haber) _____[7] viajado mucho.

Ni ella ni la familia se (divertir) _____.[8]

C. Preguntas y respuestas. Dé la forma correcta del condicional del verbo entre paréntesis.

1. ¿Por qué la prima de Luis no les (haber) _____ hecho una reservación en el hotel

   para esta noche?

2. Tal vez ella no (saber) _____ que llegaban hoy.

3. Nuestro auto no funciona. ¿(Nosotros: Poder) _____ usar el suyo?

4. ¿Qué maquillaje te (poner) _____ para verte bien?

5. ¿Qué planes (hacer) _____ Ud. para ir a la playa en el invierno?

D. ¿Pero, sino o sino que? Complete with the appropriate word.

1. ALDO: Mi amigo Julián va a España este verano, _____[a] yo no tengo dinero para

   ir. No he visitado España nunca, _____[b] me gustaría conocer ese país.

   Julián no habla español, _____[c] francés. Así son las cosas; él va

   _____[d] yo me quedo.

2. BETO: Pues yo, si tuviera dinero, no iría a España, _____[a] a la playa de Cancún,

   en México. Y no iría solo, _____[b] con mi novia. No iríamos a practicar el

   español, _____[c] a tomar el sol en la playa.

De viaje por Hispanoamérica

LECCIÓN **13**

LABORATORY MANUAL

Gráficos

A.   Un viaje a Sudamérica. You have convinced a couple of friends to take a trip to South America. Study the following drawing. You will hear statements about the lettered items. Write down the letter that corresponds to the item you hear.

1. _____   5. _____   8. _____

2. _____   6. _____   9. _____

3. _____   7. _____   10. _____

4. _____

B.   Pares de palabras. Listen to each word, then write the letter of the most related word in the blank.

a.   ómnibus   c.   estampilla   e.   despegar
b.   barco   d.   ida y vuelta   f.   facturar

1. _____   2. _____   3. _____   4. _____   5. _____   6. _____

C. Definiciones. Listen to each definition, then write the letter of the word defined in the blank.

a.	advertir	c.	de regreso	e.	humo	g.	viajero
b.	casi vacío	d.	fumador	f.	olvidar	h.	vuelo

1. _____ 2. _____ 3. _____ 4. _____ 5. _____ 6. _____ 7. _____ 8. _____

Situaciones

A. Listen to each sentence, then write *A* if the speaker is explaining what's necessary, *B* if the speaker is explaining what you should do, and *C* if the speaker is talking about his or her own choices.

A. It's necessary . . .   B. You should . . .   C. I . . .

1. _____ 2. _____ 3. _____ 4. _____ 5. _____ 6. _____

B. Expresiones de necesidad. Examine the following drawings and captions. Listen to the cue for each one, then give advice to the traveler. Use the imperfect tense and the **Ud.** form. Repeat the correct answer.

MODELO: (tarjeta de crédito) / hacer falta →
Hacía falta que Ud. pagara el boleto con tarjeta de crédito.

1. hacer falta

2. deber

3. ser necesario

4. ser preciso

5. no tener más remedio

Pronunciación

Review of Spanish r, rr

A. The Spanish double **r** sound is represented in writing in three ways: as an initial **r** (**rosa, Ramón**), as double **r** in the middle of a word (**cerrado, perro**), and as a single **r** after the letter **l** or **n** (**alrededor, Enrique**). Repeat these words containing an initial **r**.

Roberto	radio	río
ropa	rico	rápidamente
regalo	repetir	
rueda	responsabilidad	

B. Now repeat these words that contain the double **r** sound in the middle.

honrado	carroza	pizarra
corren	terremoto	aburrido
borracho	guitarra	
alrededor	arreglado	

C. Next, compare the single **r** and double **r** sounds. Listen and repeat.

pero / perro	cero / cerro	choro / chorro
para / parra	caro / carro	moro / morro
coro / corro	pera / perra	
mira / mirra	ahora / ahorra	

Gramática esencial

13.1 REGULAR ENDINGS OF THE IMPERFECT SUBJUNCTIVE

A. Un viaje a México. You are describing a recent trip abroad to your young friend Carmen. Listen to each sentence, then restate it using the phrase **era necesario.** Repeat the correct answer.

MODELO: (El agente confirmó las reservaciones.) →
Era necesario que el agente confirmara las reservaciones.

1. ... 2. ... 3. ... 4. ... 5. ...

B. ¿Era posible o no? Tell a friend what happened on a recent plane trip. Listen to each sentence, then restate it in the past. Repeat the correct answer.

MODELO: (Es posible que hable con la azafata.) → Era posible que hablara con la azafata.

1. ... 2. ... 3. ... 4. ... 5. ...

C. ¿Qué querías? Listen to and restate each sentence, using the following cues. Repeat the correct answer.

MODELO: (Queremos que viajes con ella.) Queríamos que... → Queríamos que viajaras con ella.

1. Queríamos que...   3. Nos pedían que...   5. Te aconsejaba que...
2. Quería que...   4. Les recomendaba que...

D. ¿Viajar o no? Complete the following statements with the cues you will hear on tape and the correct form of the imperfect subjunctive. Repeat the correct answer.

1. Me dijeron que (yo)...   2. Era necesario que (tú)...   3. Nos advirtieron que (nosotros)...
    a. ... b. ... c. ...   a. ... b. ... c. ...   a. ... b. ... c. ...

13.2 IMPERFECT SUBJUNCTIVE OF IRREGULAR AND STEM-CHANGING VERBS

A. ¡Me alegraba de que pudieras ir! Listen to each sentence, then restate it in the past. Repeat the correct answer.

> MODELO: (Quiero que vayas al Perú.) → Quería que fueras al Perú.

1. ... 2. ... 3. ... 4. ... 5. ...

B. Un viaje. Listen to each question, then respond by using the phrase **Sí, quería que... .** Repeat the correct answer.

> MODELO: (¿Compro los boletos?) → Sí, quería que compraras los boletos.

1. ... 2. ... 3. ... 4. ... 5. ... 6. ...

C. Preferencias y favores. Listen to each sentence, then restate it using the subject pronoun cue. Pay close attention as the instructions change slightly with each new set.

Change the subject pronoun of the dependent clause. Repeat the correct answer.

1. Yo quería que supieras el número de vuelo.

   a. ... b. ... c. ...

Change the indirect object pronoun of the main clause as well as the subject pronoun of the dependent clause. Repeat the correct answer.

2. Me gustaría que estuvieras en Lima.

   a. ... b. ... c. ...

This time the cue affects both the indirect object pronoun of the main clause and the subject pronoun of the dependent clause. Repeat the correct answer. Good luck!

3. Carmen nos pidió que fuéramos a Arequipa.

   a. ... b. ... c. ...

13.3 SEQUENCE OF TENSES WITH THE SUBJUNCTIVE

A. Lo que quiero hoy y lo que quería ayer. Listen to each sentence, then restate it in the past, using the imperfect or imperfect subjunctive as appropriate. Repeat the correct answer.

> MODELO: (Ella recomienda que compres los boletos.) →
> Ella recomendaba que compraras los boletos.

1. ... 2. ... 3. ...

B. Repeat the same steps as in exercise A, this time changing the first verb to the preterite. Repeat the correct answer.

> MODELO: (Aconsejo que vayas por avión.) → Aconsejé que fueras por avión.

1. ... 2. ... 3. ...

C. Repeat the same steps as in exercise A, this time changing the first verb to the conditional.

> MODELO: (Siento que no vengas a Cartagena.) → Sentiría que no vinieras a Cartagena.

1. ... 2. ... 3. ...

13.4 THE CONSTRUCTION hace... que

¿Cuánto tiempo hace? Listen to and answer the questions with the **hace... que** structure and the time cues. Repeat the correct answer.

> MODELO: (¿Quieres ir a Miami?) sí / muchos años →
> Sí, hace muchos años que quiero ir a Miami.

1. sí / tres horas
2. sí / una semana
3. sí / unos días
4. no / mucho tiempo
5. no / algunos años

Comunicación

A. El diario de Elena. Listen to the new vocabulary words and the excerpts from Elena's journal about her trip to Colombia two times. Listen the first time for the gist. Listen a second time to answer the questions that follow. Repeat the correct answer.

VOCABULARIO ÚTIL

indígenas	*Indian*	sabor	*flavor*
piezas	*pieces*	funicular	*cable car*
hermosas	*beautiful*	se rompiera	*would break*
escudos	*shields*	cobarde	*coward*
estatuas	*statues*	tallada	*carved*
sobre todo	*especially*	regresamos	*we return*

1. ¿Cuántas piezas hay en el Museo de Oro de Bogotá?
2. ¿Qué piedras preciosas abundan en Colombia?
3. ¿Cómo subió Elena a la montaña de Monserrate?
4. ¿Por qué no quiso Carmen subir a la montaña?
5. ¿De qué material está hecha la catedral de Zipaquirá?

B. Un viaje de mucho trabajo. Listen to the new vocabulary words and the short account of Gloria and Rigoberto's trip to shoot a commercial in Ecuador and Peru two times as you study the map. Listen the first time for the gist. Listen a second time to answer the questions. Repeat the correct answer.

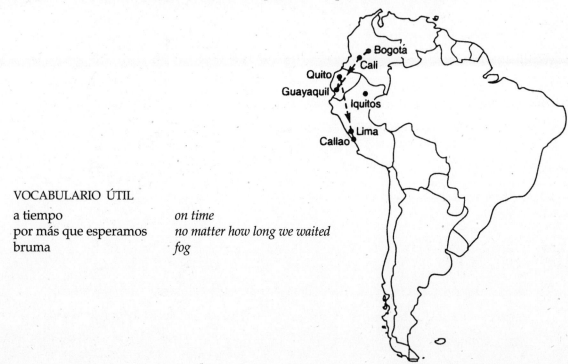

VOCABULARIO ÚTIL

a tiempo	*on time*
por más que esperamos	*no matter how long we waited*
bruma	*fog*

1. Tuvo que decirle que (él) / no traer todas las cámaras
2. Les aconsejó que (ellos) / ir primero a Guayaquil
3. Pidieron que (ellos) / ponerlos en el primer vuelo a Lima
4. Le pidieron que (él) / manejar más rápido
5. Esperaban que / salir el sol
6. No olvidará que (ellos) / regresar [*preterite*] con un comercial fantástico

C. Dictado: ¿Qué me recomiendas? You will hear a short paragraph about travel recommendations three times. The first time, listen for the gist. During the second reading, use the pauses to write each sentence in the space provided. Then listen again to check what you wrote.

_____

_____

_____

_____

_____

_____

_____

_____

D. Para ti. Answer the questions you hear by completing the following statements as they apply to you. Be prepared to share some of them with your classmates.

1. Hace varios años que…
2. Me gustaría que mis amigos y yo…
3. Siempre quería que mis padres…
4. Yo preferiría…
5. La última (*last*) vez que viajé mis amigos…

LECCIÓN **13**

WORKBOOK

Gráficos

A. Transporte. Complete the following essay on transportation by filling in each blank with the vocabulary word that corresponds to the number in the drawings.

Cuando Ud. viaja tiene muchas opciones. Debe escoger el medio de transporte según la distancia que va a viajar, el período de tiempo que estará de viaje y el dinero que puede gastar. Si Ud. va lejos y tiene prisa es mejor que viaje por _____.[1] Cuando hace reservaciones, debe pedir el

_____[2] si le gusta mirar el cielo y las nubes, o el _____[3] si prefiere poder levantarse fácilmente. La _____[4] o el _____[5] le servirá un refresco. Si es un vuelo largo, probablemente servirán comida también. Recuerde que hay un límite estricto de _____[6] y los _____[7] no pueden llevar más que un maletín al asiento. Al llegar al aeropuerto, si no tiene amigos que lo esperen, tendrá que tomar un

_____[8] para ir a su hotel. Si hay servicio de _____,[9] es más barato. Si no tiene que cruzar el océano, puede viajar por _____.[10] Puede ser un viaje muy agradable y romántico. Si la destinación es menos importante que el viaje, puede viajar por _____.[11] Hay muchos cruceros que hacen escalas en las islas más bonitas del Caribe.

B. Definiciones. Fill in each blank with the vocabulary word defined.

1. llamar para estar seguro _____

2. en dos días _____

3. lugar donde compramos sellos _____

4. saludo postal _____

5. después de éste _____

6. sinónimo de **vuelta** _____

7. persona que consume cigarrillos _____

8. de donde sale el barco _____

9. sin más asientos _____

10. compañía de aviones _____

11. las maletas y los maletines _____

12. lo que compramos para viajar en avión _____ o

    _____

13. persona que viaja en tren o avión _____

14 algo malo que ocurre _____

15. lo que hacemos con las maletas antes
    de subir al avión _____

Gramática esencial

13.1 REGULAR ENDINGS OF THE IMPERFECT SUBJUNCTIVE

Un viaje de trabajo. Gloria is discussing her trip with a couple of friends. Complete the responses using the imperfect subjunctive form of the verb.

> MODELO: ¿Confirmaste las reservaciones? → Sí, me pidieron que (yo) *confirmara las reservaciones.*

1. ¿Trabajó mucho ella durante el viaje?

   Sí, le pidieron a ella que _____.

2. ¿Uds. no comieron en el avión?

   Dudaban que (nosotros) _____.

3. ¿La agencia olvidó comprarte el boleto?

   Sí, era increíble que la agencia _____.

4. No hablé con el agente.

   Pero, ¿no te dije que (tú) _____?

5. ¿Reservaste dos asientos?

   Sí, me aconsejaron que (yo) _____.

6. ¿Rigoberto recogió el equipaje?

    Sí, le pedí a Rigoberto que (él) _____.

7. Gloria discutió con el auxiliar de vuelo.

    ¿Realmente era necesario que Gloria _____?

8. ¿Se levantaron a tiempo para el vuelo?

    No, fue lástima que ellos _____.

13.2 IMPERFECT SUBJUNCTIVE OF IRREGULAR AND STEM-CHANGING VERBS

A. Un viaje difícil. Complete these sentences with the imperfect subjunctive form of the verbs in parentheses.

1. La aeromoza nos pidió que (ir) _____ a la sección delantera del avión.

2. No creí que el agente me (decir) _____ la verdad.

3. Nos pidieron que sólo (traer) _____ una maleta.

4. No me gustó que ellos nos (poner) _____ en la sección de fumar.

5. Era posible que ella (querer) _____ cancelar las reservaciones.

6. Yo dudaba que el tren (poder) _____ llegar a la hora apropiada.

7. Era imposible que nosotros (saber) _____ eso.

8. Les dije a Uds. que (tener) _____ mucho cuidado con esa línea aérea.

9. Esperaba que tú (estar) _____ en la estación del ferrocarril a las diez.

10. Pidieron que vosotros (venir) _____ aquí lo más rápido posible.

11. ¿Dudabas tú que ellos (hacer) _____ un viaje a Iguazú?

12. Yo no pensaba que él me (dar) _____ un asiento de ventanilla.

B. Las cosas de un viaje. Your neighbor is telling you about a recent trip. Combine the phrases to form new sentences, using the imperfect subjunctive in the second phrase.

MODELO: Ella no quería. / Yo fumé. → Ella no quería que yo fumara.

1. Me recomendó. / Nosotros pedimos un taxi en el aeropuerto.

    _____

2. Dudaba. / Ellos se divirtieron en el autobús.

    _____

3. Pedimos. / La azafata nos sirvió café en el vuelo.

    _____

4. No era cierto. / Julián se sentía mal en Lima.

    _____

5. No era posible. / Casi se murieron de hambre en el avión.

    _____

13.3 SEQUENCE OF TENSES WITH THE SUBJUNCTIVE

A. ¿Prefieres tomar el autobús? Change the sentences to the past tense, using the indicative or subjunctive as appropriate.

MODELO: Dudo que podamos ir a Quito. → Dudaba que pudiéramos ir a Quito.

1. Estoy segura de que tenemos que comprar un boleto de ida y vuelta.

   _____

2. Me dicen que hay espacio en el vuelo.

   _____

3. ¿Es importante que confirmemos nuestras reservaciones?

   _____

4. Pido que anuncie la hora del vuelo otra vez.

   _____

5. Esperan que el equipaje llegue en buenas condiciones.

   _____

B. Problemas de un fumador. Complete the following story with the correct past tense form of the verbs in parentheses. Choose between the preterite, imperfect, and imperfect subjunctive.

Pedí que el agente nos (dar) _____[1] asientos en la sección de fumadores, pero no nos los (poder) _____[2] dar porque había muchos pasajeros. Yo le (explicar) _____[3] que a mi amigo Rigoberto ya no le gustaba la idea de fumar y que (querer) _____[4] fumar su último (*last*) cigarrillo hoy en el vuelo de Cali. El agente me explicó que trataría de encontrarnos un asiento a la hora de salir. Yo estaba conversando con Rigoberto cuando (ver) _____[5] que nuestro avión había despegado. Yo le pregunté al agente cómo era posible que el avión (salir) _____[6] sin nosotros. Él no sabía qué decir; me recomendó que yo (buscar) _____[7] un hotel para esa noche y que nosotros (tratar) _____[8] de salir el próximo día. Inmediatamente yo (comprar) _____[9] unos cigarrillos, le (dar) _____[10] uno a Rigoberto y los dos (empezar) _____[11] a fumar. Él me dijo: «Yo no (saber) _____[12] que tú (fumar) _____[13]». Yo le (contestar) _____:[14] «¡Si yo no fumo ahora, me va a salir humo por las orejas!»

13.4 THE CONSTRUCTION hace... que

A. Hace mucho tiempo. You haven't seen your old friends from Chile in a long time. Express the following statements in Spanish.

1. How long have you been waiting at the airport?

   _____

2. I've been here for a half hour.

   _____

3. I haven't seen you in two years.

   _____

4. I've been living in Santiago for three years.

   _____

5. How long ago did you make reservations at the hotel?

   _____

B. Entrevista al revés (*in reverse*). What questions would you ask in an interview to provoke the following answers?

1. —¿ _____?

   —Hace cinco años que vivo en la misma dirección.

2. —¿ _____?

   —Hace ocho meses que estudio español.

3. —¿ _____?

   —Hace cuatro horas que desayuné.

4. —¿ _____?

   —Hace sólo tres semanas que trabajo aquí.

5. —¿ _____?

   —Hace seis meses que compré mi coche.

PARA RESUMIR Y REPASAR

Diálogo. Complete this conversation by filling in the blanks with the correct forms of the verbs in parentheses.

CLARA: ¿A qué hora llega Ana?

TERESA: No estoy segura, pero espero que no (tardar) _____[1] mucho más. Yo quería que (venir) _____[2] en avión, pero ella prefería (viajar) _____[3] en tren.

CLARA: Yo habría insistido en que (tomar) _____[4] el avión.

TERESA: Tú no conoces a Ana muy bien. No puedes mandarle que (hacer) _____[5] nada.

CLARA: Bueno, por lo menos le pediría que (considerar) _____[6] el avión.

TERESA: ¡Ah! En ese caso es posible que te (escuchar) _____.[7] Pero realmente no le gusta (viajar) _____[8] en avión.

Comunicación

A. Unas vacaciones en Marbella, España. Study the advertisement for Hotel Coral Beach on the following page and answer the questions that follow.

1. ¿Es un hotel de lujo el Hotel Coral Beach? ¿Cómo lo sabe Ud.?

   _____

2. ¿Qué tipo de trato esperaría Ud. recibir allí?

   _____

3. ¿Está cerca de la playa el hotel?

   _____

4. ¿Qué hay en cada habitación del hotel?

   _____

5. Si Ud. juega mucho al golf y le duele el cuerpo, ¿qué servicios del hotel le ayudarían a sentirse mejor?

   _____

6. ¿Por qué sería buena idea ir a este hotel si a Ud. le gusta el tenis?

   _____

Cierta clase de gente,
necesitaba un hotel así en Marbella.

Un hotel nuevo. De cinco estrellas. Con todo lo que hay que tener… y en Marbella.

Coral Beach. Un trato[a] exquisito. Un ambiente[b] extraordinario. Para disfrutarlo a su aire.[c]

Con la mejor relación calidad/precio de su categoría. En plena[d] «Milla[e] de Oro», en primera línea de mar.

Habitaciones con caja fuerte,[f] minibar, radio y TV parabólica. Dos restaurantes y un bar. Beach Club con restaurante y piscina. Health Centre con gimnasio, sauna, jacuzzi, peluquería[g] y masaje. A 10 minutos de los campos de Golf y Tenis.

Si también usted necesita un hotel como el Coral Beach, llámenos. No espere más.

Sencillamente,[h] es un lujo.[i]

Carretera de Cádiz, km 176 29600 Marbella T. (952) 82 45 00 Fax 82 62 57
Reservas: Marbella T. (952) 82 45 00 Madrid T. 900-100 149 Barcelona T. 900-300 684

Occidental
Hoteles

[a]*treatment* [b]*atmosphere* [c]*a… in your way* [d]*En… In the middle of* [e]*Mile* [f]*caja… safe* [g]*hairdresser* [h]*Simply* [i]*luxury*

B. Otro viaje complicado. Change the following narration to the past.

Hace tres horas que estamos esperando en el avión. La aeromoza pide que no fumemos antes de despegar. Nos recomienda a todos que no nos preocupemos. El capitán insiste en que nadie se levante de su asiento. Un viajero en un asiento de ventanilla dice que espera que su compañero no pierda su conexión en Lima. Me alegro de que mi esposa no haya facturado el equipaje porque así podemos salir del aeropuerto rápidamente si anuncian que el vuelo está cancelado.

_____

_____

_____

_____

_____

_____

_____

_____

_____

_____

C. Para ti. Answer the following questions.

1. ¿Adónde te gustaría que tus padres fueran para sus próximas vacaciones?

_____

2. ¿Te gustaría que te invitaran a hacer un viaje por la América Latina?

_____

3. ¿Qué país visitarías primero?

_____

4. ¿Les aconsejarías a tus amigos que fueran a la América Latina? ¿Por qué sí o por qué no?

_____

_____

5. Si no, ¿qué lugar les recomendarías que visitaran?

_____

D. ¡A escribir! Itinerario de su viaje. On a separate sheet of paper, write a postcard about your trip to a friend. Build your postcard by including some or all of the following.

- Greet your friend.
- Explain the basics of your trip.
- Where are you?
- When did your plane land?
- What were your first impressions of this city?
- Where will you go tomorrow?
- What will you see there?
- How long will you stay?

E. Sondeo personal. Assess your own qualities as a traveler by completing the following chart. Give yourself the indicated number of points for each question, total the results at the end, and write a profile of yourself as a traveler.

	NUNCA: 1	A VECES: 2	SIEMPRE: 3
Viajo en primera clase.			
Llevo mucho equipaje.			
Llego tarde al aeropuerto.			
Insisto en subir pronto.			
Como sólo lo mejor.			
Pido ayuda al auxiliar con frecuencia.			
Pido otro asiento si hay un niño cerca de mí.			
Compro el boleto más caro.			
Sólo viajo de día.			
Insisto en viajar con todo confort.			
TOTAL:			

24 a 30 = Ud. es rico/a y está acostumbrado/a sólo a pedir lo mejor.
16 a 23 = Ud. tiene gustos moderados.
10 a 15 = Ud. tiene que buscar gangas.

Ahora, con sus propias palabras, ¿cómo es Ud. como viajero/a?

_____

_____

_____

_____

Viaje por el mundo hispánico: Costa Rica, Nicaragua y Guatemala

A. Asociaciones. Fill in each blank in column A with the most appropriate letter from column B.

A

1. _____ Managua
2. _____ quiché
3. _____ 850
4. _____ Bosque Nubloso Monteverde
5. _____ 490
6. _____ San José
7. _____ quetzal
8. _____ 1992
9. _____ 2.500
10. _____ 15 de septiembre

B

a. especies de insectos
b. ave centroamericana
c. independencia de Nicaragua
d. grupo indígena guatemalteco
e. Menchú recibe el Premio Nobel
f. especies de aves
g. especies de mariposas
h. montañas, ocho zonas ecológicas
i. capital de Nicaragua
j. capital costarricense

B. Rigoberta Menchú. Answer the following questions in complete sentences in Spanish.

1. ¿Cuándo nació Rigoberta Menchú?

   _____

2. ¿De dónde es?

   _____

3. ¿Qué premio importante recibió ella? ¿Por qué se lo dieron?

   _____

4. ¿Qué les pasó a los padres de Rigoberta Menchú?

   _____

5. ¿Qué clase de libro es *Yo, Rigoberta Menchú*?

   _____

6. ¿Por qué se refugió Rigoberta Menchú en México?

   _____

7. ¿Qué parte de la población guatemalteca es de origen maya?

   _____

C. Poesía. Answer in Spanish in complete sentences.

1. ¿Cómo se siente la princesa?

   _____

2. ¿Sabe o no sabe el poeta por qué está triste ella?

   _____

3. ¿Cómo expresa su tristeza la princesa?

   _____

4. ¿Qué objetos de su habitación reflejan la tristeza de la princesa?

   _____

Prueba de práctica

A. Antónimos. ¿Qué palabra de la columna B es el antónimo de cada palabra de la columna A? Escriba la letra en el espacio en blanco.

A			B	
1.	_____	vacío	a.	aterrizar
2.	_____	vuelta	b.	abrir
3.	_____	recordar	c.	ida
4.	_____	despegar	d.	lleno
5.	_____	contrariado	e.	contento
6.	_____	cerrar	f.	olvidar

B. Una tarea para Roberto. Dé el imperfecto de subjuntivo de los verbos entre paréntesis.

La profesora me pidió que le (decir) _____[1] a Roberto que, cuando

(venir) _____[2] mañana a clase, (traer) _____[3] un mapa de la América

del Sur. Dijo que prefería que el mapa (ser) _____[4] grande. A todos nos pidió que

(saber) _____[5] para mañana los nombres de los países y las capitales, y que

(hacer) _____[6] una lista de los ríos en nuestro cuaderno.

C. A viajar. Exprese las oraciones en el pasado.

MODELO: La azafata me pide que me ponga el cinturón. →
La azafata me pidió que me pusiera el cinturón.

1. Le digo al taxista que vaya más rápido.

_____

2. Tengo miedo de que perdamos el avión.

_____

3. Sentiré que mi familia no me vea antes de salir.

_____

4. Me sorprende que no haya mucha gente en el aeropuerto.

_____

5. Dudamos que el avión esté muy lleno.

_____

D. Traducciones. Use la construcción **hace... que** para expresar lo siguiente en español.

1. How long have you (**tú**) been waiting for the bus?

_____

2. I have been waiting for the bus for twenty minutes.

_____

3. We have been living in Mexico for three years.

_____

Las relaciones humanas

LECCIÓN **14**

LABORATORY MANUAL

Gráficos

A. Un desastre de boda. Study the following drawing of a recent wedding. You will hear statements about some of the lettered items. Write down the letter that corresponds to the person, item, or action you hear.

1. _____

2. _____

3. _____

4. _____

5. _____

6. _____

7. _____

8. _____

9. _____

10. _____

B. ¿Cómo fue la boda? Listen to each question two times, then circle the letter of the best response.

1. a. Los sirvió la suegra.

   b. Se sirven después de la ceremonia.

2. a. Se celebró en la iglesia de San Juan Bautista.

   b. Los novios se conocieron en una iglesia.

3. a. Sí, se divorciaron ayer.

   b. No, ayer se pelearon.

4. a. Sí, pero se disculpó.

   b. Sí, abrazó al novio.

C. Listen to each definition, then write the word defined in the blank.

1. _____   3. _____   5. _____

2. _____   4. _____   6. _____

D. ¿Qué haces? Listen to each question, then write the letter of the corresponding drawing in the blank. Answer the question with the most appropriate response listed below.

MODELO: ¿Por qué se miran? → (F) Se quieren.

A.   **B.**   **C.**

D.   **E.**   **F.**

Se conocen.   Se odian.   Se quieren.

1. _____   3. _____   5. _____

2. _____   4. _____

E.   Mi familia y yo. Listen to each sentence and write the letter of the corresponding word or phrase in the blank.

a.   No nos escuchamos.   d.   No se comprenden.
b.   Se aman.   e.   Se gritan.
c.   Nos odiamos.   f.   Nos besamos.

1. ____   2. ____   3. ____   4. ____   5. ____   6. ____

Situaciones

Sí o no. Listen to each statement, then write a plus (+) if the comment is positive or write a minus (–) if the comment is negative.

1. _____   5. _____   8. _____

2. _____   6. _____   9. _____

3. _____   7. _____   10. _____

4. _____

Pronunciación

Review of Spanish *b* and *v*

Remember that in Spanish the letters **b** and **v** are pronounced exactly alike. Both **b** and **v** have two different pronunciations, however: a hard sound and a soft sound.

A. The hard sound of **b** or **v** is pronounced after a pause and after the letters **m** and **n**. Keep in mind that the letter combinations **nb** and **nv** are pronounced as if they were **mb** and **mv**. Listen and repeat.

| ¡Vaya! | ¡Venga! | en vacaciones | un boleto |
| un viajero | en bicicleta | un vino tinto | Víctor |

B. The soft sound of **b** or **v** is pronounced at all other times. Be particularly careful in pronouncing **b** or **v** between vowels. To pronounce the soft sound, draw your lips close together, but without letting them touch; then let the air pass through to produce a slight friction. Listen: **joven**. Never give Spanish **b** or **v** the sound of *v* in the English word *visit*: this kind of *v* does not exist in Spanish. Repeat these sentences after the speaker.

1. Sé los verbos nuevos.
2. Yo vivo en Puerto Vallarta.
3. Él viaja con Verónica.
4. ¿Cuándo vuelve Vicente?

5. ¿Adónde van los viajeros?
6. Bárbara vendió noventa billetes.
7. Bailamos varias veces.
8. Llevo veinte días en Venezuela.

Gramática esencial

14.1 RECIPROCAL CONSTRUCTIONS

¿Se quieren mucho? Listen to and repeat each sentence, then restate it, using a reciprocal construction. Repeat the correct answer.

> MODELO: (Juan Carlos se enamora de Catalina.) Juan Carlos / Catalina →
> Juan Carlos y Catalina se enamoran.

1. Los Ortega / los Saucedo
2. Cristina / Carlos
3. Crispín / Silvia
4. Catalina / suegros
5. Héctor / Silvia
6. Cristina / yo

14.2 PASSIVE CONSTRUCTIONS

A. **¿Ya se preparó todo?** Listen to each sentence, then restate it using the passive construction with **se**. Repeat the correct answer.

MODELO: (Juan Carlos y Catalina celebran su boda hoy.) → Se celebra su boda hoy.

1. ...   2. ...   3. ...   4. ...   5. ...

B. **¿Cuándo se supo la verdad?** Listen to each sentence, then restate it, replacing the true passive construction with the **se** construction. Repeat the correct answer.

MODELO: (El champán fue servido.) → Se sirvió el champán.

1. ...   2. ...   3. ...   4. ...   5. ...

C. **¿Cómo fue la boda?** Listen to each question, then answer it negatively using a **se** construction and the cue. Repeat the correct answer.

MODELO: (¿Se preparó una barbacoa para la recepción?) canapés → No, se prepararon canapés.

1. la boda   3. el anillo de compromiso   5. el disgusto del padrino
2. vinos   4. mambo

14.3 IMPERSONAL se

¿Qué se hace...? Listen to each question and respond with the impersonal form of the most appropriate verb from the list. Repeat the correct answer.

       bailar   cenar   comer   estudiar   salir de vacaciones   subir

1. ...   2. ...   3. ...   4. ...   5. ...   6. ...

14.4 SUBJUNCTIVE IN ADJECTIVE CLAUSES

A. **En la recepción.** A friend gossips to you about people at a wedding reception. Respond as indicated by the models. Repeat the correct answer.

MODELOS: (Su novio no habla inglés.) → Yo busco un novio que hable inglés.

                   (Su novio es impaciente.) → Yo busco un novio que no sea impaciente.

1. ...   2. ...   3. ...   4. ...   5. ...

B. **Planes: ¿Me puedes ayudar?** Listen to each question, then answer it affirmatively. You will need to replace the subjunctive clause with an indicative clause. Repeat the correct answer.

MODELO: (¿Conoces un pastelero que venda pasteles muy buenos?) →
                  Sí, conozco a un pastelero que vende pasteles muy buenos.

1. ...   2. ...   3. ...   4. ...   5. ...

C. **No fue así.** You remember things about a wedding differently than your friend does. Respond negatively to each of his statements. Repeat the correct answer.

MODELO: (Conocía a alguien que trabajaba allí.) → No conocía a nadie que trabajara allí.

1. ...   2. ...   3. ...   4. ...   5. ...

Comunicación

A. **Una boda en grande** (*on a large scale*). Listen to the new vocabulary words and to the series of brief conversations at a wedding two times. Listen the first time for the gist. Listen a second time to answer the questions. Repeat the correct answer.

VOCABULARIO ÚTIL

suerte	luck	muecas	grimaces, "faces"
no te preocupes	don't worry	estrecho	tight
en seguida	right away	hecha polvo	dead tired

UNA JOVEN:	...
OTRA JOVEN:	...
UN PADRE:	...
OTRO PADRE:	...
UN AMIGO:	...
OTRO AMIGO:	...
LA MADRE DE LA NOVIA:	...
EL PADRE DE LA NOVIA:	...
LA MADRINA:	...
EL PADRINO:	...
EL PADRE DEL NOVIO:	...
LA MADRE DEL NOVIO:	...
LA ABUELA DE LA NOVIA:	...
EL ABUELO DE LA NOVIA:	...

1. ¿Se abrazaron el narrador y el suegro?
2. ¿Por qué levantó una copa de champán el narrador?
3. ¿Qué fue lo que costó muchísimo?
4. ¿Por qué hace muecas el padrino?
5. ¿Cómo es el champán?

B. Juan Carlos y Catalina se casarán. Listen to the wedding announcement from the paper two times. Then circle the letter of the phrase that correctly answers the questions you hear.

1. a. en dos semanas   b. el próximo sábado

2. a. Es profesor.   b. Es arquitecto.

3. a. medicina   b. matemáticas

4. a. a las dos de la tarde   b. a las seis de la tarde

5. a. París   b. San Francisco

C. Dictado: Un novio descontento. You will hear a short paragraph about Catalina and Juan Carlos's wedding three times. The first time, listen for the gist. During the second reading, use the pauses to write each sentence in the space provided. Then listen again to check what you wrote.

_____

_____

_____

_____

_____

_____

D. Para ti. You will hear a series of statements. Circle **sí** if you agree, or **no** if you disagree. Be prepared to discuss in class your reasons for agreeing or disagreeing.

1. Sí No

2. Sí No

3. Sí No

4. Sí No

5. Sí No

LECCIÓN **14**

WORKBOOK

Gráficos

A. **¿Quién?** Fill in each blank with the name of the person in the drawing to which the phrase refers. Some names will be used more than once.

1. la novia _____

2. el novio _____

3. la madrina _____

4. la abuela del novio _____

5. se abrazan _____

   _____

6. felicita al novio _____

7. besa a la novia _____

8. se están enamorando _____

   _____

9. está celosa _____

10. quiere brindar por la novia _____

B. Crucigrama. Complete the crossword puzzle with the words defined.

HORIZONTAL

1. una persona que habla mucho de otras personas
5. en estos días
6. hacer conjeturas sobre algo
9. dar besos y abrazos a otros por algo que han hecho
12. la mejor amiga o pariente de la novia
13. adultos
16. compromisos de hacer algo en el futuro
17. algo que se come en las recepciones
18. discutir, pegar, enojarse
19. madre de tu esposo/a

VERTICAL

1. emoción o temor de que la persona que amas ame a otro/a
2. querer
3. viaje después de la boda
4. historia
7. lo opuesto de amar
8. lo hacemos con licor para expresar buenos deseos
10. empezar a sentir amor por otra persona
11. intentar
14. simpático
15. novios o esposos

C. Preguntas personales. Answer from your own experience.

1. ¿Cree Ud. que es importante que los hermanos de cualquier edad se abracen y se besen? ¿Por qué (no)?

   _____

   _____

2. ¿Se pelean Ud. y sus hermanos (amigos, padres) frecuentemente? Explique.

   _____

   _____

3. En su opinión, ¿es posible que dos personas se quieran de verdad si se pelean constantemente? ¿Puede dar ejemplos?

   _____

   _____

4. En su opinión, ¿qué es lo malo de los disgustos y peleas (*fights*)? ¿Por qué?

   _____

   _____

5. ¿Por qué cree Ud. que es más fácil que se arregle todo entre los niños que entre los mayores?

   _____

   _____

D. Sondeo. Tell how you relate to three people (your father? your mother? your best friend?). Write the number of times each week that you kiss or embrace them, shout at them, and so on.

	PERSONA 1: _____	PERSONA 2: _____	PERSONA 3: _____
ACCIONES POSITIVAS			
Lo/La saludo			
Lo/La felicito			
Le ayudo			
Lo/La abrazo			
Lo/La beso			
+ SUBTOTAL:			
ACCIONES NEGATIVAS			
Le grito			
Peleo con él/ella			
Lo/La insulto			
Le pego			
Lo/La critico			
– SUBTOTAL:			
TOTAL:			

Add the numbers for each person and subtract the negative numbers from the positive. What is your final number for each relationship? Which actions predominate in each relationship? Whom do you seem to like the most? Does this chart seem logical to you?

Gramática esencial

14.1 RECIPROCAL CONSTRUCTIONS

A. Mis parientes y yo. Complete the story by filling in each blank with the correct tense of the verb in parentheses. Use the present indicative, preterite, or imperfect indicative.

Los tíos Alfonso y Enrique no (saludarse) _____[1] en la boda de ayer porque (pelearse)

_____[2] hace años. No comprendo eso. Cuando Miguel y yo (pegarse) _____[3]

siempre (abrazarse) _____[4] y (besarse) _____[5] después. Mi primo Carlos también

pasa por unos momentos difíciles ahora. Él y mis otros amigos ya no (hablarse) _____.[6] Él y

yo (verse) _____[7] mucho estos días, pero nosotros siempre (tratarse) _____[8] bien.

B. Las relaciones humanas. Form logical sentences, using a person from column A and an action from column B in each sentence.

A	B
1. los novios	a. detestarse
2. los enemigos	b. saludarse con afecto
3. los padres y los hijos	c. ayudarse
4. los amigos que viven en diferentes ciudades	d. no hablarse
5. los primos	e. odiarse
	f. llamarse por teléfono
	g. verse mucho

1. _____

2. _____

3. _____

4. _____

5. _____

14.2–14.3 PASSIVE CONSTRUCTIONS AND IMPERSONAL se

A. ¿Cómo se celebró? Form sentences in the past tense, first using the third person plural, then the **se** construction.

MODELO: celebrar la boda en la iglesia → Celebraron la boda en la iglesia.
                                            La boda se celebró en la iglesia.

1. comprar el anillo en los Almacenes Molina

_____

_____

2. preparar los canapés en casa

_____

_____

3. servir vino y champán en copas de cristal

_____

_____

4. invitar a mucha gente

_____

_____

5. arreglar la boda para junio

_____

_____

B. En español. Express in Spanish.

1. Champagne is served at weddings.

_____

2. The rings are bought months before the wedding.

_____

3. Divorces aren't resolved easily.

_____

4. How do you prepare typical Mexican hors d'oeuvres?

_____

5. How do you explain a quarrel at a reception?

_____

14.4 SUBJUNCTIVE IN ADJECTIVE CLAUSES

A. Asuntos personales. Fill in each blank with the correct form of the verb in parentheses. Use the present indicative, present subjunctive, or imperfect subjunctive.

Héctor vive en un apartamento que (ser) _____[1] muy caro, porque no hay apartamentos que

(ser) _____[2] baratos en este barrio. Busca un compañero que (pagar) _____[3] la mitad

del alquiler. ¿Hay algún estudiante en la universidad que (necesitar) _____[4] apartamento?

Mi amigo Antonio buscaba un psicólogo que le (decir) _____[5] lo que quería oír. Entonces

yo no conocía a nadie que (tener) _____[6] tan poca ética profesional. Una persona no necesita

nunca ningún médico que le (tratar) _____[7] de esa manera. Sin embargo, ahora yo sí conozco

a uno que le (decir) _____[8] exactamente lo que quiere oír.

B. El esposo / La esposa ideal. Complete each sentence according to your own needs or preferences.

1. Necesito un hombre / una mujer que _____.

2. Tengo un hombre / una mujer que _____.

3. Prefiero un hombre / una mujer que _____.

4. Busco un hombre / una mujer que _____.

5. Conozco a un hombre / una mujer que _____.

6. No hay un hombre / una mujer que _____.

PARA RESUMIR Y REPASAR

A. No quisimos ir. Complete the following account about reluctant wedding guests with the appropriate past tense form of the indicated verbs. Use either the indicative (imperfect, preterite) or the subjunctive (imperfect).

Los Morales decían que no (ir) _____[1] a asistir a la ceremonia del sábado pasado. No (ellos: venir) _____[2] porque hace muchos años (ellos: pelearse) _____[3] con los padres de la novia. Me (ellos: decir) _____[4] que (ellos: ver) _____[5] a los novios antes de la ceremonia y les (ellos: dar) _____[6] su regalo.

Claro que no (ser) _____[7] necesario que (ellos: ir) _____[8] a la boda. Pero (yo: querer) _____[9] que (ellos: estar) _____[10] para la ceremonia porque los novios y ellos (conocerse) _____[11] hace muchos años.

Yo sí (alegrarse) _____[12] de que les (ellos: dar) _____[13] un regalo fantástico: ¡dos boletos para ir a San Francisco para la luna de miel!

B. Relaciones personales. Give advice to each of the following people using one of the following words or phrases.

aconsejar	hacer caso	no criticar	parecer
arreglar asuntos	impulsivo	no hablar mal	soportar

1. Juan: No tiene paciencia.

   _____

2. Maribel: Nunca se pone de mal humor.

   _____

3. Doña Celia: Trata de aconsejar a todos.

   _____

4. Carmela: Nos irrita con frecuencia.

   _____

5. María Elena: Es muy inocente.

   _____

Comunicación

A. ¿Quién es su héroe? Human relationships are often complex. We frequently admire some people and ridicule others for ambiguous reasons. Answer the questions based on the following advertisement.

Cristina, la Revista[a] quiere escoger a los 50 personajes más admirados de Hispanoamérica. Escríbanos contándonos quiénes son los suyos y por qué los admira. Vote por los cuatro hombres y mujeres que más admira en nuestra comunidad de habla hispana y espere pronto los resultados de nuestra encuesta.[b]

¿POR QUIEN VOTA USTED?

Recorte este cupón y envíelo[c] a Cristina la Revista, Mi Héroe, 6355 N.W. 36 St. Virginia Gardens, Florida 33166. Escoja 4 hombres y 4 mujeres prominentes en su comunidad y explíquenos por qué los admira.

MIS HEROES SON:

MUJERES: LOS ADMIRO PORQUE:

_____   _____
_____   _____
_____   _____
_____   _____

HOMBRES: LOS ADMIRO PORQUE:

_____   _____
_____   _____
_____   _____
_____   _____

[a]*Magazine*   [b]*survey*   [c]*send it*

1. ¿Qué es *Cristina*? _____

2. ¿Qué quiere hacer? _____

3. ¿De dónde serán los héroes que busca? _____

4. ¿Cuántos héroes busca? _____

5. ¿Tiene Ud. sus propios héroes? ¿Quiénes son? ¿Cómo son? Explique sus ideas en detalle.

_____

_____

_____

_____

_____

B. Cuestionario psicológico. Be honest in your answers to these personal questions.

1. ¿Se pone Ud. de mal humor fácilmente? ¿Cuándo?

   _____

   _____

2. ¿Le es fácil disculparse con sus amigos cuando Ud. está equivocado/a en algo, o le es difícil? Por qué?

   _____

   _____

3. ¿Les hace Ud. mucho caso a sus amigos? ¿Cómo les demuestra (do you show) su amistad?

   _____

   _____

4. ¿Ha tenido Ud. _____ alguna vez? ¿De quién? ¿Por qué (no)?

   _____

   _____

5. Cuando Ud. le _____ un amigo (una amiga) que va a hacer algo, ¿siempre trata de hacer lo que promete? _____ que.

   _____

   _____

C. _____ Answer the following questions as completely and freely as you can, based on your own hopes and _____

1. ¿Piensa Ud. _____ se algún día? ¿Por qué (no)?

   _____

   _____

2. En su opinión, ¿cuáles son los elementos más importantes de un matrimonio realmente bueno?

   _____

   _____

3. ¿Cree Ud. que es posible definir el amor? ¿Quiere Ud. intentar una definición aquí?

   _____

   _____

D. **¡A escribir! Un disgusto.** On a separate sheet of paper, write a brief composition about a disagreement _____ with a sibling, friend, or parent. Build your composition using some or all of the following _____

- _____? What kind of relationship do you normally have?
- _____ the disagreement?
- Who was at fault?
- Describe the fight: was it physical, verbal, loud?
- Where did it take place?
- Were other people present? What was their reaction?
- How long did it last? How did it end?
- How did you make up, or did you make up?

Viaje por el mundo hispánico: México

A. Monte Albán. Answer these factual questions.

1. ¿Dónde está Monte Albán? _____

2. ¿Quiénes lo construyeron? _____

3. ¿A quiénes encontraron los conquistadores cuando llegaron a la región?

   _____

4. ¿Qué contenía la Tumba 7?

   _____

5. ¿Qué sistema numérico usaban los zapotecas?

   _____

B. San Cristóbal y Santo Domingo. Review the **Literatura** portion of this **Viaje** section to give precise answers to the following questions.

1. San Cristóbal de las Casas tiene una altitud de _____.

2. Esta ciudad es un centro comercial para _____.

3. Esta ciudad es punto de partida a las ruinas _____.

4. Al lado del convento de Santo Domingo está _____.

5. Esta iglesia se comenzó a construir en _____.

6. El templo de Santo Domingo tiene una fachada _____.

C. Personas y lugares. Match the phrases in column B with the appropriate items in column A.

A	B
1. _____ fundadores de Monte Albán	a. ciudad de Oaxaca
2. _____ últimos indígenas de Monte Albán	b. Rosario Castellanos
3. _____ iglesia barroca	c. mixtecas
4. _____ Tumba 7	d. Carlos Fuentes
5. _____ situación de la mujer mexicana	e. mayas
6. _____ novelista mexicano	f. Alfonso Caso
7. _____ rebelión zapatista	g. San Cristóbal de las Casas
8. _____ sistema numérico	h. zapotecas
9. _____ ruinas de Monte Albán	i. templo de Santo Domingo

D. Imágenes. The poem "Visitas" contains many images. Complete each of the following images with the appropriate word from the list.

blanquísima	hojas	pájaros	sequía
hermosas	joyas	piedra	verdes

1. La noche urbana es de _____ y de _____.

2. El campo alarga brazos _____ con pulseras de _____ y de _____.

3. El cielo entra con una cesta de _____.

4. El mar extiende su cola _____.

5. Del árbol cuelgan todas las palabras _____.

Prueba de práctica

A. Una boda. ¿Qué frase de la columna B corresponde a cada palabra de la columna A? Escriba la letra en el espacio en blanco.

	A		B
1.	_____ anillo	a.	Desear una vida feliz.
2.	_____ besar	b.	Es el padre de mi esposo.
3.	_____ canapés	c.	Es la destrucción del matrimonio.
4.	_____ divorcio	d.	Es lo contrario de **amor.**
5.	_____ felicitar	e.	Es la persona que lleva a la novia al altar.
6.	_____ odio	f.	Lo pone el novio en el dedo de la novia.
7.	_____ padrino	g.	Unir las bocas dos personas.
8.	_____ suegro	h.	Se comen muchos de éstos en una boda.

B. Una boda. Describa una boda a la cual asistió Ud. en el pasado. Use los verbos indicados y la voz pasiva, según el modelo.

MODELO: invitar / 120 personas → Se invitaron 120 personas.

1. enviar / 200 invitaciones

    _____

2. escoger / los anillos de boda

    _____

3. consultar / varios libros de etiqueta

    _____

4. celebrar / la boda / en la catedral

    _____

C. Traducciones. Exprese en español, usando el **se** impersonal.

1. In Spain, one eats dinner very late.

    _____

2. One also arrives at parties a little late.

    _____

3. One generally goes on vacation in the summer.

    _____

4. One dances a lot at a wedding.

    _____

D. ¿Indicativo o subjuntivo? Dé la forma correcta del indicativo o del subjuntivo de los verbos entre paréntesis.

Quiero casarme con una persona que (saber) _____[1] economizar, que

(tener) _____[2] sentido del humor y que me (amar) _____[3] mucho.

Mi novio no (saber) _____[4] economizar, pero (tener) _____[5] sentido

del humor y me (amar) _____[6] mucho.

El mundo del trabajo

LECCIÓN 15

LABORATORY MANUAL

Gráficos

A. Un día de trabajo típico. Study the following drawings. You will hear statements about some of the lettered items or people. Write down the letter that corresponds to the item or person you hear.

1. _____
2. _____
3. _____
4. _____

5. _____
6. _____
7. _____

8. _____
9. _____
10. _____

B. Para el trabajo. Listen to each statement, then fill in the blank with the letter of the most appropriate drawing.

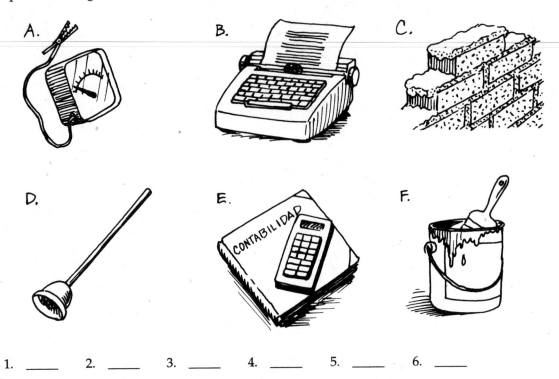

A.   B.   C.

D.   E.   F.

1. _____   2. _____   3. _____   4. _____   5. _____   6. _____

C. Para la profesión. Listen for the error in each statement. Listen a second time, then correct the statement with one of the words from the list. Repeat the correct answer.

> MODELO: (El periodista usa el serrucho para completar su trabajo.) →
> El periodista usa la impresora para completar su trabajo.

derecho	impresora	pedagogía	tubería
fontanero	martillo	solicitud	

1. ...   2. ...   3. ...   4. ...   5. ...   6. ...

D. ¿Dónde se mete(n)? Listen to each definition, then write the letter of the word defined in the blank.

a. archivo	c. copiadora	e. máquina de escribir
b. carpeta	d. impresora	f. sobre

1. _____   2. _____   3. _____   4. _____   5. _____   6. _____

Situaciones

Buscando un puesto. Look over the following statements, and listen to the dialogue twice. Then listen to each question, and circle the letters of all the statements that answer it.

1. a. Ha preparado un currículum.

    b. Ha escrito una carta.

    c. Ha llenado una solicitud.

    d. Ha tenido una entrevista.

    e. Ha visitado las oficinas de la compañía.

2. a. Le ha dado una carta bien explicada.

    b. Le ha dado las notas de su último semestre universitario.

    c. Le ha pedido un aumento de sueldo.

    d. Le ha dado una copia de la carta de oferta de otra compañía.

    e. Otro papel que indica que lo despidieron de su último puesto.

Pronunciación

Intonation

When the answer to a question is partially or totally known to the speaker, the intonation pattern is as follows:

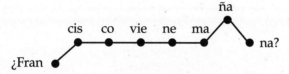

The differentiating feature of this type of question is that the intonation level *goes up* on the last accented syllable (**ña**) and then falls (**na**). There is a comparable pattern in English.

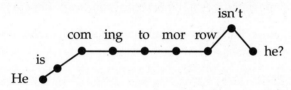

Think of the final syllable in the Spanish question as being similar to English *won't he, don't you, will you,* and so on.

Repeat these questions after the speaker.

1. ¿Tú me has enten*di*do?
2. ¿Ellos vendrán el *mar*tes?
3. ¿Tú vas a comprar *fru*ta?
4. ¿Eso no es poca *co*sa?
5. ¿Esa familia es *ri*ca?
6. ¿Tú comes pes*ca*do?

Gramática esencial

15.1–15.2 SUBJUNCTIVE IN ADVERBIAL CLAUSES OF PURPOSE AND PROVISO

Muchas condiciones. Listen to each question, and answer using the cue. Repeat the correct answer.

> MODELO: (¿Empleará Ud. al pintor?) con tal de que / ofrecerme un buen precio →
> Emplearé al pintor con tal de que me ofrezca un buen precio.

1. para que / darme un reporte sobre la economía de la ciudad
2. en caso de que / estar muy ocupado
3. con tal de que / no matar / mis perros
4. antes de que / sus padres / pegarle / el niño
5. a menos que / esa empresaria / cooperar conmigo

15.3 SUBJUNCTIVE IN ADVERBIAL CLAUSES OF TIME

Las reparaciones. Juan's house is undergoing a major renovation. Using the cues, answer a friend's questions about the various workers. Repeat the correct answer.

> MODELO: (¿Cuándo pagará Juan al plomero?) tan pronto como / terminar →
> Juan pagará al plomero tan pronto como termine.

1. después de que / el carpintero / echarle / una mano
2. hasta que / el electricista / venir
3. antes de que / el plomero / cobrarle / a Juan
4. a Juan / cuando / terminar

15.4 *IF*-CLAUSES

A. ¿Qué harías? Listen to and answer each question using the most appropriate cue from the list. Repeat the correct answer.

> MODELO: (¿Qué harías si quisieras ser maestro?) → Si quisiera ser maestro estudiaría pedagogía.

estudiar derecho	ir a la oficina	llenar una solicitud
estudiar pedagogía	llamar al plomero	pasar la circular a máquina
renunciar a mi puesto		

1. ... 2. ... 3. ... 4. ... 5. ... 6. ...

B. Si... Listen to each sentence, then restate it as a hypothetical comment. Repeat the correct answer.

> MODELO: (Hago copias si tengo tiempo.) → Haría copias si tuviera tiempo.

1. ... 2. ... 3. ... 4. ... 5. ...

Comunicación

A. Listen to the new vocabulary words and the conversation between Nicolás and his parents two times. Listen the first time for the gist. Listen a second time to answer the questions below. Repeat the correct answer.

VOCABULARIO ÚTIL

la novela rosa	*romance novel*
redacción	*writing*

1. ¿Qué no le gusta a Nicolás aunque no es difícil para él?
2. ¿Qué querían que fuera Nicolás los padres de él?
3. ¿Cuántos médicos habrá en la familia después de que se gradúe la hermana de Nicolás?
4. ¿Qué le sugiere el padre que sea si no quiere ser médico?
5. ¿Qué podrá ser Nicolás con tal de que reciba clases de redacción?

B. Listen to the requirements for an advertised position two times. Listen the first time for the gist, then listen a second time to answer the questions. Repeat the correct answer.

1. ¿Cuántos años debe tener el candidato?
2. ¿Qué educación formal se necesita?
3. ¿Qué estudios complementarios debe tener?
4. ¿Qué lenguas debe saber hablar?
5. ¿Qué necesita mandar el candidato con la carta?

C. Dictado: La decisión de una carrera. You will hear a short paragraph about professions three times. The first time, listen for the gist. During the second reading, use the pauses to write each sentence in the space provided. Then listen again to check what you wrote.

_____

_____

_____

_____

_____

_____

D. Para ti. You will hear twice a series of incomplete statements. Complete each one according to your own experience and wishes. No answers will be given on the tape.

1. ... 2. ... 3. ... 4. ... 5. ...

LECCIÓN **15**

WORKBOOK

Gráficos

A. La alcaldesa explica el nuevo presupuesto (*budget*). The mayor has just explained why she needs to make certain budget cuts. Complete the resulting protests by writing in the names of the professionals and workers numbered in the drawing, along with the definite article.

1. _____ : Es imposible seguir dando clases hasta que no tenga los materiales que necesito.

2. _____ : Es necesario que el gobierno comprenda los problemas de los ciudadanos para que continúen los programas sociales.

3. _____ : Con tal de que la infraestructura de la ciudad se siga deteriorando no me preocupo por la falta de trabajo. Siempre hace falta luz.

4. _____ : Antes de que se instale otra escuela de derecho, es preciso fundar una escuela de medicina. Los avances que haremos traerán prestigio y nuevas inversiones a la ciudad.

5. _____ : A menos que decidan en serio ajustar el presupuesto de la ciudad, ¿para qué quieren que yo esté aquí?

6. _____ : Ya tengo demasiados pacientes que cuidar. Alguien va a sufrir si perdemos más personal médico.

7. _____ : Para que esta ciudad se revitalice, es necesario hacer planes para renovar varios edificios en el centro.

8. _____ : Y antes de que se instale este nuevo centro, es preciso planear un nuevo sistema de calles; hay muchos problemas con el tráfico ahora.

9. _____ : Claro, para renovar los edificios hacen falta más personas como yo. Esta ciudad no puede construirse ni mantenerse sin mi labor. Hay que instalar puertas, ventanas, etcétera.

10. _____ : Después de que termine de hablar la alcaldesa, voy a ofrecer mis servicios a todos estos futuros litigantes. ¡Debe haber justicia!

B. Carreras. You are a counselor at the school. Students have submitted their interests to you for your advice. Give each student a suggestion about what career he or she might pursue. In some cases, there may be more than one logical possibility.

1. Me interesa saber cómo y por qué funcionan las cosas. Me gustan los números y la física.

   _____

2. No quiero ser médico pero me atrae la profesión.

   _____

3. Me gusta hacer cuentas, las matemáticas y el dinero. Me gusta hacer un presupuesto para separar los gasto corrientes y guardar para el futuro.

   _____

4. Para mí, las computadoras son fascinantes. Tengo muchas ideas sobre cómo hacerlas más útiles para las compañías que dependen de ellas.

   _____

5. Me gusta dibujar, hacer planos y cálculos exactos para los proyectos.

   _____

6. Desde niño, uso el serrucho y el martillo para hacer cosas interesantes y divertidas.

   _____

7. Mis amigos siempre me cuentan sus problemas porque dicen que sé escuchar. Me interesa descubrir la razón de las emociones de las personas.

   _____

8. Mis padres quieren que estudie medicina, pero yo prefiero curar animales.

   _____

9. Trabajo bien con niños. Me interesan mucho la educación y los métodos de la enseñanza.

   _____

10. Las leyes y el derecho en general son fascinantes para mí.

   _____

C. El trabajo. Complete the following paragraph by filling in each blank with the most appropriate word from the list. Do not alter or repeat words from the list.

aumento	currículum	entrevistas	puesto	solicitudes
circular	despedir	jefe	renunciar	sueldo

Ha sido un mes dificilísimo. He tenido muchos problemas con el _____.[1] Me gustaría tener un _____[2] de _____,[3] pero él no me lo quiere dar. Creo que me quiere _____,[4] por eso estoy buscando otro trabajo. Prefiero _____[5] antes de que él me diga «Adiós». Llené muchas _____[6] y he tenido tres _____.[7] Todos quedan impresionados cuando leen mi _____[8] y es posible que consiga otro _____[9] muy pronto. El día que me vaya, pasaré una _____[10] por la oficina para que todos sepan por qué me voy.

D. Identificaciones. Identify the items in the drawing by number and explain their use.

1. _____ : _____

2. _____ : _____

3. _____ : _____

4. _____ : _____

5. _____ : _____

Gramática esencial

15.1–15.2 SUBJUNCTIVE IN ADVERBIAL CLAUSES OF PURPOSE AND PROVISO

A. Lo hago, con tal de que me ayudes. Complete these sentences by filling in each blank with the appropriate form of the verb in parentheses.

1. A menos que uno (matarse) _____ trabajando, es imposible ganarse la vida (*living*).

2. Con tal de que mi familia (comer) _____ bien, no me importa hacer un sacrificio.

3. En caso de que la empresaria me (pedir) _____ que acepte la reducción, cambiaré de empresa.

4. Para que (valer) _____ la pena seguir cuidando a los enfermos, tienen que ajustar el presupuesto del hospital.

5. Yo trabajo para que mis hijos (poder) _____ asistir a la escuela que yo quiera.

6. No me importan los cambios con tal de que el carpintero no (cobrar) _____ doble por algo que él hizo mal.

7. A menos que (haber) _____ nuevas ideas en la política actual, no vamos a resolver nada.

8. Para que todos nosotros (estar) _____ de acuerdo, el gobierno tendrá que hacer muchísimos cambios.

B. ¿Será Ud. mi empleado/a? Express in Spanish these phrases to complete the sentence **Ud. será mi empleado/a... .**

1. . . . provided there is enough work _____.

2. . . . unless you stay home too much _____.

3. . . . after you fill out this application blank _____.

4. . . . in case your mother still has doubts _____.

5. . . . so that you can help your family _____.

15.3 SUBJUNCTIVE IN ADVERBIAL CLAUSES OF TIME

A. Lo haré mañana. Rewrite each of the following sentences, putting the first verb in the future tense and making any other necessary changes.

MODELO: Le pago al técnico cuando el plomero trae la cuenta. →
Le pagaré al técnico cuando el plomero traiga la cuenta.

1. No compramos otro martillo hasta que llegó el carpintero.

   _____

2. El albañil les cobró una fortuna después de que pintaron la casa.

   _____

3. No nos pudimos bañar hasta que el plomero puso la tubería.

   _____

4. Lavamos la ropa tan pronto como reparaste la secadora.

   _____

5. No pude encender las luces antes de que viniera el electricista.

   _____

B. Diálogos sobre dilemas. Complete the dialogues by filling in each blank with the correct form of the verb in parentheses. Use the present or imperfect subjunctive.

ESPOSA: ¿Hablaste con el pintor?

ESPOSO: Sí, antes de que él (irse) _____[1] ayer.

ESPOSA: ¿Qué te dijo?

ESPOSO: Que empezaría la segunda habitación tan pronto como (llegar) _____[2] el carpintero.

ESPOSA: Pero, el carpintero no pensaba venir otra vez hasta que el pintor (terminar)

_____³ de pintar todas las habitaciones.

ESPOSO: Se lo diré cuando (venir) _____⁴ mañana.

ESPOSA: Y después de que le (hablar) _____,⁵ ¿qué?

CARPINTERO: El dueño quiere que yo (terminar) _____⁶ las paredes antes de

que nosotros (instalar) _____⁷ el aislamiento.

FONTANERO: ¡No puede ser tan tonto!

CARPINTERO: Y al electricista le ha pedido que no (hacer) _____⁸ algunas

conexiones para que el precio del trabajo (ser) _____⁹ más bajo.

FONTANERO: ¡Será capaz de pedirme que sólo (poner) _____¹⁰ la mitad de

la tubería necesaria!

15.4 *IF*-CLAUSES

¿Qué haría? Tell what would happen in the following circumstances, according to the models.

MODELO: si la copiadora no funcionar / imprimir otra copia de la carta →
Si la copiadora no funcionara, imprimiría otra copia de la carta.

1. si tú ayudarme / esto no ocurrir

   _____

2. si ellas estar aquí / ayudarme

   _____

3. si la jefa no enfermarse / estar aquí

   _____

MODELO: imprimir otra copia de la carta / la copiadora no funcionar →
Imprimiría otra copia de la carta si la copiadora no funcionara.

4. yo ir a trabajar el sábado / si mi jefe pedírmelo

   _____

5. mi jefe pedírmelo / si tener mi número de teléfono

   _____

6. él haber tenido mi número / si yo habérselo dado

   _____

PARA RESUMIR Y REPASAR

A. No sea así. Complete the following sentences logically.

MODELO: Al paciente: Si Ud. se cuidara,… →
Si Ud. se cuidara, no tendría que tomar tantas pastillas.

1. Al maestro: Si quisiera ganar más dinero,…

   _____

2. Al estudiante universitario: Si desearas un puesto en la oficina del alcalde,…

   _____

3. A la empleada: Si fuera más enérgica,…

   _____

4. Al pintor: Si me pintara la casa,…

_____

5. Si te mataras trabajando,…

_____

B. Un problema psicológico. Complete the following paragraph with the correct form of the verbs in parentheses.

¿Conoce Ud. a algún psiquiatra que (tener) _____[1] buena reputación? Creo que no hay nadie en esta clínica que me (poder) _____[2] ayudar. Claro que me va a preguntar «¿Por qué necesitas que te (ayudar) _____[3] un psiquiatra?» Pues, la verdad es que tengo un hermano que (cambiar) _____[4] de profesión después de unos cuantos meses. Cada vez dice que ha encontrado un trabajo donde (ganar) _____[5] un sueldo tremendo. En realidad no creo que él (saber) _____[6] lo que quiere. Soy muy conservador, pero no veo cómo es posible que él (haber) _____[7] trabajado para seis empresas diferentes en menos de dos años. Por eso busco un psiquiatra que (querer) _____[8] aconsejarlo.

Comunicación

A. Umano, la Empresa de Trabajo Temporal. Study the following announcement and answer the questions based on it.

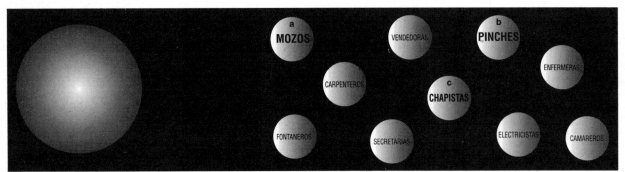

Si necesita un buen profesional en 24 horas, lo tenemos.

Si necesita 50, también.

Eficacia es la palabra que define a nuestros profesionales. **Rapidez**, la que caracteriza nuestra gestión.[d] **Selección** es nuestro exclusivo sistema interactivo en entorno[e] multimedia, que abarca[f] la totalidad del país, para evaluar a los mejores. Así es Umano, la Empresa de Trabajo Temporal que le ofrece la mejor garantía: el respaldo[g] y aval[h] de una compañía nacional con expansión internacional, el **Grupo Prosegur.** Si su empresa[i] necesita a los mejores, llámenos:

9 0 2 - 2 1 4 1 6 1

Buenos profesionales para los nuevos tiempos.

umano
Trabajo Temporal

Grupo Prosegur

[a]_Waiters_ [b]_Kitchen boys_ [c]_Sheet-metal workers_ [d]_management_ [e]_surrounding_ [f]_includes_ [g]_backing_ [h]_endorsement_ [i]_business_

1. ¿En cuántas especialidades puede ofrecer profesionales Umano?

   _____

2. ¿Qué garantía ofrece Umano?

   _____

3. ¿Cuáles son las tres palabras con que Umano se describe?

   _____

4. ¿A qué se refiere la palabra **Selección**?

   _____

5. Si Ud. necesita un buen profesional, ¿en cuánto tiempo puede dárselo Umano?

   _____

6. ¿Puede Ud. interpretar el anuncio? ¿Por qué hay luces en la oscuridad? Y, ¿por qué se usa el nombre «Umano»?

   _____

B. **Un voto de apoyo.** You are the leader of the **Sindicato** (*Union*) **de Trabajadores Federales** and you are giving a presentation. Use the correct form of the verbs in parentheses to complete your speech.

Damas y caballeros, antes de que yo (comenzar) _____[1] este discurso (*speech*), quiero que

Uds. (saber) _____[2] que estoy muy contento de que todos Uds. (encontrarse)

_____[3] aquí. Aunque todos nosotros (ser) _____[4] miembros de distintas

profesiones, para que (tener) _____[5] éxito, tenemos que trabajar en solidaridad. Para que el

gobierno (darse) _____[6] cuenta de que es necesario solicitar nuestra opinión, tenemos que

encontrar a alguien que nos (poder) _____[7] representar. En caso de que los líderes de

nuestro país (demostrar) _____[8] que no les importa nuestra opinión, tendremos que buscar

otros métodos para que nos (oír) _____.[9] Yo estoy dispuesto (*ready*) a hablar con nuestros

líderes tan pronto como Uds. (darme) _____[10] su voto de apoyo (*vote of support*). Aunque el

gobierno (haber) _____[11] manejado la economía tan mal, no es justo que nosotros (tener)

_____[12] que sufrir de esta manera.

C. **Para ti.** Complete the following sentences with your future plans.

1. Me gustaría ser _____, con tal de que…

   _____

2. Tan pronto como reciba mi título…

   _____

3. Creo que vale la pena estudiar para…

   _____

4. Para que yo pueda hacer lo que quiera…

   _____

5. Aunque monte mi propia empresa…

   _____

D. ¡A escribir! Mi carrera. On a separate sheet of paper, write a brief composition about your career interests. Build your composition by including some or all of the following information.

- What profession do you think you'd like to pursue?
- When did you first become interested in this career? Why?
- Who are the career role models, if any, that inspired you?
- What have you done to work toward entering this profession?
- How much education does the profession require?
- What other training will you need?
- What kinds of job opportunities does this profession offer? (choice of cities and companies, independence, salary, and so on)

Viaje por el mundo hispánico: Los hispanos de los Estados Unidos

A. La población hispana. Write the letter of the statement about the Hispanic population in the United States in the blank that corresponds to the correct percentage.

1. _____ 9%
2. _____ 33%
3. _____ 40%
4. _____ 50%
5. _____ 70%
6. _____ 88%

a. es urbana

b. viven en Los Ángeles, Miami y Nueva York

c. son menores de 26 años

d. la población de los Estados Unidos que es hispánica

e. son menores de 18 años

f. están en California, Texas, Nueva York y la Florida

B. Clasificación. Write each item in the list under the name of the person to whom it corresponds.

es una artista chicana
emigró a los Estados Unidos
Kingsville, Texas
movimiento chicano
dominicana en Nueva York

la vida diaria de los mexicoamericanos
las hermanas Mirabal
el dictador Trujillo
novelas sobre mujeres hispánicas

JULIA ÁLVAREZ:

_____ _____ _____

_____ _____

CARMEN LOMAS GARZA:

_____ _____ _____

_____ _____

C. Literatura y arte. Answer in Spanish with complete sentences.

1. ¿Qué conflictos explora Julia Álvarez en su primera novela, *How the García Girls Lost Their Accents*?

_____

_____

2. ¿Dónde ocurre su segunda novela, *In the Time of the Butterflies*? ¿Quiénes son las «mariposas»? ¿Qué les pasó?

_____

_____

3. ¿Cuál es el tema principal de la pintura de Carmen Lomas Garza? ¿Qué estilo usa? ¿Cuál es su propósito fundamental?

_____

_____

D. Poesía. The following statements are all false. Correct them using complete sentences.

1. La viejita leía y escribía correctamente.

_____

2. La madre tuvo diez hijos en total.

_____

3. La viejita trabajaba en un hospital.

_____

4. Esta señora cosía hasta las diez de la noche.

_____

5. La viejita se quejaba constantemente.

_____

E. Asociaciones. Review pages 92–93 and 380–381 of the text to find and circle the names of the people, groups, or places to which the phrases refer. Write the answers in the blanks provided.

1. _____ Álvarez

2. _____ cubanos

3. _____ Navaira

4. _____ *Snaps*

5. _____ Guadalupe Ochoa Thompson

6. _____ Mirabal

7. _____ Kingsville

8. _____ Victor Hernández Cruz

9. _____ Texas

10. _____ puertorriqueños

11. _____ García

12. _____ la República Dominicana

13. _____ Miami

14. _____ Lomas Garza

a. casi tres millones en los Estados Unidos

b. escrito cuando el poeta tenía 19 años

c. donde la artista mexicoamericana observó la vida cotidiana

d. usa dos lenguas en su obra

e. hermanas asesinadas

f. república donde nació la autora de *In the Time of the Butterflies*

g. escritora que escapó de niña del dictador dominicano

h. artista mexicoamericana cuyo padre nació en Nuevo León

i. hispanoamericanos que viven principalmente en la Florida

j. escribe sobre una hispana inmigrante analfabeta

k. estado donde viven muchos chicanos

l. cantante de música tejana

m. muchachas que perdieron su acento

n. ciudad donde viven muchos emigrados de Cuba y sus descendientes

Prueba de práctica

A. Carreras y trabajos. ¿Qué frase de la columna B corresponde a cada palabra de la columna A? Escriba la frase en el espacio en blanco.

A

1. _____ albañil
2. _____ arquitecto
3. _____ carpintero
4. _____ contador
5. _____ diseñador
6. _____ electricista
7. _____ periodista

B

a. el cemento
b. las finanzas
c. la lámpara
d. el martillo
e. las noticias
f. los planos
g. el vestido

B. El trabajo. Dé la forma correcta de la palabra entre paréntesis.

1. Aceptaré a cualquier persona para este empleo, con tal de que (hablar) _____ español.

2. Es necesario que la persona (saber) _____ español para que (traducir) _____ cartas de Sudamérica.

3. Le voy a dar el empleo a la Srta. Rodríguez, a menos que (encontrar) _____ una persona mejor.

4. En caso de que (venir) _____ muchas personas a pedir este empleo, llamaré al Sr. Ruiz para que él (escoger) _____ a la mejor.

C. ¿El subjuntivo o el indicativo? Dé la forma correcta de la palabra entre paréntesis.

1. Esperaron hasta que el albañil (levantar) _____ la pared.

2. Le pagaremos después de que (terminar) _____.

3. Comenzará el trabajo cuando (tener) _____ todas sus herramientas.

4. El albañil vino tan pronto como ellos lo (llamar) _____.

5. El carpintero pondrá la puerta después de que el albañil (irse) _____.

D. ¿El condicional o el imperfecto de subjuntivo? Dé la forma correcta de la palabra entre paréntesis.

MODELO: Si yo (necesitar) _____ trabajo, (leer) _____ los anuncios clasificados. →
Si yo <u>necesitara</u> trabajo, <u>leería</u> los anuncios clasificados.

1. Yo (estar) _____ muy contento si (conseguir) _____ trabajo en esa compañía.

2. Si esa compañía me (dar) _____ trabajo, yo (poder) _____ comenzar a trabajar inmediatamente.

3. Si el jefe me (preguntar) _____ en la entrevista si hablo español, yo le (decir) _____ que sí.

4. Yo (poder) _____ ganar mucho dinero si (tener) _____ experiencia.

5. Como no tengo experiencia, yo (aceptar) _____ un sueldo bajo si me lo (ofrecer) _____.

ANSWER KEY

*Note: This answer key includes answers to the **Workbook** portion of the **Workbook/Laboratory Manual** only. Answers to the **Laboratory** portion appear on the cassettes/CDs that accompany each chapter.*

Key ✧ = Answers will vary

Lección preliminar

Nombres y personas 1. El joven se llama Pedro. 2. Pedro es amigo de Robert. 3. La profesora se llama profesora Aguirre. 4. La profesora es de Venezuela. 5. Pedro es de Nueva York. 6. No, Sarah es de Los Ángeles. **Cognados** 1. The student is idealistic. 2. Education is important. 3. The actor is excellent. 4. The professor is (an) American. 5. The (lady) senator is popular. 6. The class is interesting. **Interrogaciones** 1. ¿De dónde es Ricardo? 2. ¿Qué es necesario? 3. ¿Cómo es la profesora de español? 4. ¿Cómo es Pedro? 5. ¿Quién es famoso? **Saludos y conversaciones** 1. Yo estoy muy bien, gracias, ¿y tú? 2. Me llamo... 3. Soy de... 4. El profesor / La profesora es de... 5. Mi amigo es de... **Me gusta / te gusta / le gusta A.** 1. Sí, me gusta la televisión. / No, no me gusta la televisión. 2. Sí, me gusta la universidad. / No, no me gusta la universidad. 3. Sí, me gustan los museos. / No, no me gustan los museos. 4. Sí, me gusta la música. / No, no me gusta la música. 5. Sí, me gustan las hamburguesas. / No, no me gustan las hamburguesas. **B.** 1. ¿Te gustan los vídeos musicales? 2. ¿Te gusta la clase de español? 3. ¿Te gusta la arquitectura moderna? 4. ¿Te gustan las medicinas? 5. ¿Te gustan los animales? **El calendario** ✧ **Los números 1–31** 1. Dos más cinco son siete. 2. Tres más once menos siete son siete. 3. Veinticuatro más siete son treinta y uno. 4. Veintidós menos uno son veintiuno. 5. Treinta y uno menos uno son treinta. **Estaciones y meses** Marzo, abril, mayo primavera; agosto, verano; septiembre, otoño; diciembre, enero, febrero, invierno **¿Qué hora es?** 1. Es la una de la mañana. 2. Son las cinco y cuarto de la tarde. 3. Son las ocho y diez de la mañana. 4. Son las cuatro menos cinco de la tarde. 5. Son las diez de la noche. 6. Son las ocho menos cuarto de la mañana. **Conversación** *Rosita:* Good afternoon, Jacinto. What's up? *Jacinto:* Well, nothing new. How are you? *Rosita:* So, so. I don't like my Spanish professor. Who is your professor? *Jacinto:* Professor Ramirez. He is excellent. *Rosita:* Well . . . So long. *Jacinto:* See you tomorrow. **Prueba de práctica A.** 1. te 2. se 3. me 4. se **B.** 1. soy 2. soy de 3. (él) es 4. (Estoy) Bien **C.** 1. martes, jueves, viernes, domingo 2. quince, dieciocho, veintisiete, treinta **D.** 1. la primavera 2. el invierno 3. el verano 4. el otoño **E.** 1. Son las once menos cuarto de la noche. (Son las diez y cuarenta y cinco.) 2. Es la una en punto. 3. Son las doce y cinco de la tarde. 4. Son las cuatro menos veinticinco de la mañana. (Son las tres y treinta y cinco.) **F.** 1. Cómo 2. así 3. hay 4. nuevo 5. hasta

Lección 1

Gráficos A. 1. profesora a. enseña b. contesta 2. alumno 3. alumna c. escribe 4. pizarra 5. tiza 6. pared 7. reloj d. once menos veinte 8. mapa e. estudia 9. bolígrafo 10. cuaderno 11. lápiz 12. libro 13. mesa 14. papel 15. silla 16. mochila 17. calculadora **B.** 1. Gloria entra en la biblioteca. 2. Gloria necesita practicar el vocabulario de la lección preliminar. 3. Bárbara trabaja en la biblioteca por la tarde. 4. Bárbara estudia por la noche. 5. Bárbara desea estudiar a las ocho de la noche. 6. Porque a las ocho hay un programa de televisión que le gusta mucho. **C.** 1. dibujos, lección, palabras, preguntas 2. bolígrafo, cuaderno, lápices, plumas 3. pared, pizarra, puerta, ventanas **D.** 1. Cuántas 2. varias 3. Por qué 4. difícil 5. porque 6. También 7. sólo 8. sobre **Gramática esencial 1.1–1.3 A.** 1. La, la 2. El/La, el, la 3. El, los 4. Los, las 5. La, el 6. las, la **B.** 1. una, unos 2. Una, un 3. un, una 4. una, una 5. una, unas 6. un, una **1.4** 1. español 2. españolas 3. ingleses 4. francesa 5. alemana 6. inglesa, interesante 7. importantes 8. popular 9. inteligente **1.5–1.6 A.** 1. Ella 2. Él, ella 3. Vosotros 4. Nosotros 5. Uds. 6. ellos **B.** 1. enseña 2. contestamos 3. practican

4. conversan 5. pregunta 6. pronuncias **C.** 1. estudias, preparas las lecciones 2. conversan, practican
3. hablamos, enseñamos 4. pregunta, contesta 5. trabajan, estudian **Para resumir y repasar** 1. estás 2. nada
3. está 4. gracias 5. es 6. Hola 7. eres 8. Soy 9. soy 10. gusta **Comunicación A.** 1. El rayado es ancho. 2. La
tapa es durable y de polivinil. 3. Son colores surtidos. 4. Las puntas son medias o finas. 5. El cilindro es
flexible. 6. La tinta es negra, azul o roja. 7. Los precios son bajos. **B.** ✧ **C.** ✧ **Viaje por el mundo hispánico**
A. 1. Frida Kahlo 2. Frida Kahlo 3. Silvia Tomasa Rivera 4. Diego Rivera 5. Silvia Tomasa Rivera 6. Diego
Rivera 7. Silvia Tomasa Rivera 8. Diego Rivera 9. Frida Kahlo **B.** 1. b 2. f 3. e 4. d 5. a 6. c **C.** ✧ **Prueba**
de práctica A. 1. el 2. el 3. la 4. el 5. la 6. el 7. el 8. la **B.** 1. españolas 2. españoles 3. español 4. española
5. españolas **C.** 1. las universidades alemanas 2. las naciones americanas 3. las preguntas difíciles **D.** 1. Él
2. ella 3. Él 4. ella 5. ellos 6. Ella 7. tú **E.** 1. enseña, estudio 2. entra, conversan 3. pregunta, contestamos
4. practico, hablo 5. prepara, pronuncia

Lección 2

Gráficos A. 1. parque 2. árboles 3. flores 4. fuente 5. agua 6. periódico 7. banco 8. carta 9. Hotel
10. cámara 11. vendedor 12. billetes 13. cine 14. iglesia 15. tienda 16. metro 17. taxi 18. autobús 19. coche
B. 1. Porque le gustan las noticias. 2. Porque son horribles. 3. No le gusta la política y no le gusta saber de
los crímenes en la ciudad. 4. Luisa dice que las novelas románticas son ridículas. 5. Clara dice que son
interesantes y sentimentales. 6. El viejo vende billetes de lotería. 7. Porque uno es un regalo para su amigo
Pepe. 8. El ochocientos tres es el número favorito de Luisa. **C.** 1. camarero, jugo, cerveza, queso 2. banco,
cuadra, calle, esquina **D.** 1. verdad 2. es verdad 3. política 4. acuerdo 5. para 6. noticias 7. allí 8. todos
Gramática esencial 2.1 el, del, al, el; las, la, el, al, el; no article, la; los, no article, no article; no article, el, el;
no article, la, la, no article; Los; no article **2.2 A.** 1. mi 2. tu, sus 3. mi, su 4. nuestro 5. Nuestros, nuestras
6. vuestro 7. tus, su **B.** 1. No, Pablito no come su sándwich. 2. No, Pablito no bebe el vino del señor Gil.
3. No, Pablito y el señor Gil no comen en nuestra mesa. 4. No, Pablito no compra mis billetes de lotería.
5. No, el señor Gil no habla con vuestras amigas. 6. No, el señor Gil no lee tus periódicos. **C.** 1. Necesito
leer las cartas de ellos. 2. ¿Por qué bebes la cerveza de él? 3. Me gustan mis flores, no las flores de ella.
4. Ahora vivo en el apartamento de ellos. 5. ¿Es grande la casa de Uds.? 6. Los relojes de Ud. son caros.
2.3 A. 1. bebe, beben, bebo 2. leemos, discutimos 3. comen, Coméis 4. abre 5. vende, escribo 6. Vives, vivo
2.4 A. 1. haces 2. hago 3. hacéis 4. hacemos, hace, hace **B.** 1. dicen 2. dices 3. decimos 4. dice 5. decís
C. 1. tengo 2. tienen 3. tiene 4. tenéis 5. tienes **D.** Vienes, viene; vengo; venimos, venís; vengo, vienen
2.5 1. doscientas catorce 2. cincuenta y nueve 3. ciento veintiocho 4. trescientos dieciséis 5. noventa
y siete 6. tres millones **Para resumir y repasar A.** 1. las flores bonitas 2. las cámaras japonesas 3. los
árboles grandes 4. las lecciones difíciles 5. los autobuses modernos **B.** 1. El alumno usa el borrador en la
pizarra. 2. Converso en el banco del parque. 3. Pregunto al señor mexicano. 4. Escribo la carta en papel
caro. 5. Miro el reloj de la iglesia antigua. **C.** 1. todos 2. dice 3. camareros 4. tiene 5. leche 6. vende
7. parque 8. periódico 9. noticias 10. regalo 11. almacén 12. coche 13. tomar 14. caro 15. barato
Comunicación A. 1. Thailandia: ochenta y nueve mil, novecientas pesetas 2. Cartagena: ochenta y cinco
mil, setecientas pesetas 3. República Dominicana: ochenta y cuatro mil, trescientas pesetas 4. Isla Margarita:
sesenta y cuatro mil, setecientas pesetas 5. Salvador de Bahía: sesenta y cinco mil, novecientas pesetas
6. Nueva York: sesenta y ocho mil, trescientas pesetas 7. Cuba: setenta y ocho mil, novecientas pesetas
8. Cancún: ochenta y nueve mil, novecientas pesetas 9. Londres: treinta y cinco mil, cuatrocientas pesetas
B. 1. El viaje más barato es a Londres. Los más caros son los viajes a Thailandia y a Cancún. 2. Hay
Thailandia, Colombia, la República Dominicana, El Salvador, los Estados Unidos, Cuba, México, Inglaterra y
algunas islas del caribe. 3. Hay Cartagena (Colombia), Nueva York (los Estados Unidos), Cancún (México) y
Londres (Inglaterra). 4. Nueva York es la más grande. 5.–7. ✧ **C.** 1. Necesito un mapa de la ciudad. 2. A ella
le gusta beber café en cafés del centro. 3. ¿Tiene un bar el hotel? 4. No tengo coche. ¿Hay metro? 5. Hay
muchos árboles bonitos en el parque. **D.** ✧ **E.** ✧ **Viaje por el mundo hispánico A.** 1. i 2. c 3. h 4. d
5. b 6. f 7. g 8. a 9. j 10. e **B.** 1. F: El Templo de la Sagrada Familia todavía está en construcción. 2. C
3. F: Hay muchas creaciones de Gaudí en Barcelona. 4. F: Las estructuras de Gaudí usan formas ondulantes,
esculturales y policromáticas. 5. C 6. F: Las películas de Almodóvar representan una subversión de la
cultura tradicional española. 7. C 8. F: Las películas de Almodóvar son populares en los Estados Unidos
también. **C.** 1. el templo de la Sagrada Familia 2. la familia, la religión, el machismo y la moral convencional

3. Francisco Franco 4. el Parque Güell 5. el modernismo catalán 6. la condición humana y la situación de la mujer en la sociedad española 7. la plaza, la torre, el balcón, una dama y su blanca flor **Prueba de práctica A.** 1. al 2. del 3. de la 4. de la **B.** 1. comen, c. jamón 2. lee, a. novelas 3. bebemos, e. jugo 4. visito, b. la plaza central 5. vendes, d. coches **C.** 1. ochenta y uno 2. quinientos diez 3. novecientos sesenta 4. setecientos cuarenta y siete 5. dos mil cien 6. cincuenta y nueve **D.** 1. viene 2. hago 3. tienen 4. dice **E.** 1. c 2. b 3. c 4. a 5. a **F.** 1. grande 2. viejo (antiguo) 3. guapo (bonito, lindo, hermoso) 4. bueno 5. barato

Lección 3

Gráficos A. 1. botas 2. abrigos 3. suéteres 4. camisa 5. pantalones 6. corbatas 7. traje 8. zapatos 9. tenis 10. sandalias 11. camiseta 12. pantalones cortos 13. vestido 14. falda 15. blusa 16. bolsa/bolso 17. jeans 18. tarjeta de crédito. **B.** 1. El precio original es $150. El precio rebajado es $99,99. 2. Es un vestido muy fino. Es de Italia y es de seda. 3. Va a necesitar unas sandalias color café. 4. Porque el vestido tiene rayas blancas. 5. Aceptan todas las tarjetas de crédito importantes. 6. Marisa paga con su tarjeta. 7. Ella está muy contenta. **C.** 1. amarillo, morado, rojo, verde 2. cansado, contento, enamorado, triste 3. cuadros, piel, rayas, seda **D.** 1. Según 2. dependienta 3. juntas 4. combinan 5. Entonces 6. compro 7. buscar 8. siguiente 9. más 10. pagar 11. cartera 12. un poco **Gramática esencial 3.1 A.** 1. es, está 2. sois, estáis 3. son, están 4. somos, estamos 5. soy, estoy **B.** 1. dan, voy 2. vamos, da 3. dan, van 4. vais, dais 5. va, da **3.2–3.3** 1. soy, estoy 2. está, eres 3. es, Es, es, Es 4. son, son 5. está 6. es, es 7. Es, está, es, está **3.4 A.** 1. soy 2. es 3. es, es 4. están 5. son, estoy 6. está 7. está, está 8. es 9. está 10. es, es 11. es, está 12. está, está **B.** 1. Los jeans son cómodos, pero no están rebajados. 2. La blusa está rebajada, pero no es de seda. 3. Las botas son del Canadá y están en el nuevo almacén del centro. 4. Eduardo está joven en sus pantalones cortos. 5. El suéter que llevo es de Eduardo. 6. Eduardo siempre presta su ropa a sus amigos. **3.5 A.** 1. Alma está comprando ropa nueva. 2. Eduardo está ganando mucho dinero. 3. Nosotros no estamos buscando botas rojas. 4. Le estoy dando el dinero al dependiente. 5. Ellas están pagando con tarjeta de crédito. 6. Ella está discutiendo el precio de todo. **B. ✧ Para resumir y repasar** 1. es 2. tiene 3. es 4. está 5. Va 6. haciendo 7. está 8. usa 9. Tampoco 10. paga 11. tarjeta 12. dinero 13. soy 14. rica 15. manchada 16. estoy **Comunicación A.** 1. F 2. C 3. F 4. C 5. C **B.** 1. Busco (Estoy buscando) algo rosado o blanco para mi amiga. 2. ¿Rosado o blanco? ¿No usa ella azul o verde? 3. Pues, ella está muy triste hoy. El rosado y el blanco son colores alegres, ¿no? 4. No estoy de acuerdo. Sus sentimientos son lo más importante y, por supuesto, el precio. 5. Pues, yo no soy rica. ¿Aceptan Uds. tarjetas de crédito? 6. Por supuesto. ¿Es su tarjeta de crédito de nuestra tienda? **C. ✧ D. ✧ Viaje por el mundo hispánico A.** 1. Son los mexicanos, los puertorriqueños y los cubanos. 2. Los mexicanos viven en el oeste, los puertorriqueños en Nueva York y los cubanos en la Florida. 3. Son la Nochebuena y la Navidad. **B.** 1. b 2. d 3. g 4. e 5. h 6. a 7. f 8. c **D.** 1. America sur South 2. Juan America two 3. Sí and yes **Prueba de práctica A.** 1. amarilla 2. negro 3. anaranjada (verde) 4. verde 5. blanca **B.** 1. estás 2. estoy 3. está 4. Está 5. es 6. es **C.** 1. h 2. f 3. a 4. e 5. b 6. g 7. c 8. d **D.** 1. a 2. a 3. b 4. a 5. a 6. b **E.** 1. ¿Qué están haciendo? 2. El muchacho está comiendo. 3. El (hombre) viejo está hablando. 4. Están discutiendo. 5. ¿Qué estás preparando?

Lección 4

Gráficos A. a. vienen b. Hace c. pongo 1. mantel 2. servilletas 3. platos 4. copas 5. tazas 6. cubiertos 7. tenedores 8. cuchillos 9. cucharas 10. jarra 11. manzanas 12. plátanos 13. pan d. Oigo 14. abuelos e. Salgo f. Veo 15. gato 16. perro g. conozco **B.** 1. su primo Pedro y Carmen, con sus hijos Pepe, Juan y Susana 2. Roberto es el esposo de Carmen. 3. Roberto no va porque tiene que trabajar. 4. Los tres primos de Marta se llaman Pedro, Carmen y Carlos. 5. Carlos es casado. 6. Estela dice «¡Qué lástima!» porque Carlos es casado. 7. Estela tiene que estar en casa de Marta a las siete y media o las ocho. **C.** *horizontal* 1. soltera 3. taza 5. perros 6. mantel 7. nieto 10. jarra 12. poner 13. cubiertos *vertical* 1. sobrina 2. esposo 3. tío 4. abuela 8. tía 9. vaso 11. hielo **D.** 1. después de 2. que 3. caminar 4. casi 5. solo 6. Cada 7. hace 8. tiempo 9. sé 10. vez 11. conozco 12. Vamos 13. ganas de 14. antes de 15. tenemos 16. para 17. sacar 18. notas 19. razón 20. Mientras **Gramática esencial 4.1 A.** 1. ponemos 2. pongo 3. pone 4. ponen 5. ponen 6. Pones 7. salimos 8. salgo 9. sales 10. salen 11. sale 12. traéis 13. traes 14. trae 15. traemos 16. traigo 17. traen 18. oímos 19. oye 20. oyen 21. oyes 22. oigo 23. Ves 24. veo 25. Veis 26. vemos

27. Ven 28. ve 29. ven **B.** 1. conoces 2. conozco 3. conoce 4. Sé 5. sabes 6. sabe 7. conoce **4.2** nothing, a, a, a, a, a, a, nothing, nothing, a, a, a, nothing, a **4.3 A.** 1. Hace mucho calor. 2. Hace mucho viento. 3. Hace mucho frío. 4. Hace mucho sol. **B.** 1. tiene, años 2. tengo razón 3. tiene prisa 4. Ten cuidado 5. tiene miedo 6. tiene calor 7. tiene frío 8. tiene sed 9. tengo ganas de estudiar 10. tengo sueño **4.4** 1. ven 2. Pon 3. trae 4. haz 5. ve 6. sal 7. di. **Para resumir y repasar** 1. hace 2. tienen 3. está 4. Es 5. están 6. es 7. está 8. tiene 9. tiene 10. son 11. está 12. tiene 13. son 14. es 15. es 16. es 17. tiene 18. Está 19. están 20. tiene 21. tienes **Comunicación A.** 1. El libro se llama *Los animales domésticos*. 2. El subtítulo es *Cómo seleccionarlos y cómo cuidarlos.* 3. Aprende a seleccionar mascotas: gatos y perros. 4. Aprende qué muestras de cariño necesitan las mascotas. 5. Va a aprender cómo las mascotas comunican sus sentimientos. 6. El perrito de la izquierda está en un vaso. 7.–8. ✧ **B.** Tengo que ir a la frutería, pero no tengo ganas de ir. «¡Sal ahora!» —dice mi madre.— «Necesitamos manzanas y naranjas.» «Tu tío y tu tía (Tus tíos) y tus tres primos vienen a cenar.» Mi primo mayor tiene dieciséis años y mi prima menor tiene seis. Ella aprende a leer y escribir. Sé que a mis primos les gustan mucho las manzanas y las naranjas. Mi madre tiene razón. Tengo que ir ahora. **C.** ✧ **D.** ✧ **Viaje por el mundo hispánico A.** 1. i 2. h 3. l 4. f 5. e 6. c 7. k 8. a 9. j 10. b 11. d 12 g **B.** 1. la Habana 2. una mujer 3. Sir Francis Drake 4. el Viejo San Juan 5. el Morro 6. el pecho del poeta 7. Pablo Casals **Prueba de práctica A.** 1. abuela 2. tío 3. primos 4. hermanos 5. madre, tía **B.** 1. hijo, esposa 2. manzana, plátano 3. tenedor, cucharita 4. vaso, taza **C.** 1. hago 2. Salgo 3. veo 4. voy 5. Conozco 6. sé 7. tiene **D.** 1. conoce 2. sabe 3. conoce 4. sabe 5. conozco 6. sé **E.** 1. a 2. a 3. a 4. a 5. a 6. A 7. a 8. nothing

Lección 5

Gráficos A. 1. frijoles 2. maíz 3. lechuga 4. tomates 5. cebollas 6. camarones 7. jamón 8. papas 9. pollo 10. pavo 11. pescado 12. naranja 13. fresas 14. manzanas 15. peras 16. uvas 17. sandía 18. piña **B.** 1. Pili gastó una barbaridad; gastó mil pesos. 2. Pili no compró mantequilla para el pan; compró mermelada. 3. Pili compró un paquete de harina, una botella grande de aceite y varias latas de sopa. 4. Pili no dice cuánto pagó por los camarones. 5. Mili dice que los comestibles subieron mucho. 6. Mili siempre desayuna cereal con leche fría. 7. A Mili también le gusta el pollo. 8. Mili y Pili van a comer helado de chocolate esta noche. **C.** ✧ **Gramática esencial 5.1** 1. invitamos 2. salimos 3. tomó 4. desayuné 5. gasté 6. pagué 7. Entramos 8. hablamos 9. subió 10. pregunté 11. subieron 12. discutimos 13. miré 14. corrimos 15. cocinó 16. subieron 17. comimos 18. preparó **5.2 A.** fue, hizo; hizo, hice; hicisteis; hicimos, hicieron, fueron **B.** 1. vinieron 2. vino 3. fue 4. vinimos 5. vinisteis 6. viniste 7. fueron 8. vine 9. viniste 10. fuimos **5.3** 1. primera 2. mal 3. buenos 4. primer 5. gran 6. buenas 7. grandes 8. buen 9. gran **5.4** 1. por 2. para 3. para 4. para 5. Para 6. para 7. para 8. por 9. Para 10. para 11. por 12. Por 13. Por **Para resumir y repasar A.** 1. es 2. son 3. está 4. están 5. es 6. está 7. es 8. es 9. está 10. está 11. está 12. está 13. es 14. es 15. son 16. son 17. Es 18. está 19. estar 20. estar **B.** 1. salgo 2. voy 3. Traigo 4. Conozco 5. sé 6. tengo 7. doy 8. hago 9. pongo 10. oigo **C.** 1. fue 2. fui 3. compramos 4. por 5. Para 6. fue 7. buen 8. dijo 9. gastamos 10. fuimos 11. para 12. discutimos 13. por 14. pagué 15. salió 16. Por 17. tuve 18. terminé 19. vinieron 20. gran 21. fue 22. hice **Comunicación A.** 1. Los melones más caros son los honeydew. 2. Los melones de Castilla vienen de California. 3. Hay bistec de palomilla deshuesado y paleta de cerdo fresca. 4. Los refrescos Pepsi vienen en una botella, las papitas y el café vienen en bolsa, el cereal viene en caja y los *muffins* y el queso vienen en paquetes. 5. El café, el cereal y los *muffins* son para el desayuno. 6. Esos precios estuvieron vigentes desde el 18 de agosto hasta el 21 de agosto. **B.** 1. Yo no comí esas chuletas. Soy vegetariano/a. 2. ¿Vegetariano/a? Vi que comiste lasaña en casa de María el sábado. 3. ¡La lasaña no tenía carne! 4. Eso no es verdad. María usó mucha carne en el plato. 5. Por Dios. Por eso no me gustó. **C.** ✧ **D.** ✧ **Viaje por el mundo hispánico A.** 1. d 2. f 3. e 4. k 5. i 6. h 7. j 8. c 9. b 10. g 11. a **B.** Colombia tiene un área de cuatrocientas treinta y nueve mil setecientas treinta y cinco millas cuadradas. 2. Veintidós millones, trescientos noventa y seis mil personas viven en Venezuela. 3. Mil metros son tres mil doscientos cincuenta pies. 4. El hombre caminaba con la mujer «contra mí ceñida toda». 5. Las plantas e insectos que viven en los tepuys de Venezuela son el resultado de una evolución independiente de millones de años. 6. El piloto J. C. Ángel descubrió la catarata más alta del mundo en 1937. **Prueba de práctica A.** 1. Gasté 2. compré 3. fuiste 4. invitaste 5. hizo 6. fue **B.** 1. Por 2. por 3. por 4. por 5. para 6. por 7. por 8. para **C.** 1. X 2. nothing 3. X 4. X 5. nothing 6. nothing 7. X 8. nothing 9. X 10. nothing **D.** 1. c 2. b 3. c 4. b 5. a **E.** 1. c 2. e 3. a 4. d 5. b

Lección 6

Gráficos A. 1. sala 2. comedor 3. dormitorio 4. cuarto de baño 5. ropero 6. lavabo 7. inodoro 8. bañera 9. cocina 10. mesa 11. sillas 12. horno 13. cocina 14. refrigerador 15. lavaplatos 16. alfombras 17. sillón 18. televisor 19. sofá 20. cómoda 21. cama 22. teléfono 23. lámpara 24. estante 25. escritorio 26. aspiradora **B.** 1. Porque estuvo muy ocupado todo el día. 2. Pablo va a barrer el pasillo. 3. Don Jaime dice que no pasen la aspiradora por la noche y que no abran la puerta del edificio sin preguntar quién es. 4. Porque el lavaplatos está roto. 5. Don Jaime puso bombillas nuevas. 6. Don Jaime dice que no prendan el televisor después de las nueve. 7. Porque el apartamento tiene demasiados problemas. **C.** *horizontal* 1. bombilla 6. sucio 7. ropero 8. ordenada 14. cristal 15. esa 16. Dios 17. salas *vertical* 2. informe 3. lavar 4. cuadro 5. sueño 9. acostado 10. exigente 11. polvo 12. muebles 13. limpia 14. cama **D.** 1. tan 2. muebles 3. centro 4. Todavía 5. cómoda 6. ya 7. funciona 8. así que 9. demasiado 10. hasta **Gramática esencial 6.1** 1. dijo, supo, perdí 2. dijeron, trajeron 3. dijiste, pusiste 4. dije, estuvimos, pusimos 5. dijimos 6. tuve, estuve **6.2 A.** 1. Venga temprano por la mañana. 2. Limpie la bañera y el lavabo. 3. Si llaman, diga que no estoy en casa. 4. Traiga los platos al comedor y ponga la mesa, pero tenga cuidado con el cristal. 5. Vaya al supermercado y pague con este dinero. 6. No sea impaciente con los niños. 7. Haga las camas. 8. Dé la comida al perro. 9. Busque el zapato debajo de la cama. 10. No salga antes de las cinco. **B.** 1. No oigas la radio con un volumen muy alto. 2. No pongas los zapatos en el sofá. 3. No apagues la luz de la cocina. 4. No prendas el televisor de la sala. 5. No cruces la calle sin mirar. 6. No traigas el perro a tu dormitorio. 7. No abras la puerta sin preguntar quién es. 8. No vayas a la sala cuando estoy con mis amigas. **6.3 A.** 1. Ese, éste 2. Esta, aquélla 3. Esas, estas 4. este, Ése 5. Estas, aquellas 6. ese, aquél **B.** 1. Quiero comprar éste, pero quiero ver aquél también. 2. Nos gusta ésta, si aquélla no está rebajada. 3. No laves éste; ¡lava aquéllos! 4. Ésas son caras, pero ésta es barata y muy bonita. **Para resumir y repasar A.** 1. hice 2. Vino 3. dimos 4. fue 5. fui 6. fue 7. fuimos 8. vine **B.** trajo, No traigas la aspiradora al parque; dijo, No digas «pipí»; puso, No pongas un libro en el inodoro; subió, No subas al estante; gritó, No grites malas palabras; apagó, No apagues la computadora; prendió, No prendas el horno. **Comunicación A.** 1. Estos apartamentos tienen dos dormitorios y dos baños. 2. Hay muebles y artefactos Kenmore. 3. Los pisos son de mármol. 4. Puede obtener un vehículo del año '96, mucho dinero o un viaje a Europa. 5. ✦ 6. Porque dice «lujosos condominiums por estrenar». **B.** 1. ¿Trajeron Uds. sus muebles? 2. No, no trajimos muebles. Don Jaime va a traer un sofá, una mesa, dos sillones y una alfombra. 3. ¿Fue difícil encontrar un apartamento? 4. No. Cuando supe el precio del apartamento, pagué un depósito ese día. 5. ¿Cuánto dijiste que cuesta el apartamento? **C.** ✦ **D.** ✦ **Viaje por el mundo hispánico A.** 1. g 2. e 3. i 4. a 5. d 6. h 7. f 8. j 9. b 10. c **B.** 1. La capital es Santiago. 2. Hay catorce millones, quinientos ocho mil habitantes. 3. Celebran su independencia el 18 de septiembre. 4. Su fuerte imaginación, su amor por la exuberante naturaleza americana y su deseo de justicia social. 5. Tiene un tierno corazón pero se viste de guerrero. 6. Es el clima de la zona central de Chile. 7. Los aspectos ideales son el desierto de Atacama, el océano Pacífico y los Andes. 8. Emigraron en busca de trabajo. **Prueba de práctica A.** 1. f 2. e 3. a 4. b 5. g 6. c 7. d **B.** 1. nothing 2. X 3. nothing 4. nothing 5. X 6. X 7. nothing 8. X **C.** 1. estuve 2. hice 3. Fui 4. trajeron 5. tuve **D.** 1. ¡No comas! 2. ¡No trabajen! 3. ¡No abras! 4. ¡No escriba! **E.** 1. a. Esta b. aquélla c. ésta d. aquélla e. ésa f. ésa 2. a. Este b. aquél c. estos d. aquellos e. esta f. aquélla

Lección 7

Gráficos A. 1. piedra 2. árbol 3. bosque 4. sol 5. nubes 6. montañas 7. valle 8. río 9. luna 10. estrellas 11. cielo 12. océano **B.** 1. España está en Europa. 2. La Habana está a sólo noventa millas de los Estados Unidos. 3. Bolivia y Paraguay no tienen costas. 4. El lago Titicaca está en Bolivia. Sí, es muy grande. 5. Porque en los países que están al sur del ecuador es verano cuando en los Estados Unidos es invierno. 6. En la América Central hay muchas montañas volcánicas y colinas. 7. La república más pequeña de la América Central es El Salvador. 8. El lago Atitlán está en Guatemala. **C.** *horizontal* 4. futuro 7. unir 8. resolver 10. hispanohablante 13. piedra 16. sol 18. frontera 19. sin 20. viaja 21. plazo *vertical* 1. habitante 2. lugar 3. humos 5. docena 6. muro 9. empleos 11. imperio 12. leyenda 14. dejar 15. pasado 17. luna **Gramática esencial 7.2** 1. hablabas 2. hablábamos 3. visitábamos 4. vivían 5. Hablaba 6. tenía 7. vivía 8. Creía 9. traía 10. creías 11. creíamos 12. Pensábamos 13. salían 14. creía 15. había 16. gustaba 17. tenían **7.3 A.** 1. éramos 2. vivíamos 3. estaba 4. veíamos 5. íbamos 6. eran 7. veían 8. iban 9. eras 10. ibas 11. veías 12. iba 13. tenía 14. eran 15. vivía **B.** 1. había 2. era 3. veíamos 4. comía 5. sabíamos 6. viajaba 7. iban 8. traían 9. era

10. estaban 11. íbamos 12. iba 13. podía 14. veía **7.4 A.** 1. llegaron 2. unía 3. eran 4. viajaron 5. decía 6. veían 7. devoraba 8. tenían 9. vieron 10. estaba 11. indicaba 12. iban 13. tuvieron 14. Era 15. llamaron **B.** 1. Mi amiga Cecilia iba a la Argentina todos los años. 2. La última vez que Cecilia fue a la Argentina, yo fui con ella. 3. Yo sabía que ella tenía parientes allí, pero no los conocía. 4. Todos eran muy simpáticos y tenían muchos amigos. 5. Cecilia y yo íbamos de compras todos los días a la calle Lavalle. 6. Había siempre mucha gente en esa calle. **Para resumir y repasar A.** 1. hice un viaje 2. vi 3. Tenía 4. miraban 5. Pregunté 6. hacían 7. dijeron 8. querían 9. tenían miedo 10. Pregunté 11. cuántos años tenían 12. contestaron 13. comencé 14. Dije 15. yo tenía 68 años 16. venía **B.** 1. Por 2. para 3. Por 4. por 5. para 6. por 7. Por 8. para 9. para 10. por 11. para 12. por 13. por **Comunicación A.** 1. Tiene costa en el mar Caribe. 2. La gente venezolana es cálida y hospitalaria. 3. Los Andes pasan por Venezuela. 4. Venezuela tiene montañas, selvas y playas. 5. Fue publicado en España. **B.** ✧ **C.** ✧ **Viaje por el mundo hispánico A.** 4, 3, 1, 6, 2, 5 **B.** 1. Entre 1608 y 1767 los jesuitas crearon una utopía cristiana experimental en la vieja Provincia del Paraguay. 2. Las treinta comunidades indígenas se llamaban «reducciones». 3. Los jesuitas organizaron a los guaraníes en comunidades donde cultivaban la tierra e imprimían libros. 4. Las reducciones fueron destruidas después de un siglo y medio de existencia. **C.** 1. en los frisos, las columnas 2. las notas de un código musical 3. la cifra de una larga historia **Prueba de práctica A.** TIERRA: b, d, f, g; CIELO: a, c, e, h **B.** 1. b 2. c 3. b 4. b 5. a 6. c 7. a 8. b **C.** 1. creía 2. conocías 3. hablabas 4. veías 5. eras 6. iban 7. veían **D.** 1. a. era b. me gustaba c. Había d. contemplaba e. estaba f. oí g. parecía h. dio i. supe j. era k. dio 2. a. caminábamos b. vimos c. dormía d. estaba e. abrió f. dejó g. dijo

Lección 8

Gráficos A. 1. d 2. c 3. e 4. b 5. a **B.** 1. concierto 2. Todo el mundo 3. delante del 4. billetes 5. lejos de 6. entiende 7. cantante 8. pasó 9. escenario 10. Qué bárbaro 11. volvimos 12. llovió 13. empiezan 14. Qué pésimo 15. dormir **C.** 1. Bailamos con la música de ese conjunto. 2. Abuelita durmió la siesta esta tarde. 3. Mis primos jugaron a las cartas toda la noche. 4. Ese muchacho tocó el bajo muy bien. 5. ¿Encendiste el televisor? 6. Alquilaron un vídeo interesante. 7. Asistimos al concierto con Miguel. 8. Grabé la telenovela «María la del barrio». **D.** ✧ **Gramática esencial 8.1 A.** 1. quiero 2. Prefieres 3. pido 4. vuelven 5. podemos 6. quieren 7. entiendes 8. pedimos 9. duermo 10. almuerzas 11. pienso 12. enciendes 13. comienza 14. puedo 15. tienes 16. piensas **B.** 1. Yo no puedo encontrar los billetes para el concierto. 2. ¿Por qué siempre pierdes los billetes? 3. Lo siento pero no los encuentro en ninguna parte. 4. No devuelven el dinero si uno pierde los billetes. 5. ¡Qué lástima! Los billetes cuestan mucho. **8.2** 1. Sí, repita el precio de los vídeos. 2. Sí, vuelvan al salón de recreo mañana. 3. Sí, jueguen a las cartas con los amigos. 4. Sí, pida boletos para el concierto de Loli y los Pulpitos. 5. Sí, enciendan el televisor antes de la cena. **8.3** 1. Los fanáticos están pidiendo autógrafos a los músicos. 2. El/La guitarrista principal está repitiendo las instrucciones para los otros (las otras) guitarristas. 3. Los técnicos están encendiendo las luces. 4. El cocinero del conjunto está sirviendo la cena. 5. Los niños de los cantantes están durmiendo en el autobús. **8.4** 1. llegaron 2. sirvió 3. durmió 4. prefirió 5. se despertó 6. quiso 7. pidió 8. sintió 9. pudo 10. quiso 11. sirvió 12. quiso **8.5–8.6 A.** 1. Los vendiste. 2. No lo pidieron. 3. La tocaste muy bien. 4. No las encuentro. 5. Lo alquilé. 6. Las vimos en el concierto. **B.** 1. Sí, os (los) oí ayer. 2. No, no la invitamos hoy. 3. Sí, vamos a la tienda a verlos. 4. Estoy pidiéndolos (Los estoy pidiendo) por teléfono. 5. No, no me gusta tocarla. 6. Me pueden encontrar (Pueden encontrarme) en el mismo lugar. **Para resumir y repasar A.** 1. Ya lo pedí. 2. Ya la devolvimos. 3. Ya las servimos. 4. Ya almorcé en el comedor. 5. Ya los encontré. **B.** ✧ **Comunicación A.** 1. La telenovela que presentan hoy se llama «Días de baile». La presentan a las 17. 20 (a las cinco y veinte de la tarde). 2. Si quiere saber qué tiempo va a hacer mañana, debe encender el televisor a las 15.30 (a las tres y media). 3. La película de la sesión de la tarde se llama «Los novios de mi mujer». Es de España. 4. Hoy Ud. puede ver las noticias a las 17.30 (a las cinco y media) y a las 17.55 (a las seis menos cinco). 5. A las cinco de la tarde presentan «Discoteca de verano». Es un programa que ofrece una selección de los mejores videoclips aparecidos en el mercado discográfico además de actuaciones y juegos en el estudio. **B.** 1. Mi primo/a pidió los billetes (boletos), pero yo los pagué. 2. El concierto comenzó a la una de mañana. 3. No me gustaron las canciones; fueron horribles. 4. El/La cantante principal no quiso cantar sin guitarra. 5. Los fanáticos aplaudieron, cantaron y pidieron más canciones. **C.** ✧ **D.** ✧ **Viaje por el mundo hispánico A.** 1. b 2. c 3. d 4. a **B.** 1. a 2. b 3. b 4. a **C.** 1. C 2. F: Los gitanos llegaron en el siglo XV. 3. C 4. F: García Lorca también escribió obras teatrales. 5. C **D.** 1. Una jaca es un caballo. La jaca es negra. 2. El hombre lleva aceitunas en su alforja.

3. El hombre no va a llegar a Córdoba. 4. La Muerte mira al hombre. Lo mira desde las torres de Córdoba. **Prueba de práctica A.** 1. b 2. a 3. e 4. f 5. c 6. g 7. d **B.** 1. quiere 2. puede 3. tiene 4. vuelve 5. piensa 6. Comienza 7. pide **C.** 1. Repitan 2. Vuelvan 3. Enciendan 4. Pidan 5. Comiencen **D.** 1. Loli y los Pulpitos lo tocaron. 2. Los alquilamos. 3. Humberto las tocó en el concierto.

Lección 9

Gráficos A. 1. pelo 2. espalda 3. piernas 4. nariz 5. ojo 6. boca 7. cabeza 8. cara 9. orejas 10. brazo 11. mano 12. dedos 13. pie **B.** 1. Leticia 2. Claudia, Lucía 3. Don Tomás 4. Enrique, Lázaro, Alfredo 5. Enrique, Lázaro, Alfredo, Leticia 6. Lázaro 7. Don Tomás 8. Alfredo **C.** 1. Leticia es baja y gorda. Tiene pelo largo y rubio. Dibuja un ojo. / Claudia es alta. Tiene pelo castaño. 2. Enrique es alto y delgado. Tiene pelo corto y rubio. Dibuja corazones. / Don Tomás es bajo y calvo. **D.** 1. f 2. c 3. e 4. a 5. d 6. b 7. e 8. f 9. c **Gramática esencial 9.1 A.** 1. Eduardo afeita a Cándido hoy. 2. Roberto despierta a Elena temprano. 3. Mamá baña a Lolita por la mañana. 4. Antes de ir al trabajo Pablo peina a Luisita. 5. Mamá durmió a Joaquín anoche a las siete. 6. A la hora de cenar tía Rosa sienta a la abuela Tina. 7. César viste a Rodolfo para la escuela. 8. Martina levanta a Felipe para desayunar. **B.** 1. Yo me afeito. 2. Roberto y tú os despertáis (se despiertan). 3. Pancho y Lolita se bañan. 4. Luisita y yo nos peinamos. 5. Mamá se acostó. 6. Vosotras os sentáis. 7. Yo me visto. 8. Tú te levantas. **C.** 1. ¿Por qué se enoja con los estudiantes… ? 2. Me canso de esperar… 3. Es que no se siente bien. 4. Se divierten mucho… 5. Se están levantando (Están levantándose)… 6. Te levantaste con… 7. No nos sentimos débiles… 8. ¡Siéntense a la mesa… ! 9. ¡No te afeites porque… ! 10. No entiendo por qué tenéis que peinaros tanto. **9.2 A.** 1. Ya nos hemos despertado. 2. Ya me he levantado. 3. Ya me he bañado. 4. Ya nos los hemos puesto. 5. Ya nos hemos sentado. 6. Antonio ya se ha quitado… 7. Mis amigos ya han podido afeitarse. 8. Ya me he acostado… 9. Mis amigos ya han podido dormir… 10. ¡Ya nos hemos cansado de ti! **B.** 1. abierto 2. oído 3. dicho 4. hecho 5. escrito 6. visto 7. bañado 8. puesto 9. vuelto 10. roto **C.** 1. ¿Ya se ha afeitado Ud.? Sí, ya me he afeitado. 2. ¿Se han enojado sus hermanos con Ud.? Sí, mis hermanos se han enojado conmigo. 3. ¿Se han perdido Uds. esta mañana? Sí, nos hemos perdido esta mañana. 4. ¿No han recibido Uds. toallas todavía? No, no hemos recibido toallas todavía. 5. ¿Cómo se han secado Uds.? Nos hemos secado con una toalla. 6. ¿Ya las ha pedido Ud.? Sí, ya las he pedido. 7. Además, ¿ha comprado Ud. un secador de pelo? Sí, además, he comprado un secador de pelo. **D.** 1. Mi hermana lo ha puesto ahí. 2. ¿Por qué no me lo ha dicho a mí? 3. ¿No has leído su nota? 4. ¿Me ha escrito una nota? 5. Sí, ha hecho todo lo posible por ayudarte. 6. ¿Ya ha vuelto ella? **E.** 1. había traído 2. había venido 3. había escrito 4. había dicho 5. había explicado 6. había duchado 7. había acostado 8. había llegado 9. había visto 10. había vuelto **9.3 A.** 1. La doctora me hizo un examen a mí. 2. ¿No le miró la nariz al niño? 3. ¿Ella quiso examinarte a ti los ojos primero? 4. ¿Le tocó a Ud. la cara y los dedos del pie? 5. Pídale a él las aspirinas. 6. Les está hablando (Está hablándoles) a los otros doctores de mi situación. 7. ¿No os trajo a vosotras nada para el dolor? **B.** 1. No nos la compre. 2. No nos las limpie. 3. No nos la examine. 4. No nos las pida. 5. No nos la ponga. 6. No nos la venda. **C.** 1. Ella me lo lavó. 2. Yo se lo traje. 3. Uds. nos la limpiaron. 4. Déselo, por favor. 5. Préstemelo, por favor. 6. No me lo quite todavía. 7. Felipe se las trajo. 8. Ellas quieren vendérselo. 9. ¿No se lo compraste? 10. Se las he escrito. 11. Nos lo ha puesto. **Para resumir y repasar A.** 1. me levanté 2. me enojé 3. tenía 4. Quería 5. bañarme 6. Llamé 7. pregunté 8. había 9. dijo 10. dio 11. dijo 12. quítate 13. báñate 14. sécate 15. me sentí 16. me alegré **B.** 1. por 2. por 3. por 4. por 5. Por 6. para 7. para 8. por 9. para **Comunicación A.** 1. Un curso de doce meses por persona regularmente cuesta $192 más $25 de matrícula. Ahora cuesta $96 más $25. Dos personas pueden hacer el plan por el precio de una. 2. La matrícula cuesta $25 por persona. 3. Si haces ejercicio en este salón, puedes darle a tu cuerpo nuevas proporciones. 4. Este anuncio viene de Puerto Rico. 5. La mujer del anuncio es alta y delgada. Tiene pelo negro y lacio. Pusieron su foto en este anuncio porque es joven, linda y está en muy buenas condiciones físicas. **B.** 1. Me siento débil si no me duermo temprano. 2. Me canso fácilmente si me levanto temprano. 3. Si me siento, puedo tocarme la nariz con el dedo de la mano. 4. Me despierto por la noche sólo si me llaman por teléfono. 5. Puedo pagar ahora si no me enojo primero. **C.** ✧ **D.** ✧ **Viaje por el mundo hispánico A.** 1. f 2. h 3. b 4. g 5. a 6. c 7. j 8. e 9. i 10. d **B.** 1. Los caballos eran fuertes y ágiles. 2. Conquistaron las selvas de los Andes. 3. Los caballos estamparon sus herraduras en las pampas, en las sierras, en los bosques y en los valles. **Prueba de práctica A.** 1. b 2. e 3. a 4. c 5. d **B.** 1. Porque ya se ha puesto los zapatos. 2. Porque ya he hecho la tarea. 3. Porque ya nos hemos sentado. 4. Porque ya he dicho «Buenos días». 5. Porque ya he abierto la ventana. **C.** 1. había dicho

2. había escrito 3. había venido 4. había traído 5. había visto 6. había llegado 7. había llevado 8. había llamado 9. había muerto 10. había acostado **D.** 1. Tú se las prestaste a Josefina. 2. Lilí no me lo prestó. 3. La tía Clara me la regaló. 4. Yo te los mandé. 5. Ellas se lo pidieron a su madre.

Lección 10

Gráficos A. 1. muchedumbre 2. carroza 3. reina 4. banderas 5. mariachis 6. caballo 7. traje de charro 8. charro 9. cartel 10. locutor 11. gobernador 12. alcaldesa 13. embajador **B.** *horizontal* 1. permito 5. espera 7. gobernadora 10. canal 11. carroza 14. idioma 16. honrada 17. hispánica 18. encanta 19. protagonista *vertical* 2. embajadora 3. mariachi 4. traje regional 6. reina 8. alcaldesa 9. étnico 12. dominante 13. mantecado 15. banderas **C.** 1. e 2. a 3. g 4. b 5. c **Gramática esencial 10.1–10.3 A.** 1. hable 2. comamos 3. viva 4. invite 5. lleven 6. conozcan **B.** 1. busquen, comience 2. llegues, dirijas 3. piensen, vuelvan 4. pida, sientan 5. se duerman **10.4** 1. Deseo que los García sólo hablen en español. 2. ¿Prefiere Ud. que compremos carne aquí? 3. Nos manda que no conversemos en inglés. 4. No le permitimos que fume en la residencia. 5. Papá no me deja irme (que me vaya) al desfile con la cónsul 6. Te recomiendo que no tomes tantas fotos. 7. Os aconseja que habléis con el locutor. 8. Nos piden que les compremos mantecado. **10.5 A.** 1. traigas 2. guste 3. tengan 4. moleste 5. permitan, fumen 6. sirva 7. conozcan **B.** ✧ **10.6 A.** 1. A Raúl le encanta la pintura de Guanajuato. 2. A vosotras os hace falta comer arroz con pollo. 3. A mí me interesa la historia de México. 4. A los López les parece absurdo dormirse antes de las diez. 5. A ti te gustan las canciones rancheras. 6. A nosotros nos hacen falta más restaurantes cubanos. **B.** ✧ **Para resumir y repasar A.** 1. Yo le di el letrero para usar en el desfile. 2. Pero ella había prometido dárselo a Julia y su hermano. 3. Se lo explicamos: habíamos hecho el letrero para el desfile. 4. No entendieron; habían querido llevárselo al cónsul. 5. Volví a la tienda, pero el comerciante ya la había cerrado. 6. Por suerte, Ramón había traído otros letreros y banderas. 7. Ya se los hemos dado a Julia. **B.** 1. repitas 2. hables 3. pienses 4. te sientas 5. volvamos 6. durmamos 7. practiquemos 8. busquemos 9. dirija 10. almuerce 11. llegue 12. busque 13. siente 14. pida 15. sirva **C.** yo: diga, conozca, duerma, salga, llegue; tú: digas, conozcas, duermas, salgas, llegues; él: diga, conozca, duerma, salga, llegue; nosotros: digamos, conozcamos, durmamos, salgamos, lleguemos; ellas: digan, conozcan, duerman, salgan, lleguen 1. Me alegro de que ellas digan… 2. Quiero que tú duermas… 3. Les sorprende que nosotros lleguemos… **D.** 1. ver 2. oír 3. hacen 4. escuche 5. digan 6. permitan 7. asistan 8. tengan **Comunicación A.** 1. Puede informarle de la tarjeta verde, del permiso de trabajo, etc. Puede trabajar con las Audiencias de deportación. 2. Porque él es inmigrante. 3. El inmigró a los Estados Unidos en 1955. 4. Le tomó once años hacerse ciudadano de este país. 5. teniendo residencia permanente y la ciudadanía **B.** 1. comprendan 2 tengamos 3. piensen 4. aconsejen 5. quieran 6. pedimos 7. permitan **C.** ✧ **Viaje por el mundo hispánico A.** 1. d 2. e 3. a 4. b 5. c **B.** 1. lograban besarse desde lados opuestos del callejón. 2. no hay ni una sola calle recta en toda la ciudad. 3. la música de los mariachis, la ranchera y la tejana. 4. el mariachi, la ranchera y la tejana 5. Gloria Trevi y Alejandra Guzmán **C.** ✧ **D.** 1. El poeta es viejo. 2. La vida no le dio esperanza fallida, ni trabajos injustos, ni pena inmerecida. 3. Cuando el poeta plantó rosales, cosechó rosas. 4. La vida no le debe nada. Él no le debe nada a la vida. **Prueba de práctica A.** 1. b 2. e 3. g 4. d 5. h 6. c 7. a 8. f **B.** 1. a. salgamos b. vengamos c. hagamos d. pongamos 2. a. conozca b. oiga c. me acueste d. almuerce **C.** 1. lleguen 2. conozcan 3. hablan 4. entiendan **D.** 1. A Ud. le interesa la historia. 2. A mis compañeros les gusta el baile. 3. A mis padres les encantan los trajes regionales. 4. (A ti) Te hace falta conocer las costumbres hispánicas. 5. Me molestan los desfiles. 6. (A mí) Me sorprenden las telenovelas. 7. (A ti) Te interesan los restaurantes cubanos.

Lección 11

Gráficos A. 1. saca, radiografía 2. gotas 3. oxígeno, ataque, corazón 4. pomada (ungüento), quemadura 5. pone, inyección 6. toma, presión, dolor 7. venda, pastillas 8. pone, termómetro, fiebre **B.** 1. e 2. d 3. a 4. f 5. h 6. g 7. b 8. c **C.** *horizontal* 1. inyección 5. patalear 6. tratar 7. remedio 10. ungüento 13. empaste 15. receta 16. presión 17. curita 18. cura 19. muelas *vertical* 2. calambres 3. catarro 4. caries 6. tos 7. salud 9. dentistas 11. gripe 12. negar 14. herida 15. ronca **D.** ✧ **Gramática esencial 11.1** 1. Ella aconseja que nosotros estemos en el hospital una semana. 2. No nos sorprende que la enfermedad sea gripe. 3. Les pido que Uds. no me den esas horribles gotas para la nariz. 4. Ellos prefieren que tú sepas la verdad sobre tu enfermedad. 5. La doctora Valdez manda que yo vaya a un especialista. 6. Temo que nosotros no podamos entrar al hospital. **11.2** 1. Sentimos que hayan visto la herida del paciente. 2. Temo que le haya dado a tu papá un ataque al corazón. 3. Me alegro de que ya haya salido tu papá de la sala de emergencias. 4. Nos sorprende que Ud. no haya tenido fiebre antes. 5. Espero que no le hayan puesto una inyección a la niña. **11.3** 1. sea 2. sean 3. pida 4. esté 5. haya tomado 6. no hay 7. esté 8. va 9. sepa 10. hay **11.4** 1. Es preciso que la paciente se cuide mucho. 2. Pero es probable que ella no lo haga. 3. Pues, es lástima que ellos la dejen sola. 4. Es mejor que ella se haga responsable de su salud. 5. Bueno, es cierto que ella tiene que cuidarse. 6. No es verdad que todos quieran (queramos) ayudarla. 7. Entonces, es seguro que los doctores no pueden hacer nada. 8. Es posible que nosotros la llevemos a casa. **11.5 A.** 1. tan buena como 2. tanto como 3. menos caras que 4. peores que 5. el más práctico 6. tan grandes como 7. la más barata **B.** 1. Estas pastillas tienen tanta aspirina como aquéllas. 2. El hospital militar tiene tantas enfermeras como la Clínica Simón Bolívar. 3. El supermercado tiene tantas pastillas como la farmacia. 4. Ud. tiene tantas vendas como la doctora. **C.** 1. mayor 2. el hospital más grande 3. el mejor 4. el más viejo 5. el más moderno 6. el hombre más pequeño 7. el peor 8. el mejor 9. más pequeño 10. mejores 11. El lugar más grande 12. mejor **Para resumir y repasar A.** 1. Mi madre me pide que le compre píldoras para sus calambres todas las semanas. 2. No la creo. No creo que tenga una enfermedad. 3. El médico le da una receta, pero le aconseja que sólo tome una (píldora) por (al) día. 4. Por supuesto, mi madre nos manda (ordena) que le demos tantas (píldoras) como desee. 5. Es por eso que le doy píldoras de azúcar. 6. No creo que necesite decirle la verdad. **B.** *Possible answers:* 1. Es mejor que haga más ejercicio. 2. Prefiero que se ponga la pomada todos los días. 3. Insisto en que se quite la venda en tres días. 4. Espero que le haya mejorado la presión arterial. 5. Quiero que vaya a la clínica mañana. **C.** 1. cuidan 2. trabajo 3. tienen 4. evitar 5. sufran 6. comen 7. beben 8. fuman 9. informar 10. sepan 11. escuchen 12. haya **Comunicación A.** 1. Se refiere a un chequeo preventivo y diagnóstico. Está diseñado para toda persona. 2. Requiere un máximo de dos días y sin hospitalización. 3. No debe comer. 4. Le sacan un electrocardiograma. 5. rayos X de vías digestivas altas 6. Médicos especialistas revisan los datos. Le dan un resumen y las recomendaciones al paciente. **B.** 1. puede 2. vuelva 3. se cuide 4. comience 5. encuentre 6. guste 7. practique 8. duerma 9. coma 10. beba 11. tome 12. se sienta 13. se moleste 14. lleve 15. pida(n) 16. llámeme 17. tenga 18. pierda **C.** ✧ **D.** ✧ **Viaje por el mundo hispánico A.** 1. El escritor más famoso de España es Miguel de Cervantes. Su gran obra se llama *Don Quijote de la Mancha*. 2. Don Quijote es idealista y espiritual. 3. A Sancho le interesa más la realidad material. **B.** 1. F 2. C 3. C 4. C 5. F 6. F **C.** 1. odias 2. amas 3. triste 4. alma 5. verdad 6. atormentadora 7. amo **D.** Personas y edificios importantes: La Mezquita de Córdoba (Patio de los Naranjos), (Los Reyes Católicos) Fernando e Isabel, La Alhambra (Castillo rojo), La Sagrada Familia (Antonio Gaudí); Años importantes: 711-732 (Invasión mora), (785) La construcción de la Mezquita de Córdoba fue iniciada, (1492) Descubrimiento del Nuevo Mundo y la expulsión de los árabes y moros, 1541-1614 (El Greco), (1547-1616) La vida de Cervantes, 1852-1926 (Antonio Gaudí), (1939-1975) La dictadura de Franco, 1980 (Primera película de Almodóvar); Títulos: (*El amor brujo*) Manuel de Falla, *Canciones* (Federico García Lorca), *El entierro del Conde de Orgaz* (El Greco), *Don Quijote de la Mancha* (Miguel de Cervantes), (*En las orillas del Sar*) Rosalía de Castro. **Prueba de práctica A.** 1. b 2. c 3. d 4. a 5. e **B.** 1. sepas 2. sepan 3. sea 4. haya 5. vayan 6. den **C.** 1. hayan llegado 2. hayan sido 3. haya muerto 4. hayan perdido 5. hayas visto **D.** 1. tenga 2. pase 3. haya 4. es 5. hay 6. moleste **E.** 1. Marisa es la persona más joven de la familia Aguilar. 2. La esposa de don Guillermo es menor / más joven que él. 3. Alberto es mi mejor amigo.

Lección 12

Gráficos A. 1. maleta 2. maletín 3. la afeitadora eléctrica 4. loción de afeitar 5. aretes 6. collar 7. estuche de maquillaje 8. sombra para los ojos 9. cremas 10. loción 11. pulsera 12. anillo 13. laca **B.** estuche de joyas: anillo, aretes, collar, pulsera; bolsa de playa: bañador, gafas de sol, loción bronceadora, sombrilla; estuche de maquillaje: barra para los labios, crema, colorete, laca **C.** 1. Un botones me abriría la puerta de mi habitación la primera vez. 2. Si el ascensor está ocupado, podré bajar de mi habitación a la calle usando las escaleras. 3. Estando en la playa, evitaría el sol poniéndome mucha loción bronceadora o sentándome debajo de una sombrilla. 4. En Tibidabo el tiovivo, la montaña rusa y el columpio serían atracciones buenas para los niños. 5. ✧ **D.** 1. El salvavidas sirve para salvar a alguien. 2. Las gafas de sol protegen los ojos cuando hace mucho sol. 3. La loción bronceadora le ayuda a broncearse sin dificultades o peligro. 4. La bolsa de playa contiene todos los objetos que uno lleva a la playa. **Gramática esencial 12.1 A.** 1. Hoy iré a la playa con mis amigos. 2. Primero pasaremos por la tienda Náutica y compraremos una toalla. 3. No abrirán la tienda hasta las once. 4. ¿Nos esperarás en el café Neptuno? 5. Llegaremos al mar a las dos de la tarde y vosotros volveréis al café a las cinco. 6. Jorge y Luis se perderán en la playa. 7. Rodolfo dormirá en la arena y Anita nadará en el mar. 8. Yo leeré el periódico, comeré un mantecado y después dormiré una siesta. **B.** 1. Estaremos perdidos. 2. Habrá un camino por aquí, ¿no? 3. ¡Ay! No sé qué será ese ruido. 4. Parece muy tarde. Sabrás la hora, ¿no? 5. Nuestros padres nos buscarán, ¿no? **C.** 1. a. disfrutaría b. sería c. preferiría 2. a. encontraría b. jugaría c. comería 3. a. compraríamos b. llevaríamos c. nos vestiríamos **D.** 1. llegaría 2. dejaría 3. bajaría 4. entraría 5. Comería 6. tomaría 7. dormiría 8. me sentaría 9. pediría 10. daría 11. volvería 12. descansaría 13. sería **12.2 A.** 1. Podrás 2. querrán 3. Habrá 4. sabremos 5. dirás 6. vendré 7. Tendremos 8. Saldrá, dirá **B.** 1. ¿No querría Luis un hotel con piscina? 2. Yo no podría viajar sin mi cepillo de dientes. 3. No pondríamos las maletas en manos de ese botones. 4. ¿Saldrían nuestros amigos de Sevilla hoy a las cuatro? 5. ¿No querrías ver Málaga? 6. ¿Ellos harían el viaje por tren? **12.3 A.** 1. Ceci no nos trajo nada de la playa. 2. Nadie perdió los tenis. 3. No encontrarán ningún bote hoy. 4. ¿No hay ninguna playa linda cerca de aquí? 5. Nunca se acuestan en la arena antes de nadar. 6. Tampoco llevan sándwiches y cerveza al lago. **B.** 1. No, ella nunca nadaba en el mar. 2. No, tampoco traerán a los niños. 3. Sí, hay alguien en la playa. 4. No, no hay ninguna playa bonita en el río tampoco. 5. Sí, alguna vez han ido al lago por el caminito del bosque. **C.** 1. Nadie le robó su pulsera de oro. 2. Tampoco le robaron su anillo de brillantes. 3. El gobernador nunca se pone colorete. 4. Aquí nunca pasa nada. 5. Nadie cree los rumores falsos. **12.4.** 1. pero 2. sino 3. pero 4. sino 5. sino 6. pero 7. sino que **Para resumir y repasar A.** 1. No creo que Madrid sea tan caro como Barcelona. 2. Estamos seguros de que costará tanto ir a Ibiza como ir a Formentera. 3. El agente niega que el autobús a Valencia llegue tarde. 4. Parece que aquí se especializan en la mejor parrillada de toda España. 5. ¿Es necesario que pidamos la habitación más barata del hotel? **B.** 1. vendrás 2. sabré 3. llamarás 4. iré 5. podría 6. costaría 7. preferiría 8. importaría **Comunicación A.** 1. a. pasear a caballo b. visitar castillos centenarios c. hacer excursiones en mountain bike d. disfrutar del agroturismo 2. Porque no recordarán que la televisión existe y todos podrán olvidarlo todo excepto a sí mismos. 3. ✧ **B.** 1. gustaría 2. tomaría 3. preferiría 4. podríamos 5. gustaría 6. querría 7. sabría 8. Sería 9 Podría 10. habría **C.** ✧ **D.** ✧ **Viaje por el mundo hispánico A.** Los Muñequitos: tambores, conjunto folklórico, la guagua, palmadas, percusión, cultura afrocubana; Juan Luis Guerra: 440, 1952, Grammy, el merengue, *Ojalá que llueva café*, la República Dominicana **B.** 1. La ciudad colonial más antigua se fundó en 1496. 2. Antes de la colonización española, Puerto Rico se llamaba Borinquen. 3. Juracán es el dios taíno de los vientos. 4. La ciudad que tiene la catedral americana más antigua la fundó Bartolomé Colón. **C.** 1. Lo dicen porque da al mundo su «yo» en verso. 2. Entre las dos Julias hay un profundo abismo. 3. En Julia de Burgos mandan todos. 4. En la Julia-poeta mandan su corazón, su pensamiento y su «yo». **Prueba de práctica A.** 1. Productos para la playa: las gafas de sol, la loción de afeitar, la bolsa de playa; Cosméticos: el colorete, el estuche de maquillaje, la loción de afeitar **B.** 1. habrá 2. tendrá 3. pondrá 4. irán 5. podrán 6. vendrá 7. habrá 8. divertirá **C.** 1. habría 2. sabría 3. Podría 4. pondrías 5. haría **D.** 1. a. pero b. pero c. sino d. pero 2. a. sino b. sino c. sino

Lección 13

Gráficos A. 1. avión 2. asiento de ventanilla 3. asiento de pasillo 4. aeromoza 5. azafata (auxiliar de vuelo) 6. equipaje 7. pasajeros 8. taxi 9. autobuses 10. tren 11. barco **B.** 1. confirmar 2. pasado mañana 3. correo 4. querido/a 5. próximo 6. regreso 7. fumador 8. puerto 9. lleno 10. línea aérea 11. equipaje 12. boletos o pasajes 13. viajero/a 14. contratiempo 15. facturar **Gramática esencial 13.1** 1. Sí, le pidieron a ella que trabajara mucho durante el viaje. 2. Dudaban que comiéramos en el avión. 3. Sí, era increíble que la agencia olvidara comprarme el boleto. 4. Pero, ¿no te dije que hablaras con el agente? 5. Sí, me aconsejaron que reservara dos asientos. 6. Sí, le pedí a Rigoberto que recogiera el equipaje. 7. ¿Realmente era necesario que Gloria discutiera con el auxiliar de vuelo? 8. No, fue lástima que ellos no se levantaran a tiempo para el vuelo. **13.2 A.** 1. fuéramos 2. dijera 3. trajéramos 4. pusieran 5. quisiera 6. pudiera 7. supiéramos 8. tuvieran 9. estuvieras 10. vinierais 11. hicieran 12. diera **B.** 1. Me recomendó que pidiéramos un taxi en el aeropuerto. 2. Dudaba que ellos se divirtieran en el autobús. 3. Le pedimos a la azafata que nos sirviera café en el vuelo. 4. No era cierto que Julián se sintiera mal en Lima. 5. No era posible que casi se murieran de hambre en el avión. **13.3 A.** 1. Estaba segura de que teníamos que comprar un boleto de ida y vuelta. 2. Me dijeron que había espacio en el vuelo. 3. ¿Era importante que confirmáramos nuestras reservaciones? 4. Pedí que anunciara la hora del vuelo otra vez. 5. Esperaban que el equipaje llegara en buenas condiciones. **B.** 1. diera 2. podía 3. expliqué 4. quería 5. vi 6. saliera 7. buscara 8. tratáramos 9. compré 10. di 11. empezamos 12. sabía 13. fumabas 14. contesté **13.4 A.** 1. ¿Cuánto tiempo hace que esperas en el aeropuerto? 2. Hace media hora que estoy aquí. 3. Hace dos años que no te veo. 4. Hace tres años que vivo en Santiago. 5. ¿Cuánto tiempo hace que hiciste las reservaciones en el hotel? **B.** 1. ¿Cuántos años hace que vives en la misma dirección? 2. ¿Cuántos meses hace que estudias español? 3. ¿Cuánto tiempo hace que desayunaste? 4. ¿Cuánto tiempo hace que trabajas aquí? 5. ¿Cuánto tiempo hace que compraste tu coche? **Para resumir y repasar** 1. tarde 2. viniera 3. viajar 4. tomara 5. haga 6. considerara 7. escuche 8. viajar **Comunicación A.** 1. Sí, es un hotel de lujo, porque tiene cinco estrellas. 2. Yo esperaría recibir un trato exquisito allí. 3. Sí, está cerca de la playa. 4. Cada habitación tiene caja fuerte, minibar, radio y TV parabólica. 5. Tiene un Health Centre con gimnasio, sauna, jacuzzi, peluquería y masaje. 6. Hay campos de tenis a 10 minutos. **B.** Hacía tres horas que estábamos esperando en el avión. La aeromoza pidió que no fumáramos antes de despegar. Nos recomendó a todos que no nos preocupáramos. El capitán insistió en que nadie se levantara de su asiento. Un viajero en un asiento de ventanilla dijo que esperaba que su compañero no perdiera su conexión en Lima. Me alegré de que mi esposa no hubiera facturado el equipaje porque así podríamos salir del aeropuerto rápidamente si anunciaran que el vuelo estaba cancelado. **C.** ✧ **D.** ✧ **E.** ✧ **Viaje por el mundo hispánico A.** 1. i 2. d 3. f 4. h 5. g 6. j 7. b 8. e 9. a 10. c **B.** 1. Rigoberta Menchú nació en 1959. 2. Es de Guatemala. 3. Ella recibió el Premio Nobel por su labor para atraer la atención del mundo a la situación de los indígenas guatemaltecos. 4. Sus padres fueron torturados y asesinados en Guatemala. 5. El libro es una autobiografía. 6. Se refugió en México para salvarse la vida. 7. Los mayas forman casi la mitad de la población guatemalteca. **C.** 1. La princesa se siente triste. 2. El poeta no sabe por qué está triste. 3. La princesa expresa su tristeza con suspiros. 4. Su clave y una flor reflejan la tristeza de la princesa. **Prueba de práctica A.** 1. d 2. c 3. f 4. a 5. e 6. b **B.** 1. dijera 2. viniera 3. trajera 4. fuera 5. supiéramos 6. hiciéramos **C.** 1. Le dije al taxista que fuera más rápido. 2. Tenía miedo de que perdiéramos el avión. 3. Sentí que mi familia no me viera antes de salir. 4. Me sorprendió que no hubiera mucha gente en el aeropuerto. 5. Dudábamos que el avión estuviera muy lleno. **D.** 1. ¿Cuánto tiempo hace que esperas (estás esperando) el autobús? 2. Hace veinte minutos que espero (estoy esperando) el autobús. 3. Hace tres años que vivimos en México.

Lección 14

Gráficos A. 1. Ana 2. Francisco 3. Sandra 4. doña Elena 5. Sandra y Juan 6. el tío Héctor 7. Alberto 8. María Elena y José 9. Carmela 10. Édgar **B.** *horizontal* 1. chismosa 5. últimamente 6. suponer 9. felicitar 12. madrina 13. mayores 16. promesas 17. canapé 18. pelear 19. suegra *vertical* 1. celos 2. amar 3. luna de miel 4. cuento 7. odiar 8. brindamos 10. enamorarse 11. tratar de 14. amable 15. pareja **C.** ✧ **D.** ✧ **Gramática esencial 14.1. A.** 1. se saludaron 2. se pelearon 3. nos pegamos 4. nos abrazamos 5. nos besamos 6. se hablan 7. nos vemos 8. nos tratamos **B.** ✧ **14.2–14.3 A.** 1. Compraron (Se compró) el anillo en los Almacenes Molina. 2. Prepararon (Se prepararon) los canapés en casa. 3. Sirvieron (Se sirvieron) vino y champán en copas de cristal. 4. Invitaron (Se invitó) a mucha gente. 5. Arreglaron (Se arregló) la boda para junio. **B.** 1. Se sirve champán en la bodas. 2. Se compran los anillos meses antes de la boda. 3. No se resuelven fácilmente los divorcios. 4. ¿Cómo se preparan los canapés mexicanos típicos? 5. ¿Cómo se explica una pelea en una recepción? **14.4 A.** 1. es 2. sean 3. pague 4. necesite 5. dijera 6. tuviera 7. trate 8. dice **B.** ✧ **Para resumir y repasar A.** 1. iban 2. venían 3. se pelearon 4. dijeron 5. vieron 6. dieron 7. era 8. fueran 9. quería 10. estuvieran 11. se conocieron 12. me alegré 13. dieran **B.** ✧ **Comunicación A.** 1. Es una revista. 2. Quiere escoger a los 50 personajes más admirados. 3. Serán de Hispanoamérica. 4. Busca a 50. 5. ✧ **B.** ✧ **C.** ✧ **D.** ✧ **Viaje por el mundo hispánico A.** 1. Monte Albán está cerca de la ciudad de Oaxaca. 2. Sucesivas civilizaciones construyeron Monte Albán. La civilización principal que construyó Monte Albán fue la de los zapotecas. 3. Cuando llegaron a la región, los conquistadores encontraron a los mixtecas. 4. La Tumba 7 contenía muchas joyas de la época mixteca. 5. Los zapotecas usaban el sistema numérico maya. **B.** 1. 2.300 metros 2. las comunidades mayas 3. mayas de Palenque 4. el Templo de Santo Domingo 5. 1547 6. barroca **C.** 1. h 2. c 3. i 4. f 5. b 6. d 7. g 8. e 9. a **D.** 1. piedra, sequía 2. verdes, pájaros, hojas 3. joyas 4. blanquísima 5. hermosas **Prueba de práctica A.** 1. f 2. g 3. h 4. c 5. a 6. d 7. e 8. b **B.** 1. Se enviaron 200 invitaciones. 2. Se escogieron los anillos de boda. 3. Se consultaron varios libros de etiqueta. 4. Se celebró la boda en la catedral. **C.** 1. En España, se cena muy tarde. 2. También se llega un poco tarde a las fiestas.

3. Generalmente, uno se va de vacaciones en el verano. 4. Se baila mucho en una boda. **D.** 1. sepa 2. tenga 3. ame 4. sabe 5. tiene 6. ama

Lección 15

Gráficos A. 1. el profesor 2. la trabajadora social 3. el electricista 4. la médica (la doctora) 5. el contador 6. la enfermera 7. la arquitecta 8. el ingeniero 9. el carpintero 10. la abogada **B.** ✧ **C.** 1. jefe 2. aumento 3. sueldo 4. despedir 5. renunciar 6. solicitudes 7. entrevistas 8. currículum 9. puesto 10. circular **D.** 1. el membrete: para que cada carta tenga el nombre de la compañía 2. el sobre: en él metemos cartas y otros documentos 3. el archivo: el lugar donde se guardan los documentos importantes 4. la carpeta: contiene la correspondencia y otros documentos que uno mantiene con una compañía en particular 5. la copiadora: se usa para hacer copias de cartas, circulares, etc. **Gramática esencial 15.1–15.2 A.** 1. se mate 2. coma 3. pida 4. valga 5. puedan 6. cobre 7. haya 8. estemos **B.** 1. …con tal de que haya bastante (suficiente) trabajo. 2. …a menos que se quede en casa demasiado. 3. …después de que llene esta solicitud. 4. …en caso de que su madre todavía tenga dudas. 5. …para que pueda ayudar a su familia. **15.3 A.** 1. No compraremos otro martillo hasta que llegue el carpintero. 2. El albañil les cobrará una fortuna después de que pinten la casa. 3. No nos podremos bañar hasta que el plomero ponga la tubería. 4. Lavaremos la ropa tan pronto como repares la secadora. 5. No podré encender las luces antes de que venga el electricista. **B.** 1. se fuera 2. llegara 3. terminara 4. venga 5. hable 6. termine 7. instalemos 8. haga 9. sea 10. ponga **15.4** 1. Si tú me ayudaras, esto no ocurriría. 2. Si ellas estuvieran aquí, me ayudarían. 3. Si la jefa no se enfermara, estaría aquí. 4. Yo iría a trabajar el sábado si mi jefe me lo pidiera. 5. Mi jefe me lo pediría si tuviera mi número de teléfono. 6. El habría tenido mi número si yo se lo hubiera dado. **Para resumir y repasar A.** ✧ **B.** 1. tenga 2. pueda 3. ayude 4. cambia 5. gana 6. sepa 7. haya 8. quiera **Comunicación A.** 1. En 50. 2. El respaldo y aval de una compañía nacional con expansión internacional. 3. Eficacia, rapidez, selección. 4. Se refiere a su exclusivo sistema interactivo en entorno multimedia, que abarca la totalidad del país, para evaluar a los mejores. 5. En 24 horas. 6. Son «luces» que iluminan nuestra vida oscura para hacerla más fácil. «Umano» se refiere a «humano» y, también, «mano de obra». **B.** 1. comience 2. sepan 3. se encuentren 4. somos 5. tenga 6. se dé 7. pueda 8. demuestren 9. oigan 10. me den 11. ha 12. tengamos **C.** ✧ **D.** ✧ **Viaje por el mundo hispánico A.** 1. d 2. e. 3. b. 4. c 5. f 6. a **B.** Julia Alvarez: emigró a los Estados Unidos, dominicana en Nueva York, las hermanas Mirabal, el dictador Trujillo, novelas sobre mujeres hispanicas; Carmen Lomas Garza: es una artista chicana, Kingsville, Texas, movimiento chicano, la vida diaria de los mexicoamericanos **C.** 1. Explora los conflictos que ocurren en la situación de los emigrantes. 2. Ocurre en la República Dominicana. Las mariposas son las hermanas Mirabal. Se encontraron muertas junto a su auto destruido. 3. El tema principal de su pintura es la vida cotidiana de los mexicoamericanos. Su estilo es folklórico en un vehículo sofisticado de representación. Su propósito principal es pintar lo bello y lo bueno de su cultura. **D.** 1. La viejita no leía ni escribía porque era analfabeta. 2. La madre tuvo trece hijos y tres murieron. 3. La viejita trabajaba cosiendo y pelando tomates. 4. Esta señora cosía hasta las dos o tres de la mañana. 5. La viejita no se quejaba nunca. **E.** 1. j 2. d 3. g 4. h 5. f 6. l 7. a 8. n 9. b 10. e 11. i 12. c 13. k 14. m **Prueba de práctica A.** 1. a 2. f 3. d 4. b 5. g 6. c 7. e **B.** 1. hable 2. sepa, traduzca 3. encuentre 4. vengan, escoja **C.** 1. levantó 2. termine 3. tenga 4. llamaron 5. se vaya **D.** 1. estaría, consiguiera 2. diera, podría 3. preguntara, diría 4. podría, tuviera 5. aceptaría, ofrecieran